欧洲四千年

Four Thousand Years of European History

凤来仪　著

孔學堂書局

图书在版编目（CIP）数据

欧洲四千年 / 凤来仪著. — 贵阳 : 孔学堂书局，
2024.3

ISBN 978-7-80770-489-8

Ⅰ．①欧… Ⅱ．①凤… Ⅲ．①欧洲－历史 Ⅳ．
① K500

中国国家版本馆 CIP 数据核字（2024）第 003660 号

欧洲四千年　　凤来仪　著
OU ZHOU SI QIAN NIAN

责任编辑 : 黄　艳　周亿豪
责任印制 : 张　莹

出版发行 : 孔学堂书局
地　　址 : 贵阳市乌当区大坡路 26 号
印　　制 : 嘉业印刷（天津）有限公司
开　　本 : 880mm×1230mm　1/32
字　　数 : 312 千字
印　　张 : 13
版　　次 : 2024 年 3 月第 1 版
印　　次 : 2024 年 3 月第 1 次印刷
书　　号 : ISBN 978-7-80770-489-8
定　　价 : 79.80 元

目 录

第一章

欧洲地理与起源

第 1 节
学历史必须先学地理

为什么说学习历史一定要熟悉地理，因为历史不是一个抽象的概念，它是发生在某个特定地点的具体事件，特定地点的特定地形对事件本身会产生重大影响，我们先拿中国历史来举例子。

汉代贾谊的政论名作《过秦论》开头就写道："秦孝公据崤函之固，拥雍州之地，君臣固守以窥周室。"什么叫崤函之固？"崤"为崤山，"函"为函谷关。崤山为秦岭东段支脉，位于河南省三门峡市洛宁县西北部，地势险峻，易守难攻。春秋时期，晋军曾在此伏击归国的秦军，使其全军覆没。函谷关，位于河南省三门峡市灵宝市函谷关镇，"因关在谷中，深险如函而得名。东自崤山，西至潼津，通名函谷，号称天险"（《辞海》）。崤山与函谷关因为地理位置接近，同为扼守中原至关中的险隘，自古以来"崤函"并称，是中国古代军事战略重地。

只有知道"崤函之固"指的是什么，才能深刻地理解秦国所拥有的战略优势，也才能明白当年秦晋大战时，晋军为何能在这里伏击全歼东征归国的秦军。而崤函古道又为什么被称为兵家绝地？因为要从这里经过，不做好充足的准备，就很容易被敌人伏击而导致全军覆灭。史书上常说"山东六国"？所谓"山东"不是现在的山东半岛，而是指崤山以东的国家。

那些与战争有关的地点，更是历史爱好者应该了解的，长平之战在哪里？为什么赵括会陷入绝地？背水一战又在哪里？韩信是如何在最不利的地形中击败了赵军，而赵军为什么会放弃本该属于他们的地形优势？

你看，如果不懂地理知识，讲历史就成了纸上谈兵。

欧洲的历史，是不是也跟欧洲的地理密切相关呢？当然！而且关系重大。欧洲的地形支离破碎，正因为支离破碎的地理环境，才使统一欧洲难上加难。可以说，不存在拿下一个重要关隘就势如破竹的情况。想要统一欧洲，就要一个城堡一个城堡地去攻取，而攻取一个城堡可能要花上一百年的时间。等好不容易攻下一个城堡，发现下一个更难攻克。因此，统一欧洲几乎是不可能完成的任务，只有以平原地形为主的法兰西，才容易被一个王朝所统治。请注意，法兰西南部的山区，也很难征服。理解哈布斯堡王室用联姻来扩大地盘了吗？如果不是靠联姻而是靠打仗，再给他们一千年也未必搞得定中欧呢！

欧洲的封建制度能够保持那么久远，不能说与这样的地理环境无关。现在，我们就简单地描述一下欧洲的地理：

横亘在法意之间的阿尔卑斯山是欧洲最雄伟的山脉，山脉从上到下，四季分明。山顶被白雪覆盖，而山中树木丛生、百草丰茂。它从法国东南部的尼斯，经瑞士、德国南部、意大利北部，

欧洲地形地貌

东伸到奥地利的维也纳盆地，欧洲腹地被它分割成了中西欧与南欧，这在后面讲述欧洲历史时会被反复提及。

法国和西班牙又被比利牛斯山脉所分割。西班牙所在的伊比利亚半岛也被数条山脉分割成大大小小的板块。后来穆斯林占据西班牙的时候，基督教小国们就是依靠这些山脉挡住了穆斯林的进攻，最终成功将穆斯林势力驱逐出半岛。

意大利是一个半岛国家，这个半岛名叫亚平宁半岛，它像一只脚孤零零地伸向地中海，脚上还有一个"足球"西西里岛。第二次世界大战中，同盟国军队进攻意大利，就首先从西西里岛登陆。西西里岛东岸，也是古希腊人移民建立的王国锡拉库扎的所在地。

再往东看就是古代的大希腊地区了，当时，希腊并不是一个国家的名字，而是一个文化区域的名字，就像我们在说到儒家文化圈的时候，也不仅指中国，还包括了日本、朝鲜、韩国，甚至越南等国家。大希腊地区有一大半是在巴尔干半岛上的，这个半岛又被称为"欧洲的火药桶"，为什么会被称为火药桶，是一个历史问题，也是我们需要在后面的篇幅中介绍的。

继续向东看去，我们看到了富饶的小亚细亚，这里现在是土耳其的领土。土耳其掌握着连接黑海和地中海的唯一通道——土耳其海峡，将俄罗斯的黑海舰队牢牢锁在黑海里。俄罗斯的核心部分位于欧洲，它南下的海上通道正好被土耳其堵住。知道这点，我们也就能部分理解为什么俄土矛盾如此尖锐了。

再向北看是波罗的海，越过波罗的海，我们就看到了现在北欧的三个国家，也就是斯堪的纳维亚半岛上的国家芬兰、瑞典和挪威。别小看这里，当地的维京人曾经是整个欧洲的梦魇；而近代历史上的瑞典，也是欧洲的超级强国，曾在神圣罗马帝国的领土上大杀四方，还追着俄罗斯打了半个欧洲。

顺着斯堪的纳维亚半岛向下看，我们看到了一片低洼之地，所谓的"低地国家"就在这里。这三个国家分别是丹麦、荷兰和比利时。它们分别位于不列颠岛对岸，德国的北方和西方，因为战略位置极其重要，所以很容易遭受攻击。这里一旦发生战争就必然引发欧洲大战，因为低地三国是欧洲的"不征之地"，谁也不许碰，谁碰这里就意味着要对付英国，不管其他国家如何反应，英国必定要出手。

比利时和荷兰的东边是德国，南边则是欧洲最丰饶的法国大平原。法国在欧洲历史上当了一千年的强国，不凭别的，就凭它在农业时代拥有最富饶的土地和众多的人口。法国在中世纪的敌人，是位于欧洲腹地的神圣罗马帝国；到了近代，这个角色由德国扮演，原因没别的，因为两大强国挨得太近了。中欧如果都是小国就没什么大事，一旦出现一个统一的强大国家，整个欧洲的均势就会被打破，引发严重后果。

　　欧洲大陆之外，还有一个岛在虎视眈眈，那就是被英吉利海峡隔开的大不列颠岛。大不列颠岛一直在离岸观望，谁在欧洲坐大，它就去支持坐大者的敌人。一个统一的欧洲不符合英国的利益，奉行离岸平衡战略的英国，被称为欧洲大陆的"搅屎棍"。正是这样的地缘优势，让大不列颠岛上的英国人可以用欧洲大陆人的血去制衡欧洲大陆的强国，他们只需要付出一点海外殖民地的资源就够了。

　　可惜在两次世界大战中，英国人却昏头昏脑地参加了欧洲大陆的战争。第二次世界大战后的英国表面上看是战胜国，但它失去了在海外的殖民地。那么英国到底在历史上做对了什么，又做错了什么？英国人不应该在欧洲耗费太多的精力，大海才是他们的利益所在，他们可以不要欧陆的土地，但必须掌握与欧洲紧密相关的要道，这就是为什么英国曾经拼尽全力也要将西班牙的直布罗陀海峡和地中海中间的马耳他①收入囊中。

　　通过前面的讲述，我相信你对欧洲地理会有一个相对清晰的概念，这对理解我们下面要讲解的欧洲历史，有着极大的帮助。

---

① 1964年独立。

第 2 节
欧洲文明的三根支柱

　　我们在讲述欧洲文明之前，先要搞清楚欧洲文明的三大支柱是什么，它们分别是"两希和罗马文明""基督教"和"日耳曼习惯法"。

　　"两希文明"是指希伯来文明和古希腊文明。"罗马文明"更不用说，中世纪欧洲就是在西罗马帝国崩溃后的废墟上逐渐形成的。"日耳曼习惯法"则是欧洲的日耳曼蛮族各部落都拥有和具备的社会准则以及规矩。

　　希腊和罗马我们会在后文专门提及，这一个章节，我们来说说希伯来文明、犹太教与基督教和蛮族习惯法。

　　公元前2000年左右，闪米特族的一个分支希伯来人，生活在今天巴勒斯坦地区，这个地区在古代叫做迦南。当时希伯来人的文明并未像埃及文明和美索不达米亚文明那样灿烂夺目，然而希伯来文明对后世的影响，却远远超过了当时在政治上掌握更大优势的其他文明。

中国有句老话，生于忧患，死于安乐。这句话用在犹太人身上，真是再合适不过了。古代世界的生活充满了危险和不确定性，周边强敌和自然环境都是希伯来人的敌人。在苦难中，他们于公元前创立了自己的宗教"犹太教"，这个宗教对后世的东西方都产生了重大影响，无论是基督教及其分支，还是伊斯兰教，无一不受到犹太教的影响。犹太教的先知摩西，同时也是基督教和伊斯兰教的先知，希伯来文明对欧洲文明之形成的重大影响可见一斑。

总的来说，希伯来人的文化后裔犹太人在历史上占据极其重要的地位，从金融商业到政治文化、意识形态，缺了犹太人的西方历史是不可想象的。说"文化犹太人"，是因为犹太人并不拒绝其他民族的皈依，加上他们流散于世界各地，早就在血缘上与古老的希伯来人相去甚远。高加索有高加索犹太人，非洲有黑种犹太人，亚洲有黄种犹太人。因此，现代犹太人与其说是血统传承，不如说是文化认同。

以色列这个名字，是公元前1000年左右才确立下来的。在希伯来人的神话中，他们的始祖雅各被上帝赐名"以色列"，从此以色列人也自认为是上帝的选民。然而，在他们的犹太经文中，饱经苦难也同样是上帝赋予他们的使命。《旧约》中那个打败了歌利亚巨人的大卫建立了统一的犹太王国，他的儿子所罗门王死后王国分裂，并先后被巴比伦和亚述所灭。

《旧约》里记载的"血腥的狮穴"尼尼微，就是亚述的都城。公元前722年，亚述国王萨尔贡二世攻陷了以色列王国首都撒马利亚，掳走27000多人，并把其他地区的居民迁移到以色列。存在了两百年左右的以色列王国，便从历史上消失了。

这之后，希伯来人的王国就只剩下了犹太王国。于是，希伯来人也就被称为犹太人。公元前597年、前586年新巴比伦国王尼布甲尼撒二世两次攻占耶路撒冷，灭亡了犹太王国。他下令把犹太人中所有的贵族、祭司、商贾、工匠作为俘虏带回巴比伦城。为了报复犹太人在围城期间的抵抗，巴比伦人当着犹太国王齐德启亚的面屠杀了他所有的后裔，并挖去他的双眼，把他跟其他俘虏一起押解到巴比伦城，只留下一些极贫苦的人在耶路撒冷，修理葡萄园，耕种田地。这就是犹太历史上的"巴比伦之囚"。从此以后，亡国之痛贯穿了整个犹太人的历史。

耶路撒冷的锡安山①就成了犹太人朝思暮想的故土的象征，

耶路撒冷被巴比伦人攻陷

---

① 锡安山，又称摩利亚山，因是亚伯拉罕将儿子以撒献为燔祭、大卫献祭以及所罗门建造圣殿之地，所以为犹太教的圣地。

"锡安主义"也成了犹太复国主义的代名词。灭掉新巴比伦帝国的波斯君主居鲁士,则成为犹太人心目中的救世主,也就是弥赛亚。之后基督教继承了这一理念,将弥赛亚定格在耶稣身上,使其成为独一无二的象征。在古老的犹太教中,弥赛亚可以是居鲁士,也可以是某位罗马将军。

苦难往往能够促使一个民族快速成熟,在王国灭亡后直到最后一次反抗罗马起义的失败,七百多年间,犹太人一直在灭亡的边缘挣扎。丧失了政治权力和军事权力,他们却发展出令人赞叹的文化。成熟的犹太教吸收了中东乃至埃及宗教中的养分,形成了一套完整的神学体系。犹太教后来又孕育出基督教,希伯来文明也因此极大地影响了古希腊和罗马文明,乃至后来的欧洲文明。

耐人寻味的是,希伯来人在中东地区是一个弱小的存在,即使在他们的全盛时期,其疆域也不出今天的巴勒斯坦地区,然而他们的文明却深刻地影响了整个西方历史进程。反观那些曾经强大过的文明,如巴比伦、埃及、亚述、赫梯、腓尼基等文明,虽然强盛一时,却都成了历史的尘埃,只留下埃及金字塔、亚述石板等遗迹和巴比伦空中花园等传说。

对于漫长的人类历史而言,石雕会风化,泥塑会倒塌,丰碑会瓦解,而希伯来人却留下一部巨著——《希伯来圣经》。犹太人从公元70年左右被罗马驱逐,到20世纪奇迹般地复国,中间经历了整整一千九百年。在如此漫长的岁月中,他们的人心没有散,文化没有淹没在其他文明中,实在让人觉得不可思议。

基督教脱胎于犹太教,然而在漫长的欧洲历史中,基督徒的反犹事件却层出不穷。甚至到了20世纪,还发生了极权主义的纳粹帝国成批屠杀犹太人的暴行。

基督教的创教人耶稣，是因法利赛人而死。法利赛人是犹太人中的一个重要分支，在耶稣生活的时代和地区，他们是犹太人的主流。这个时代的法利赛人上层，已经完全脱离了人民群众，他们腐败不堪且轻视教义，为了牟利甚至把圣殿出租出去；但表面上他们却非常喜欢抠律法的字句，在细枝末节上吹毛求疵，在道德上却堕落不堪。

耶稣也是犹太人，他看到了上层的腐败，决心在宗教上进行改革，创立了基督教。这触犯了法利赛上层的利益。他们因此迫害耶稣，并借罗马人的手将其杀死。这导致了基督教徒对犹太人的仇恨。这一仇恨的种子从耶稣被处死的那一刻就埋下了。耶稣的门徒保罗虽然是犹太人，但他否定犹太教，认定是犹太人导致了耶稣的死亡，从而开启了基督教反犹思想的先河。

习惯法是原始社会内部人和人交往的准则。在原始部落的日常生活中，打到猎物后如何分配，这并不是一件简单的事情。虽然打到猎物的功臣很明确，但功臣也需要部落里其他人的配合和协作。制造武器、后勤等保障事务，不是猎手一个人能完成的。如何分配猎物，靠的便是人们约定俗成的方法和酋长的命令。原始社会中人与人之间的关系，就是靠习惯法在维系。

在一个村落或者部落里，铁匠帮大家打造兵器和农具，如果没有东西去交换，多半也没有关系，赊账就是。等到来年丰收，或者打到猎物后再还账。有没有人赖账？当然有。对赖账的人怎么办？这就要靠部落或者村落的习惯法。如果严重，甚至可能把这个赖账的人驱逐出去。在原始社会，一个人离开群体之后的结局很可能就是死亡。说不清楚的事怎么办？这时候就需要部落长老出来主持公道，解决人和人之间交易、遗产归属、斗殴致死等各种纠纷。

等部落扩大成一个国家规模的时候，长老或国王可能已经无法认识每一个人，这时候，习惯法会逐渐向成文法过渡，成文法就是把大家过去的习惯形成文字给规定下来，强制大家遵守。但成文法有一个缺陷，那就是更新比较慢。

比如以前打猎很难，一只兔子就可以换一把锄头；然而一个月后兔子突然多起来了，于是大家就立刻约定三只兔子才能换一把锄头。而成文法就不同了，如果法律规定，一只兔子换一把锄头，等到兔子过剩想要调整时，修改这条法律要经过一系列修改程序才行。

日耳曼部落的宴会

在欧洲，大致可以把受习惯法影响的地区分为三大块：一个极端是意大利地区，也就是罗马故地，是受罗马法影响最深的地区，也是受习惯法影响最小的地区；另外一个极端是不列颠群岛，在罗马时期就是边远苦寒之地，罗马人撤离后，这里完全暴露在各路蛮族面前，凯尔特人、日耳曼人、维京人轮番进入，因此，这里受罗马法影响最小，受习惯法影响最大；处于中间位置的是蛮族的故地日耳曼地区，这里习惯法和罗马法的影响力不相上下。

习惯法对文明的影响是一个潜移默化的过程，因为所有的文明都经由野蛮阶段发展而来。日耳曼人征服罗马帝国并非一帆风顺，实际上他们中的很大一部分很快就被罗马的复兴势力所击败，然而他们拥有的行事规则却在不断地影响各种文明。

第二章

从希腊说起

第 1 节
先聊聊希腊①哲学

　　讲欧洲历史基本都要从古希腊开始，缺了古希腊的欧洲历史，就不再是完整的欧洲历史。古希腊文明对欧洲的影响非常巨大，当今的世界体系与欧洲文明发展息息相关，因此，也可以说古希腊文明深刻影响了世界。谈古希腊则要边谈历史，边讲古希腊哲学。

　　西方的哲学始于古希腊，西方文明也源于古希腊。古希腊民族是个精于游历的群体，在地理上，希腊和波斯、腓尼基、美索不达米亚、塞浦路斯、埃及等地中海东部地区和意大利南部都有着紧密的联系。希腊人善于借鉴其他民族的文明成果，据此创造或改造为自己所用。在这期间，他们创造了璀璨的文明，古希腊文明从通过

---

① 本书介绍古希腊文明时，为了简便，都用"希腊"指代古希腊。这里的希腊指的是受古希腊文明影响的区域，而非一个国家。与现在作为一个独立国家的希腊不是同一概念。

宗教、神话或超自然观念来解释世界，逐渐演化成以纯粹的理性力量获得并确证对世界的解释。这种转变代表着一种思维的开端，即哲学。

通常公元前6世纪到公元5世纪左右的一千年的时间，被定义为"古希腊哲学时期"。古希腊哲学大致可分为三个阶段：早期的米利都阶段，代表人物有泰勒斯、德谟克里特、阿那克西曼德；繁荣期，代表人物有伟大的苏格拉底、柏拉图、亚里士多德；晚期出现了几个代表性学派，比如伊壁鸠鲁学派、斯多葛学派等。古希腊产生的哲学主要领域有：本体论、认识论、价值论，包括伦理学、美学以及逻辑学。

古希腊文明，产生了民主制度，但是它的民主制度不是针对全民的，只是针对城邦里的男性公民。当时不仅有奴隶劳动，还能依靠军事征服获得大量的战利品，这种社会经济结构产生出了有钱有闲阶级，而正是这些人拥有闲暇时间沉浸于哲学思考。

哲学是什么？哲学就是人类对世界的终极性或者是本质的思考。我们每个人小时候或许都思考过：世界万物到底是由什么组成的？

早期希腊哲学

泰勒斯（约前624—前547年）认为："万物的本原是水。"水是原质，其他一切事物都是由水构成的。这开启了古希腊关于世界构成的"四元素说"——水、气、火、土。

阿那克西曼德（约前610—前545年），据说是泰勒斯的学生，他反对泰勒斯的说法，认为万物都出于一种简单的原质，但那不是水，而是不可见的、非具体的、未受规定的东西，他称之为"阿派朗"，意为"无定"或"无限性"。"阿派朗"通过运动而产生出冷热、干湿等对立面，进而产生万物。世界源自"阿派朗"，归于"阿派朗"。这与中国的"太极""阴阳"等哲学概念有异曲同工之妙。

毕达哥拉斯（约前580—前500年）从另外一个角度来解释万物的本原。他认为万物的本原是"数"，而整个宇宙是"数"及其关系的和谐体系。毕达哥拉斯的影响极为深远，他创建的学派持续存在了400年的时间。他认为如果世界上有神，数学就是神的语言，这个世界的一切都是由"数"构成的。毕达哥拉斯学派是一个完

泰勒斯

阿那克西曼德

毕达哥拉斯

德谟克里特

全构筑纯理性概念的学派。有趣的是，他本人还是秘密教团的教主，教规建立在禁欲主义、数字命理学和素食主义的基础上，拥有非常多狂热的信众。毕达哥拉斯还称自己"是一个哲学家"，他是第一个使用"哲学家"这个词的人。

德谟克里特（约前460—前370年）认为"原子"是宇宙万物的基本组成部分。在这里，原子并不是一个物理的概念，而是一个哲学概念，它是构成万物的最后的单位。

繁荣期的希腊哲学

这个时代诞生了古希腊三位最伟大的哲学家，苏格拉底（前469—前399年）、柏拉图（前427—前347年）和亚里士多德（前384—前322年）。苏格拉底的大部分时光是在雅典的市场里度过的，他向遇到的每一个人发问。苏格拉底曾说，如果有死后的生活，他也会向幽灵发问。他最重要的智慧：人首先要认识自己的无知，才有可能去获得真正的知识。

苏格拉底开创了西方的伦理哲学。希腊的神学和宗教极度发达，但希腊宗教是一种不完整的宗教，神只有神通而没有神性。希腊宗教没有给人提出任何伦理和道德上的要求，人人追求极端的享乐主义和个人主义，直到苏格拉底出现，希腊人才开始探寻社会组织中伦理的意义。苏格拉底为当时的希腊人规定了一种伦理和道德，即知善者必能行善。此前，希腊的哲学家们更多的是对自然的关注和对世界本原的思考。

到了苏格拉底的时候，他由人们以往对自然界的关注转变为对人自身的思考，也就是什么是真实？什么是美德？人应该怎样生活？什么是好？什么是善？什么是恶？在承认自己无知的基础上，通过思考、探索和对话领悟到知识，然后把真知付诸行动就是善行。苏格拉底的伟大就在于此。在这之前是由神，而不是人来规定这些事情。正是苏格拉底开启了这种对人自身的反思，从自己内心的深处去发现善、美、道德。

苏格拉底的思想对雅典人传统的道德、宗教和文化造成重大冲击，因而被大批人激烈反对。后来，他被雅典法庭控以藐视传统宗教、引进新神、腐化青年等罪名判处死刑。苏格拉底便饮下毒酒而死。苏格拉底对后世影响巨大，却没留下任何文字作品，他的学说主要是通过学生柏拉图流传下来。柏拉图是与老师苏格拉底并称的伟大哲学家，在老师被判死刑后，他对现存的政体完全失望，说："你们自称正义、自称自由、主张民主的一群人，居然把一个最正直、最有智慧、饱含真理的人投票判处了死刑！这就是你们所谓的民主制度么？"这导致柏拉图从此反对民主，他认为一个完美的国家必须由"哲人王"来统治。

柏拉图认为人生来就分等级，虽然人格上平等，但每个人智力、道德水准和心智是不同的。一个心智100分的人和一个心智10分的人，都只有一票，那么投票的结果便可想而知。柏拉图认为民主是非常坏的制度，但他的理想国也有问题，"哲人王"不能永生，也无法解决继承人问题。

柏拉图创办了阿卡德米，也就是学园。在学园里，学生们学习哲学和自然科学。他的代表作《理想国》以故事为题材，叙述了苏格拉底与人的对话。实际上是借苏格拉底之口，阐述了自己对本体论、认识论、伦理学、社会和政治哲学、心理学和艺术哲学的解释。

苏格拉底

柏拉图

亚里士多德

　　柏拉图的弟子亚里士多德生活的时代已经不是希腊的黄金时代。亚里士多德出生于色雷斯，他不仅是希腊最后一位大哲学家，也是欧洲第一位生物学家。亚里士多德跟着柏拉图学习了二十年，在导师去世后不久，因与学园的新领袖意见不合，离开学园回到了马其顿。他有句很著名的话："吾爱吾师，吾更爱真理。"这就是他离开柏拉图学园以后说的，一方面出于气愤，另一方面他打算自己开创一种新的哲学体系。

　　亚里士多德效仿老师柏拉图，在雅典建立了一个学园。这个学园在靠近太阳神庙的地方，他自称这是座光明的学园，也就是著名的吕克昂学院。

　　他著名的弟子亚历山大大帝在征服世界的过程中，给他送来了各地的典籍，还有各种各样珍奇的动植物，亚里士多德还因此办了一个动物园。他的学园里面，有希腊其他地方看不到的珍奇之物。他经常带着他的学生们在学园里东游西逛，边走边看边教学，在这个过程中碰撞出了很多智慧的火花。

　　柏拉图对民主制产生了怀疑，主张由"哲人王"来统治国家，而亚里士多德则相对现实，他描绘了几种人类制度：一种是"贵族制"，由贵族承担战争义务，不承担者属于被统治阶层；第二种是"民主制"，战争义务由公民承担，权力由公民分享；第三种则是"僭主制度"，由一人独裁或寡头垄断，但他们不承担战争义务，义务和权利极不对等，底层人民承担一切义务却没有相应的权利。从欧洲历史来看，这三种制度在不同时期皆有体现。

晚期希腊哲学

晚斯的希腊哲学有两个重要学派：伊壁鸠鲁学派和斯多葛学派。伊壁鸠鲁学派表面主张个人享乐，实际上它的创始人伊壁鸠鲁（前341—前270年）真正追求的是一种善的人生，幸福是满足必需的自然欲望，避免无意义的欲望，过上朴素而平静的生活。伊壁鸠鲁对快乐的定义是消极的，"快乐就是没有痛苦"。可惜这种隐士般的哲学被罗马追随者们败坏了，他们将快乐定义为积极的刺激，强调暴饮暴食、肉欲主义和淫逸放荡。

伊壁鸠鲁所处的年代已是希腊晚期，连年的战争、混乱，类似中国历史上的春秋晚期，城邦互相征战，杀人盈野。孔夫子的思想在春秋晚期没什么市场，苏格拉底的真善美思想在连年战争、混乱、疾病、灾害中的古希腊也是没什么市场的。伊壁鸠鲁只好让大家不要管那么多了，追求自己当下的快乐就够了。

伊壁鸠鲁

斯多葛派的创始人是塞浦路斯岛人芝诺（约前336—前264年）。公元前294年，芝诺在雅典开办了自己的学园，因学园在一条有壁画的长廊下，画廊在希腊语中为*Stoa*，因此芝诺的学派被称为斯多葛派或画廊学派。他们把德性、善良和知识、智慧等同。智慧就是善，真实就是美，人类为了达到善和美的状态，必须舍弃一些世俗的快乐。在斯多葛主义全盛时期，基督教走上了历史舞台。到目前为止，我们没有涉及具体的历史事件，是因为厘清希腊哲学的线索后，我们能更好地了解希腊文明的精髓。

芝诺

第2节
再说说希腊历史

具体的历史是希腊哲学思想产生的土壤。希腊历史大致可分为五个阶段，分别为：爱琴文明，也称克里特-迈锡尼文明（前2000—前1200年）；荷马时代（前1100—前900年）；古风时代（前800—前600年）；古典时代（前500—前400年）；希腊化时代，也称马其顿统治时期（前400—前200年）。古希腊文明在克里特岛萌芽，克里特岛是希腊第一大岛，早在公元前2000年左右就诞生了一些小王国，在这些王国里，最著名的君主是神话传说中的米诺斯，因此克里特文明也被称为"米诺斯文明"。

克里特文明的高峰期出现了统一的克里特王国，这一文明持续到了公元前1400年左右。至于毁灭的原因，历史学家众说纷纭，此后古希腊文明的中心转移到了希腊本土的迈锡尼。

迈锡尼文明继承了克里特文明的许多特征，小邦林立、彼此征伐，如果说有值得一提的东西，那就是著名的特洛伊战争是在迈锡尼时期发生的。

迈锡尼古墓

迈锡尼古墓由德国考古学家海因里希·施里曼博士于 1876 年发掘出来，里面埋葬着大量的金、银、铜制器物，可证迈锡尼文明时代的辉煌。

小亚细亚沿岸的城邦特洛伊的王子帕里斯，在拜访斯巴达王墨涅拉奥斯时，拐走了斯巴达王美貌的妻子海伦。斯巴达王大怒，便去找自己的哥哥迈锡尼王阿伽门农商议。阿伽门农联合希腊诸国，前去进攻特洛伊。战争打了十年，特洛伊久攻不下，希腊联军最后采用奥德修斯的木马计，攻入特洛伊城，将城市洗劫一空，烧为灰烬。

众所周知，特洛伊战争是希腊城邦和特洛伊为争夺美女海伦而爆发的战争。争夺美女的战争？大家打半天就为抢一个人？为美女打架是可能的，但因此发动长达十年的战争是不可能的。

特洛伊战争的起因到底是什么？希腊神话中的特洛伊战争，整个故事是以《荷马史诗》中的《伊利亚特》为中心，加上索福克勒斯的悲剧《埃阿斯》《菲罗克忒忒斯》，欧里庇得斯的悲剧《伊菲格涅娅在奥利斯》《安德洛玛刻》《赫卡柏》，维吉尔的史诗《埃涅阿斯纪》，奥维德的长诗《名媛》等多部著作糅合而成。史诗描绘了战争，但对战争的真正起因却避而不谈，对战争的后果也讳莫如深。真实的历史是，迈锡尼城邦和小亚细亚重镇特洛伊为争夺贸易路线而爆发的一场战争。特洛伊城是连接地中海和中亚腹地的交通要道，也是当时亚欧贸易的重要枢纽。商业发达的古希腊城邦早就对这块风水宝地垂涎已久，打败特洛伊就能独享亚欧贸易的全部利润。但任何一个城邦，都对强大的特洛伊无可奈何，城邦必须联合起来才能打垮特洛伊。

发动战争的君王阿伽门农对各国做出无数承诺，才诱使那么多城邦跟他一起讨伐特洛伊。海伦的故事不过是一个香艳的、能鼓动平民战斗意志的借口而已，甚至在历史上有没有海伦这个人都很难说。

特洛伊的故事完美诠释了什么叫怀璧其罪。只有巨大的财富才能引诱强盗，没有这份巨大的财富和占领小亚细亚的诱人前景，谁管你阿伽门农一家的丢人事？连续十年的战争，绝对不是一个美女能引发的。

在战胜特洛伊后，迈锡尼文明辉煌了一段时间，但接下来的几百年，希腊将在黑暗中度过了。希腊南部是半岛和众多的岛屿，北部是山区。北部山区的部落武力强大，但文明落后，他们在下山结束了迈锡尼文明后，便让希腊陷入数百年的沉寂。直到斯巴达、雅典崛起，开启了希腊文明最辉煌的时期。

公元前7世纪到前3世纪，是人类文明的轴心时代。西方的大哲学家苏格拉底、柏拉图、亚里士多德和东方的老子、孔子、庄子、墨子等，都让这个时代熠熠生辉。而希腊城邦的故事也长久流传，其中最出名的就是希腊人团结一致打败了波斯。

打败波斯的两个主角，一个叫斯巴达，另一个叫雅典。

斯巴达人最著名的就是他们的军事苦修制度。每一个斯巴达成年男性都是战士，从小便经受严酷的军事训练。斯巴达实行双王制，两位国王具有同等的权力，但国王的权力受到严格的限制，真正的权力掌握在五位长老手里。长老是由公民选举而来，而公民就是战士。

劳动由奴隶完成，奴隶的主要来源是战争中的俘虏。斯巴达是战士的国度。斯巴达的战士以重装步兵为主，而重装步兵则是斯巴达民主的源泉。在希腊骑马贵族的时代，骑兵对步兵有绝对的统治力，这时候的希腊自然无法产生民主。只有重装步兵诞生了，袍泽们肩并肩战斗，平民获得了武力，把骑马贵族拉到马下，这才有了公民民主。

斯巴达战舞

希腊的另外一个主角是雅典。雅典跟军事部落特征明显的斯巴达不同，它靠贸易致富，财富进而转化为雄厚的实力，尤其是海军的实力极其强大。在陆地上波斯人遇到的是勇武的斯巴达人，在海上他们则遇到了以海为生的雅典人。

用英国历史学家汤因比"挑战与应战"理论来看，希腊和波斯还真是一对完美的案例。它们崛起的时间大致相同，都是在公元前6世纪左右，而最终的结果是希腊的马其顿彻底消灭了波斯帝国，然而在此之前，希腊作为受到进攻的一方，承受了更多的打击。

还记得那位将犹太人从新巴比伦帝国的可怕统治中解救出来的居鲁士大帝（约前600—前529年）吗？正是在他的手里，新建立的波斯帝国获得了令人震惊的成就。他在短时间内就将波斯帝国的版图从扎格罗斯山脉以东，扩张到了爱琴海东岸。过去由米底、巴比伦和吕底亚三方瓜分的世界中心文明圈，到此时已经有三分之二落入居鲁士的手里。他的继任者冈比西二世（前529—前522年在位）由于统治时间太短而来不及显露治国才能，直到大流士一世上台，才开启了波斯的黄金时代。

大流士一世

大流士一世（前522—前486年）是一位雄才大略的君主。他在位三十六年，真正让波斯帝国成为使人望而生畏的强大帝国，他本人也因此获得了"万王之王"的称号。

波斯帝国采取了一种相当宽松的统治模式，除了帝国的核心部族外，在其他被征服地区，帝国只是设置了20个行省并派驻了总督。跟任用流官的统治方式不同,这些总督可以世袭,这也意味着他们不会在当地实行特别残酷的统治;相反,他们会尽量在这片土地上施行仁政,以保证人民不会逃亡到其他行省,从而削弱他们自身的力量。总督在自己的土地上犹如国王,但他们需要向"万王之王"效忠,效忠的方式包括但不限于以下行为:

1.参加每年在苏萨召开的、由国王主持的最高会议时,必须携带符合臣服之礼的贡礼。

2.各行省用金或银缴纳年贡。没有史料显示年贡具体是多少,但数额多少与忠诚度一定密切相关。如果你要展现忠诚,就要多交钱。

3."万王之王"御驾亲征时,按不同地区的实力提供兵力,由总督本人或行省高官随同作战。

由此可以看出,此时的波斯帝国实行的是一种类似郡国制的国家动员体制,如果要在东方找一个对应者,那么西汉王朝建立后的前五十年,与之有着相当大程度的重合。

强大自信的波斯帝国,对宗教问题的处置也极为宽松。波斯的国教是祆教,又叫琐罗亚斯德教。这一宗教的主旨是善恶二元对立,阿胡拉·马兹达是最高主神,是全知全能的宇宙创造者,它具有光明、生命、创造等德行,也是天则、秩序和真理的化身,是代表光明的善神。它与代表黑暗的恶神阿赫里曼经过长期的战斗,最后获得胜利。基督教的教义极有可能从中吸取了养分。

虽然波斯以祆教立国,但帝国不强制异教徒改变信仰。在波斯帝国统治下，无论是一神教信徒犹太人，还是多神教信徒希腊人，在信仰上都享有充分的自由。

波斯帝国在大流士一世的时代到达疆域的巅峰，随之他将目光投向了西边。希腊人从来不认为波斯人会对他们感兴趣。相比波斯土地的肥沃，希腊多山的土地实在太过贫瘠。大流士一世征讨希腊的具体原因中，应该不会有向往爱琴海的美妙风情这一项。

要致富，先修路；要战争，也要先修路。居鲁士大帝征服吕底亚，拿下了都城位于小亚细亚的萨迪斯，而大流士一世修建了一条"王之道路"，从都城苏萨通往萨迪斯。希腊人没有注意到这一重要的事件，他们没有意识到这条道路再往前，就要通到爱琴海沿岸了。

时间进入到公元前5世纪，大流士一世觉得时机已然成熟。他首先向欧洲大陆上的希腊城邦发出威胁，要么臣服，要么被征服。在强大的武力威胁和自治权利得到极大保留的保证下，大陆上的马其顿和色雷斯先向波斯帝国表示臣服，而半岛上的雅典和斯巴达还抱有波斯不会跨海而来的侥幸。

然而战争不期而至，大流士一世以雅典等城邦曾经帮助过米利都抵抗波斯为由，发动了第一次大战。或许是太过自信，大流士一世并未御驾亲征，而是派遣了两名信任的将军指挥大军前往。显然，他没有机会听到后世的军神拿破仑的名言："宁愿要一个平庸的将军领导一支军队，也不要两个天才同时领导一支军队。"而且大流士一世不亲征，就意味着波斯最精锐的王族军队不会出动。

此时的雅典也处于如日中天的状态，当时的民主政治尚未演变为民粹政治，公民对自己的国家有着无与伦比的忠诚。而且在这个关键时刻，他们拥有一位参加过色雷斯保卫战的将军米提亚德。

公元前490年，第一次希波战争在雅典东北的马拉松平原全面爆发。历史学家们认为，这次进攻，波斯方面出动了大约2.5万人的兵力。希腊诸城邦从未出动过如此规模的军队，但希腊人的幸运在于，波斯军队有两名地位完全相同的指挥官，一位统领1.5万人，另一位统领1万人，他们之间如何协调，谁正谁副，大流士一世并未有明确指示。或许他认为这么多军队压过去，哪怕没有任何战术都能轻易获胜吧。

雅典方面出动了9000名重装步兵，普拉提亚提供的1000名士兵也包含其中。在波斯慢吞吞地进军的时候，雅典军队加强了训练，更重要的是理顺了指挥系统。要知道雅典是一个民主国家，最怕由一个将领掌握军权，然而战场上如果没有统一的指挥，将是很致命的，于是他们非常理性地做出了正确的决定，把军队的实际指挥权交给了从色雷斯回来的米提亚德。

1万名希腊士兵面对的是1.5万人的波斯军队，另外1万人的波斯军队谁也不知在哪里，何时到达，或许还在处理占领地的诸多问题。由此，波斯的兵力优势从2.5∶1降到了1.5∶1。这在冷兵器时代，并不是一个不可弥补的数量差距。毕竟勇气和用兵的技巧比单纯的兵力优势重要得多。对于希腊人来说，更有优势的地方在于，波斯军队长途跋涉而来，基本以轻步兵为主，而他们的骑兵还没有到达战场。雅典人则以重装步兵为主，只要短兵相接，胜利必然属于雅典。

希腊将领甚至排出了两翼重兵而中间相对薄弱的阵型，这是要把敌军全歼的架势。波斯人恰恰相反，他们在中间布下重兵，而两翼则相对薄弱。

战争胜负的关键在于，如果波斯人的中路先击溃希腊人的主阵，那么希腊人只能溃逃；相反，如果希腊人在中路顶住了优势敌人的攻击，而两翼先把波斯人的两翼打垮，则波斯士兵没有一个能逃回到他们后方的运输船上。

双方将领都知道这一点，当战争前的一切排兵布阵都完成之后，剩下的只能交给勇气和命运了。很显然，波斯人的好运可能在之前用得太多，而马拉松平原注定不是他们的荣耀之地。两个被宿命缠绕在一起的文明，在爱琴海岸边进行了第一次对决。如果天上有神祇关注人间的这场对决，他们一定会惊讶于交战双方的阵亡人数竟然如此的悬殊。波斯军队两翼的轻装步兵完全无法抵挡雅典重装步兵的攻击，双方阵亡人数分别是6400人和192人。或许那位跑了40多公里回雅典报捷的勇士，也要加入这份阵亡名单。

不慌不忙的斯巴达人没有赶上这场厮杀，马拉松战役是雅典城邦独立对战波斯帝国并取得完胜的战争。实际上，波斯军队的主力还在，溃逃并重新集结的人马，加上未参战的另外一路大军，还有近2万人，但军队士气低落，军心已散。害怕被君主责罚的两名将领想得更多的是如何逃避惩罚，而不是继续战争。

也许，这点损失对于庞大的波斯帝国不值一提，但心理上受到的重挫则是不可估量的。一向战无不胜的波斯大军铩羽而归，那些归附的地区会不会有别样的心思？果然在马拉松平原大战之后，波斯新归附的地区便不断发生叛乱。大流士一世疲于镇压各处，直到他去世，叛乱也没有停止。

薛西斯一世（约前519—前465年）接手的就是这样一个既伟大

又混乱的帝国。帝国可以容忍失败，但不接受任何质疑。他是伟大的居鲁士的亲外孙，他也是伟大的大流士一世的嫡长子，征服希腊对于他来说并非一个有实际利益的选择，而是一场不得不进行的远征。否则，帝国内部的质疑声会越来越大，帝国的存亡有赖于大众的信念。

继位两年后，三十九岁的薛西斯一世御驾亲征。跟上次大流士一世的漫不经心不同，这一次薛西斯一世决心狮子搏兔，用整个帝国的力量压垮不肯臣服的希腊人。他把大本营设在了萨迪斯，所有的亲王和行省总督都要率军参战，王族卫队"不死军"是进攻的核心和主力。

希罗多德在他的《历史》中描述薛西斯出动了数百万大军，考虑到当时落后的物质条件和后勤能力，供养百万人大军是一件不具备任何可能性的事情。因此，历史学家们推测，薛西斯倾全国之力，应该能召集20万大军。不包括路上络绎不绝的运输队，这已经是古代战争中军队人数的天文数字了。大多数希腊城邦的人口都没那么多。

然而薛西斯一世没有想到的是，决定性的战役并不在陆地，而在海洋。征服了大片陆地的波斯帝国，对海洋还很陌生。

面对前所未有的强敌，还在内战的希腊各城邦立刻中止了战争，一致对外。尤其是雅典的宿敌埃伊纳也加入了联盟，这对希腊方面来说是一个绝好的消息，因为它们将把海上的控制范围扩大到萨拉米岛附近的海面上。在同盟会议上，希腊诸城邦一致要求在陆地上与波斯大军进行主力会战，因为无论雅典人多么善于海战，希腊诸城邦的城池都不能搬上海船逃离。斯巴达国王，年逾六旬的列奥尼达决心死守温泉关，因为温泉关是希腊中部的一处重要关隘，背山靠海，地势险要，易守难攻，是波斯大军入侵希腊南部的唯一通道。斯巴达人希望通过坚若磐石的防守，让波斯人知难而退。

公元前480年，著名的温泉关战役爆发了。列奥尼达带领他的300名重装步兵，以及其他城邦派出的轻装步兵约7000人，打算在温泉关决一死战。出发的时候，列奥尼达和这些年轻的勇士已抱必死之心。而只带三百勇士的原因是，当时的斯巴达五位长老并未决定全面开战，身为国王的列奥尼达无权调动斯巴达大军，只能带着他的亲卫队出战。斯巴达的军事体制类似于原始公社，即使国王也不能独裁。

温泉关之战

本质上是个温和君主的薛西斯一世派出了使者，带去了他的建议：放下武器，各自回家。列奥尼达的回答是：想取我的脑袋，请便。这句话之后成为斯巴达人的标签，每当提到斯巴达人的时候，后来的人都会想起这句话。

战争在第一天就进入白热化状态，波斯的附从军源源不断地攻上关口，败退，再进攻，再败退。第二天，薛西斯一世的两个弟弟带领"不死军"进攻温泉关，然而结果依然是失败，两个弟弟也都阵亡了。

跟影视作品不同的是，控扼温泉关后路的近道并非无人防守，当波斯人发现这条近道并突然降临时，希腊人无力抵挡泰山压顶般的波斯大军。得知后路危急的列奥尼达允许其他城邦的步兵自行决定是否撤退，而他们将在温泉关死战到底。最后参加对波斯人的战斗中，有自愿留下的300名斯巴达重装步兵和700名塞斯比亚士兵，以及被列奥尼达强行留下的400名底比斯士兵。

人类是一种集高贵和卑劣于一身的生物。在两千五百年前的温泉关前，希腊人所有的高贵品性诸如勇敢、坚毅和视死如归，集中体现在这些自愿赴死的1000余名战士身上。

与之形成鲜明对比的是，温泉关的守卫职责本来属于底比斯人，他们留下的人在希罗多德的记载中，最终可耻地选择了投降。虽然保住了性命，但每个人的身上都留下了薛西斯王的印记——这是奴隶的印记。

前两天的惨败激怒了薛西斯一世，这一次他没有在后面等待战争的结果，而是将他的宝座直接搬到能够看到战场的前线。10多万大军前后夹击，箭矢如暴雨般落下，被包围的希腊勇士则要面对来自四面八方的箭雨。

这场力量悬殊的战斗以斯巴达和塞斯比亚士兵全部阵亡而告终，暴怒的薛西斯一世做出了一个残忍的决定，他把列奥尼达的头颅砍下来戳在矛尖上示众。

战争彻底结束后，希腊人在此地树碑，上写："异乡的人啊，请告诉斯巴达人，为了我们热爱的祖国而献出生命的我们长眠于此。"

由于底比斯已经接受了薛西斯一世的条件，加入了波斯阵营，大军通过温泉关南下已经没有任何障碍。接下来的决战，将在海上展开。

以当时的运输条件，薛西斯一世的20万大军如果没有海上运输线保障供给，那么不需要与敌人开战，他们就会不战自溃。

雅典首席将军特米斯托克利（前524—前460年）说服了希腊其他城邦，只有怀着必死的决心才能摆脱被波斯统治的命运。决战地点就在萨拉米岛附近的海上，这里是船只南下的必经之地。爱琴海岛屿众多，并不是浩瀚大洋，他们无需担心会在萨拉米错过敌人。至于雅典城，让给敌人好了。

特米斯托克利

薛西斯一世的大军从陆地进入雅典时，得到的只是一座空城，连猫都被雅典人带走了。这让他的愤怒无法消散。雅典和斯巴达，都曾处死前来劝降的波斯使者，他的父亲大流士一世也在马拉松铩羽而归。对于薛西斯一世来说，雅典和斯巴达都是必须毁灭的，假如他们下跪求他赐予怜悯，他也不是不能饶恕他们。但现在面对一座空城，薛西斯一世更加愤怒了。他下令焚毁雅典城里所有的神庙，包括卫城和里面的雅典娜圣殿。

远远地看着卫城燃烧着的希腊人，已经陷入了不胜便亡的绝境。几百年后，东方的军神韩信攻打赵军的时候，曾经刻意营造过这样的处境，而现在的希腊海军也是"背水一战"。

双方的船只数量也是波斯一方占优。按照希罗多德在《历史》中的记载，波斯人的战船来自投靠他们的埃及人和腓尼基人，以及部分希腊城邦，总数大约900艘；希腊方面的战船大约400艘，力量对比依然悬殊。

然而，跟波斯陆上的本族兵力不同，波斯的海上力量全部由附属国组成，他们的军事技术和战斗意志，都远不如已无退路的雅典人。

公元前480年的秋天，萨拉米海战爆发了。与陆战不同，海战的进程是缓慢的，一望无际的海面没有埋伏和藏身之所，缺乏远程大炮的时代，海战只能是交战双方靠近后用弓箭和刀枪厮杀。

执政官特米斯托克利指挥的雅典战船，是体积小而沉重的加莱船，船头配有撞角，相对腓尼基人的大船，雅典战舰在萨拉米海湾里更加灵活。希腊人竟然用200只船包围了腓尼基人的300只船。另外一边，雅典盟军的战船在跟附属于波斯的希腊城邦战船纠缠不休，但双方都没有拿出必死的意志。在海岸悬崖上，端坐在黄金宝座上观战的薛西斯一世，眼

薛西斯一世观看萨拉米海战

公元前480年9月，在萨拉米海湾，希腊联军与波斯海军展开激战，最后希腊联军获胜。

睁睁地看着他的腓尼基舰队全军覆没，他的又一个弟弟，作为海战总指挥死在了腓尼基的战船上。

面对海战一败涂地，薛西斯一世毕竟不是居鲁士那样的大帝，他留下陆军来年继续进攻，自己则一溜烟跑回小亚细亚。

最后还是要通过陆战来解决问题。这一次，斯巴达的军队没有迟到，相反，在亡国危机的刺激下派出了所有的军队，拥有公民权的1万重装步兵，以及没有完整公民权的3.5万大军。列奥尼达率领的300人卫队，就全部是拥有公民权的勇士，想象一下这个数字扩大30多倍后会爆发出怎样强大的战斗力。

次年，波斯军队和希腊联军在普拉提亚平原对峙。波斯出动了10万大军，希腊出动了4万大军。仅从兵力对比上看，双方的实力是一如既往的悬殊，然而波斯无法想象希腊能够迸发出怎样的战斗力，前者为国王而战，后者为自己而战。

斯巴达人负责希腊军阵的左翼，他们直面的是波斯本族精锐和王族卫队"不死军"，指挥官是列奥尼达的侄子帕萨尼亚斯（前513—前471年），这个三十四岁的壮年人将在这里证明斯巴达人的勇气。之前的海战依靠雅典，现在陆战的问题则由斯巴达解决。

帕萨尼亚斯

这位并未指挥过大型战争的斯巴达将领，先后退吸引敌人进入丘陵地区再反攻，大获成功。一拥而上的波斯人受到埋伏，遇到坚决反击后，由于前后信息不畅导致全军拥挤不堪，乱作一团。尤其当他们的指挥官马铎尼斯在战场上阵亡后，波斯军兵败如山倒。从战争的结果看，与其说这是一场势均力敌的决斗，不如说是一场单方面的屠杀。根据希罗多德的说法，10万波斯大军，逃出生天的只有区区几千人。战后，投降波斯的底比斯被斯巴达人围攻，然而他们并没有灭掉这个城邦，而是让底比斯交出三名责任人后，解围而去。

虽然之后还有一系列战争，但在普拉提亚之战后波斯再也没有攻入过希腊半岛。公元前449年，希腊和波斯签订《卡里阿斯和约》，结束了这场旷日持久的战争。

令人唏嘘的是，斯巴达的战争英雄帕萨尼亚斯，十年之后被斯巴达的五长老委员会迫害致死，指控他的罪名是莫须有的；雅典的英雄特米斯托克利也经公民大会陶片投票被放逐出雅典，他后来担任了波斯新国王的边疆总督。命运，就是这样不可琢磨且玩弄人心。

波斯人在三次征讨皆告失败后，失去了向希腊进攻的能力，希腊人则因为是否追击波斯人而发生了严重的分歧。斯巴达人是陆战民族，他们对海外征讨并无太大兴趣，以斯巴达为首组成了以半岛为名的伯罗奔尼撒同盟；与之相对的则是以雅典为首的提洛同盟，雅典人对追杀波斯很有兴趣，因为他们的海军十分强大。消灭波斯的天命并没有降临到雅典头上，赶走波斯后，伯罗奔尼撒同盟和提洛同盟战到了一起。

在波斯人到来之前，希腊各城邦之间就因为各种矛盾厮杀不休，当波斯入侵时，由于共同的敌人，它们暂时联合到了一起。但波斯的威胁一旦解除，它们的矛盾又重新爆发。希腊人的内战几乎席卷了整个希腊世界，战争持续了二十七年，以雅典的失败而告终，但斯巴达的实力也被严重削弱。

伯罗奔尼撒战争

伯罗奔尼撒战争持续时间为公元前431年至公元前404年，最终斯巴达一方获胜。

发生在希腊城邦间旷日持久的大战，给希腊半岛带来了前所未有的破坏，大批农民和城市手工业者破产，大批田地荒芜，昔日繁华的希腊地区一片萧条。每次战争的结果都差不多，都是贫富差距进一步拉大，大富豪们乘机掠夺土地，捕捉失去家园的人充当奴隶。城邦经济体逐次崩坏，大批公民破产的同时，兵源也减少了，这些都导致城邦政治的基础动摇。对此，柏拉图痛心疾首地说："每个城邦，不管分别如何的小，都分成了两个敌对部分，一个是穷人的城邦，一个是富人的城邦。"

各地相继发生的暴乱进一步加剧了希腊地区的混乱，也让希腊在很短的时间内就衰落下去。斯巴达人获得了最终的胜利，但他们所谓的"军事统治"也在公民大批破产的情况下趋于瓦解。提洛同盟失败了，伯罗奔尼撒同盟也同样走到了尽头。底比斯和雅典相继起兵跟斯巴达战斗，这场战争注定没有赢家。

鹬蚌相争，渔翁得利。这时，大希腊地区一个曾经看起来很落后的希腊城邦崛起了，它的名字叫马其顿。马其顿在希腊黄金时代偏于一隅，完全引不起任何人的关注，许多希腊人把马其顿人看作野蛮人，甚至不拿马其顿当希腊城邦。在希波战争中，马其顿人甚至加入了波斯一方与其他希腊城邦作战。

直到公元前4世纪，马其顿的腓力二世（前359—前336年在位）上台后，进行了一系列的改革，统一币制，设立常备军，发明以长枪为武器的马其顿方阵，在雅典和斯巴达因连年战争而衰落的情况下，马其顿逐渐主导了希腊政治。

公元前338年的夏天，马其顿军队与以雅典、底比斯军为首的反马其顿联军决战于中希腊的喀罗尼亚，反马其顿联军惨败。战后，希腊各邦被迫承认马其顿的霸主地位。公元前337年，马其顿主导了科林斯大会，确立了马其顿的统治秩序：各邦禁止互相攻伐，各邦内部禁止重新划分土地，没收富人财产并取消穷人债务，禁止因为政治目的解放奴隶，马其顿军队会后进驻希腊各战略要地以维持秩序。

除了斯巴达，其他的希腊人都臣服于马其顿人脚下。反马其顿同盟并不甘心，在两年后，他们派出刺客在腓力二世女儿的婚礼上刺杀了他，迫使他刚刚二十岁的儿子亚历山大（前356年—前323年）继承了王位。

亚历山大的老师，就是有着如星空般浩瀚智慧的伟大哲人亚里士多德。在亚里士多德的悉心教导下，他系统学习了哲学、医学、科学、军事、政治等各方面的知识。他最喜欢的书《伊利亚特》，描述的正是希腊英雄阿喀琉斯征服小亚细亚特洛伊的历程。现在他上位了，年轻的血气和深沉的智慧，让他立刻抓住了纷

亚历山大与老师亚里士多德

乱希腊的节点。

反对马其顿的希腊城邦底比斯被他彻底毁灭，底比斯的公民被全部当作奴隶贩卖，土地也被马其顿和其他希腊城邦瓜分，贵族被处死，他们的女儿被亚历山大赏赐给部下或当作礼物送给别人。整个希腊被恐惧的气氛所笼罩，他们只希望亚历山大的目光不要关注到自己，对亚历山大的东征，他们都忙不迭地举起双手表示欢迎，愿意出钱出人出力，只求他赶紧离开。

公元前335年，亚历山大组建起一支由30000名步兵、5000名骑兵构成的东征大军，在第二年初春，大军渡过赫勒斯滂，开始了历史性的希腊化①征程。出征前，他把自己的所有地产收入、奴隶和畜群分赠给他人。一位大将问："请问陛下，您把财产分光，给自己留下什么？"亚历山大回答说："希望，我把希望留给自己，它将带给我无穷的财富！"

接下来是亚历山大短暂又波澜壮阔的一生。在小亚细亚，马其顿大军轻松击败了在此驻守的波斯大军并继续东进。公元前333年，亚历山大率军在叙利亚的伊苏平原打败大流士三世（约前380—前330年）亲率的10万波斯大军，大流士三世的母亲、妻子和

---

① 希腊化主要指地中海东部原有文明区域的语言、文字、风俗、政治制度等逐渐受希腊文明的影响并逐渐形成新的特点，这一过程被称为"希腊化"。

两个女儿都在战后被俘。

伊苏战役

这是发现于庞贝古城牧神庙内的一幅镶嵌画，反映的是伊苏战役的画面：战斗异常激烈，图左的亚历山大手持长矛骑马冲到站在战车上的大流士三世之前，大流士三世则急忙催促车夫掉头逃跑。

公元前332年，他占领了埃及，在这里登上法老王座，并在尼罗河口建立了一座伟大的城市，用他自己的名字将其命名为亚历山大城。

公元前331年，亚历山大的大军继续推进，在高加米拉击破波斯20万大军，大流士三世再次落败而逃。波斯都城巴比伦沦陷后，波斯的超级城市波斯波利斯也落入亚历山大之手，希腊最强大的敌人波斯灭亡了。波斯大批学者、工匠逃往东方，在那里他们将继续获得重用。

亚历山大的最终目标或许并非波斯，而是世界的尽头。在攻占波斯王城后，亚历山大并未停下脚步，而是沿着里海南岸继续深入中亚，一路上筑造堡垒，留下了许多历史名城，赫拉特、坎大哈、白沙瓦……除了在现在的阿富汗地区遇到了一些麻烦外，亚历山大大军所向无敌。

　　直到进入印度并击溃印度大军，亚历山大征服的脚步才停了下来，并不是他想停，而是他的士兵们已经厌倦了无休止的征伐，他们想回家了。

　　于是亚历山大率军回到了巴比伦，征服的过程也改变了他从小以来形成的观念——东方民族没有文明，他发现波斯的贵族也很有智慧，东方民族也有辉煌的文明。于是他着手进行东西方文明的融合工作。为此，他还迎娶了中亚公主罗克珊娜和波斯公主斯妲特拉，并鼓励马其顿士兵跟东方女子组成家庭，还将波斯人大量编入他的军队。在他的征服计划中，阿拉伯半岛、腓尼基甚至更西方的罗马都是被征服的对象。

亚历山大大帝之死

　　或许是他的计划太过庞大，以至于人间都无法容纳，公元前323年，亚历山大在巴比伦突然去世，死亡原因一直是个谜，他死前没有指定继承人。于是，他的将军们争权夺利，亚历山大帝国四分五裂。他的几位将军建立了不同的国家，亚洲部分由部将塞琉古继承，也就是后来跟庞培征战不休的塞琉古王国；埃及由部将托勒密继承，在这里他获得了法老称号，埃及艳后克利奥帕特拉就是托勒密王朝最后一任法老；以及小亚细亚安提柯王朝等；对印度的统治也很快在孔雀王朝的崛起中结束了。

虽然亚历山大英年早逝，但他把希腊文化带到了东方，并跟当地文化相结合，形成了日后带有希腊化色彩的中亚文明。例如，佛教女飞天就有较多的希腊化色彩，佛教的造像艺术也蕴含着希腊化元素。

希腊人创造了极其灿烂的文明，特别是他们的城邦政治，是多种政治体制的试验场。同时他们还建立了大量的海外殖民地，把古希腊文明散播到四方。然而历史的进程，并不因为某个文明的伟大，就让他们永存。

希腊的衰弱并不是在某个时间点发生的，而是一个长期的过程。关于希腊衰落的文献有很多，历史学家对希腊的衰落也做了很多研究。或许雅典和斯巴达的内战是一个因素，双方在长时期的超强度争霸中，耗尽了希腊的潜力；或许斯巴达获胜后快速堕落腐化也是一个因素，在寡头共和制的斯巴达，封闭是他们维持自身体制不变的前提，而卷入联盟式战争，破坏了斯巴达的内部平衡，腐化不可避免，堕落不问可知。

此外，地缘的变化也是希腊衰落的原因之一。文明由中心向四周扩散。美索不达米亚文明，是人类最早的文明中心之一，在它向西向南扩散时，依次在埃及和希腊展开，继续向西扩散的时候，就到达了亚平宁半岛。相比于希腊半岛，亚平宁半岛则位于地中海中心位置，在地缘上更适合担当地中海霸主的角色。在古希腊文明已经成熟时，亚平宁半岛上还是一些相对原始的部落，希腊人甚至可以向亚平宁半岛殖民，输出他们过剩的人口。当罗马崛起后，其在地缘上的优势逐渐显示出来，并最终取代了老迈的希腊。

第三章

不朽的罗马传奇

第 1 节
罗马也曾有王

传说罗马是由一对兄弟所建,他们分别是罗慕路斯和雷穆斯,据说两人是战神玛尔斯在人间的私生子。他们的外公阿穆利乌斯为城邦阿尔巴隆加的王,被自己的弟弟夺去了王位,兄弟俩也被扔到台伯河里,后来被母狼喂养才侥幸活下来。长大后,他们在自己被扔掉的地方建立了新城。后来兄弟阋墙,哥哥杀死了弟弟,并用自己的名字将城市命名为"罗马"。

这便是关于古罗马的传说。罗马坐落于亚平宁半岛中部台伯河畔,古代人在这里的山上各自建城,每座城拥有各自的首领,他们

罗慕路斯与雷穆斯吃狼奶铜雕像

自称王，其实职权比现在的村长大不了多少。后来这些部落联合起来，组成了部落联盟，部落联盟的王是推举出来的，具有浓厚的原始部落气息。罗马中心、台伯河东侧有七座不高的山，因此罗马又叫"七丘之城"。

中国的周朝属于王政时代，也有类似的部落传统。周厉王乱来，国人就可以发起暴动把他赶走。古老时代的王，跟后世拥有绝对权力的王是不同的。

人类历史发展的奥秘，就在于社会组织结构会不断地扩张。这既是进步的源泉，也是衰落的渊薮。七丘之地联合之后产生了国王。这个时代的罗马，并非后世那个为人所熟知的"元老院和罗马人民"的罗马，又称罗马王国时期，或罗马王政时代。

罗马王国的历史资料极为残缺，其中一个原因是高卢人入侵对罗马城及史料的破坏，还有一个原因是建立共和政体后的罗马人既没有兴趣，也没有义务去保存王政时代的痕迹。他们更希望遗忘这段令他们不快的历史，所以今天我们看到的关于罗马起源的历史，基本都是类似传说的故事。

就目前所知的历史，罗马王政时代一共出现过七位国王，他们分别是罗慕路斯、努玛·彭庇里乌、图洛·荷斯提里乌、安库·玛尔西乌、塔奎尼乌斯·普利斯库、塞维·图里乌和塔奎尼乌斯·苏佩布。罗马王政时代是从公元前753年持续到公元前509年，时间跨度长达二百五十年。

与所有部落联盟向君主制过渡时期的政权一样，罗马王政时代的君主并不能大权独揽。在君主之下还有类似蒙古大忽里台一样的议事机构，罗马人称之为"库里亚"。库里亚大会作为管理机构决定重大事务，如战争、新的法律、新的国王人选等。议程的提出则由"元老院"负责，他们是各氏族的长老或首领。王被称作"勒克斯"，拥有军事、司法及宗教权力。但王并不直接管理各氏族内部事务，也不能直接管理民众。这也是早期君主制的特征，跟后世君主那种无远弗届、直达基层的专制权力不可同日而语。

傲慢者塔奎尼乌斯

因此，王政时代如果出现一位暴君，他是没有能力让所有人都臣服的，因为大家的地位相差并不大。粗疏的王政体制养不起庞大的官僚机构来帮助君王实行其统治。王政末期出现了一位暴君塔奎尼乌斯（前535—前509年在位），他是未经选举而上台的篡位者，几乎战无不胜，凭借军事才能上位。重大事件他从来不向库里亚汇报，也不征求元老院的意见，因此获得了"傲慢者塔奎尼乌斯"的称号。

傲慢者塔奎尼乌斯的儿子们，也跟他们的父亲一样蛮横霸道，其中一个还逼迫一位有夫之妇与之发生关系，遭拒后便残忍地强暴了这位女性。这位女性唤回在前线的丈夫和城中的父亲，当众控告塔奎尼乌斯儿子的暴行后自杀了。这一举动激发了罗马人内心长久的愤恨，此时塔奎尼乌斯在外征战，听说都城发生变故后便赶回罗马，却被阻挡在城外。塔奎尼乌斯的士兵都是罗马人，大部分人立刻抛弃了这个不得人心的勒克斯，犹如东方的周厉王被国人暴动驱逐一样，塔奎尼乌斯在罗马二十五年的统治就这么结束了。

公元前509年，王政时代结束。罗马公民，是的，他们是公民而不是奴隶，才有可能驱逐暴君塔奎尼乌斯家族。之后他们发现，没有勒克斯的罗马可能会更好，有公民大会库里亚，有决策层的元老院，罗马人完全可以掌握自己的命运。如果一定要有一个最高长官，他们可以自己选一个，并给予他不长的任期，这样就不会有独裁者再次出现。朴实而勇敢的罗马人无意中开启了他们的共和时代，也是世界文明史上少有的辉煌时代。

第2节
罗马共和了

要理解罗马的共和时代，就要弄明白所谓的"共和"到底是什么。从现代的概念来说，这个词起源自拉丁文*res publica*，意思是"公民的公共事务"。那么谁是公民呢？并非每个人都能成为公民。公民概念的产生跟原始部落变迁有关。我们可以设想一下原始部落里的人，是不是每个人都需要对部落做出贡献。首领也好，部落里的民众也罢，都不能在外敌入侵的时候袖手旁观。只有承担了义务的人，才能享有共同决定部落事务的权力。首领并不能一意孤行，不能像后来的绝对君主那样对民众拥有的生杀予夺权利。于是，这些部落里的民众拥有了公民权利成为公民，而战俘、被占领地区的原住民等则成为奴隶。

罗马的共和制，就是由公民缔造的。在这些公民中，有地位高的贵族和地位低的平民，而他们之间的地位差距，又是从何而来的呢？

战争！是的，打仗是贵族身份的最早来源。我们可以想象一

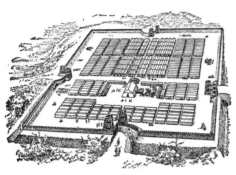

古罗马的兵营　　　　　　　罗马军团士兵

下，在一个部落里总有些人相对勇猛，每次打仗都冲在前面，制服的敌人也更多，这些人慢慢成为职业战士。他们每天要做的就是习武打仗，而他们的生活就要由其他人来保障，便逐渐成为部落和部落联盟的保护者，成了最早的贵族。大家对此也都认可，毕竟血比汗更珍贵，流血的人地位理应高一些，生活好一些，否则谁还愿意流血牺牲呢。

　　公元前509年，罗马进入共和时代，逐渐从贵族中产生了执政官①，在这个过程中，他们跟平民的矛盾慢慢地扩大并激化了，在解决这些矛盾的过程中，罗马变成了帝国。

　　共和国时代的罗马保留了很多部落联盟的特征，贵族和平民之间的差别并不大。平民就是公民，由于要承担国家的义务，也就享有相应的权利，因此平民和贵族的斗争是罗马共和历史中一个绕不

――――――――――
① 罗马废除王政后，国王的职位由两名选举出来的行政官代替。执政官作为政府首脑和军事统帅，拥有国王的大部分职权，但不能单独行使最高权力，任期只有一年。

过去的话题。

在平民和贵族的博弈中，平民不断获得胜利。原因无他，共和国力量弱小，经不起外来冲击。罗马共和国在建立之初，就与亚平宁半岛的其他部落开展了持续不断的军事斗争，其间，平民武力至关重要。

在驱逐暴君塔奎尼乌斯之后，罗马一度陷入了混乱。公元前494年，当罗马跟邻近部落发生武装冲突时，平民武装拒绝作战，并撤离了罗马，史称"平民运动"。这迫使贵族和元老院同意减免平民的债务，并设立了由平民大会所选的两名保民官来保障平民的权益。公元前450年，在平民的压力下，共和国通过了《十二铜表法》——罗马的第一部成文法，在这个时代能够有一部众人都赞同的法律典范，乃是一个跨时代的进步。《十二铜表法》的制定基本上是把习惯法固定成文的过程。它对私有制、继承、债务和刑法乃至诉讼程序等方面都作了规定，限制了贵族法官随心所欲地解释法律的权力。这是平民的一次重大胜利。

罗马执政官
执政官旁边站立的侍从手持象征着执政官权威的束棒。

有活力的新兴国度是不可能没有内部斗争的，但要看这种斗争是让国家越来越强，还是越来越弱。平民和贵族的斗争，实际上是一个公民不断争取自身利益的过程，在这个过程中，他们对国家的认同感越来越强，贵族也能从国家的强大中获得足够多的好处，因此，在这个阶段，平民与贵族斗争多是良性的。

平民与贵族的斗争主要围绕三个方面展开：一是土地问题，早期贵族拥有大量土地，许多平民没有土地。经过斗争和协商，每个罗马公民最终都分得了土地。二是债务问题，早期平民如果不能及时清偿债务，就有被剥夺人身自由成为债主奴隶的危险，这一条也被取消了。三是在政府中任职的问题，增设平民和贵族都可担任的军政官，以取代执政官的某些职能，但任满后不能进入元老院。此外，改革还打破了贵族和平民间不能通婚的障碍，这一系列改革让罗马成为了一个真正的共和政体，贵族和平民之间并没有太大的阶级差别，国家的权力被广泛地分配，在这种即使现在看都不落后的制度促进下，平民和贵族成为国家共同的主人，罗马自然会迸发出惊人的战斗力。

从公元前5世纪开始，乘着希腊内战以及与波斯缠斗之机，罗马开始了统一亚平宁半岛的进程。

亚平宁半岛是靴子形状，而罗马就位于半岛中部偏西的位置。其实这里并非交通要道，因此在北方蛮族不断南下过程中，他们经常绕过罗马城，这就给了罗马发展壮大的机会。在共和国建立后，对外战争一方面可以解除罗马周边的威胁，另外一方面可以获得土地、财富和荣誉。因此，罗马人非常好战，从某种程度上说，此时的罗马人相对于希腊人，也是野蛮人。

身为野蛮人的罗马人有个特点：他们非常注重信誉，只要周边部落和城邦表示臣服，一旦遇到危险，罗马会不计得失拼命援救，绝不会乘人之危。这种信誉经过上百年的积累，终于让罗马在周边部落和亚平宁半岛获得了极好的声誉，周边部落和城邦也愿意

高卢人侵入罗马后走在街道上

加入罗马，罗马在征服亚平宁半岛的过程中，急速壮大了。

在不断壮大的过程中，罗马人也遇到过挫折。公元前390年，来自北方的蛮族高卢人打进了罗马，勒索赎金后才退兵。之后的一百年里，罗马人卧薪尝胆，不断征服兼并，终于把战线推到了意大利南端的希腊殖民城邦塔林顿。

希腊人满地中海进行贸易的时候，还在亚平宁半岛沿海和岛屿建立了不少殖民城市。亚平宁半岛是希腊人重要的殖民目标，无论是西西里岛上的锡拉库扎，还是马上就要被罗马人侵占的塔林顿。

希腊伊庇鲁斯国王皮洛士（前297—前272年在位）有扩张的野心，率军援助塔林顿，结果诞生了一个名词：皮洛士式的胜利。当他率兵至亚平宁半岛与罗马交战时，虽然经过数日的激战击败了罗马，但由于孤军远征，缺乏补给，士兵也是死一个少一个，每一次胜利都让他的实力严重受损。在战争中，皮洛士损失惨重，本人也受了轻伤。他在牺牲众多士兵后曾说："如果再来一次这样的胜利，我就没有军队了。"

他虽然在战术上打赢了罗马人，但在战略上却是失败的，最终黯然退出意大利，塔林顿也在坚守几年后投降，罗马由此统一了亚平宁半岛全境。

第 3 节
共和国的崛起

在征服亚平宁半岛全境后，罗马人的勇武之名已然响彻地中海世界，与逐渐衰落的希腊形成鲜明对比。在这种情况下，原先希腊的殖民地也开始寻求新的保护者。西西里岛上的希腊殖民城邦锡拉库扎（西西里岛城邦），此时就需要在地中海两大霸主罗马和迦太基之间，做一个选择。

锡拉库扎也曾强盛过，在地中海希腊化时代，它的军队北上亚平宁半岛，南下北非，与腓尼基人在北非建立的殖民国家迦太基多次爆发冲突。当罗马人的势力进入亚平宁半岛南部后，已步入衰微的锡拉库扎开始分成两派，一派想借罗马人之手抵御迦太基，另外一派则认为罗马人跟迦太基人一样，都是锡拉库扎的敌人。

终于，因为锡拉库扎的问题，罗马人与迦太基人成为仇敌。事件的起因是，锡拉库扎的一群雇佣兵占领了西西里岛上的城市墨西拿，并与母邦锡拉库扎爆发了冲突。这群雇佣兵中有人向罗马求助，有人则向迦太基求助，结果迦太基人捷足先登，占领了墨西拿。这对于正在扩张中的罗马来说，简直是可忍，孰不可忍。于是罗马也派兵进入西西里岛，布匿战争由此爆发。

第一次布匿战争以罗马的胜利而告终，迦太基放弃了西西里岛。但实力强大的迦太基怎会心甘情愿地将地中海中央如此重要的战略要地拱手相让呢？几十年后，迦太基人卷土重来，这一次他们派出了绝世名将汉尼拔。

在第一次布匿战争后，失败的迦太基人在伊比利亚半岛恢复了元气，并推选老将军哈米尔卡的儿子汉尼拔（前247—前182年）担任全军统帅。迦太基其实是一个以商贸为主的国家，大多数人并不愿意打仗，在外的军团大多数为雇佣军，也具有很大的独立性。在汉尼拔的军团里，来自迦太基的战士并不多，大约只有几千人，其他都是各部落的武装，比如高卢人、凯尔特人和非洲人。汉尼拔从伊比利亚半岛出兵，可以看作是他自己的战争，迦太基并没有提供太多帮助。

公元前218年第二次布匿战争爆发，汉尼拔在经过一个冬天的准备后，率领9万名步兵、数千名骑兵、几十头大象，从伊比利亚半岛出发，沿着地中海北岸从陆路进攻亚平宁半岛。为了攻其不备，汉尼拔冒险翻越阿尔卑斯山，打得罗马措手不及。

两千多年前，能够指挥大军在冬天翻越阿尔卑斯山本身就是一件了不起的壮举，在罗马人惊愕的目光中，汉尼拔率兵冲进了亚平宁半岛。

此后，汉尼拔大军在提契诺战役（前218年）、特拉比亚会战（前218年）和特拉西米诺湖会战（前217年）中接连打垮了罗马的军队，罗马人第一次感受到了灭国危机。最初，惨败的罗马人并不打算直面锐气正盛的汉尼拔大军，但在汉尼拔大军占领罗马军队的补给重地坎尼后，罗马人再也无法回避，只能集中力量跟汉尼拔大军进行决战。更重要的是，出于政治方面的考量，罗马人不敢再放任汉尼拔在亚平宁半岛横行，那些已经投降或者投靠的盟友，如果看到罗马不再可靠，很可能会投向汉尼拔的怀抱。

罗马人集结了8万军队，而汉尼拔只有5万军队。罗马执政官保罗斯将附属兵力置于奥非都斯河附近，骑兵放于两翼，最强的重装步兵则集中在中军。为了应对罗马的阵形，汉尼拔使用了双重包抄的策略，将最不可靠的2.5万名高卢新兵置于中军，并混以8000名久经沙场的重装步兵。中军并不是一条直线，而是中央突起的弓形阵以诱敌，精锐骑兵则置于两翼，作包抄之用。

在战事开始时，汉尼拔的中军不敢罗马中军的优势兵力而向后撤退，但罗马人不久便堕入了一个巨大的"凹"字中心里，而汉尼拔的中央步兵与两翼的骑兵则由中间进逼，包围了罗马军队。罗马军队无处可撤，最终，大约六七万名罗马士兵战死，执政官保罗斯和几十名罗马元老阵亡，约占元老院人数的四分之一，而成年男丁则损失了五分之一。

坎尼之战后，整个罗马乱作一团，但是汉尼拔由于缺乏后续补给和重型攻城器械，放弃了进攻罗马城的计划。他的大将玛哈巴尔非常遗憾地说："汉尼拔懂得如何取得胜利，可却不懂得如何利用胜利。"

历史学家曾做过推演，假设汉尼拔立刻发起大军围攻罗马城，结果可能是铩羽而归。原因不仅包括汉尼拔无法获得后方支援，也在于罗马在那个时期处于朝气蓬勃的上升阶段。元老院和平民之间

坎尼会战

能够团结一致，拧成一股绳。坎尼全军覆没后，罗马几乎把所有能上战场的公民都编入军团，他们在绝境中爆发出惊人的韧性和力量。如此说来，汉尼拔也只是放过了一个实际上并不存在的机会。

之后的数十年，罗马逐渐收复失地，并把战线推到了北非一带。迦太基人屈服了，原因也很简单，作为一个贸易立国的城邦，他们并没有想过要以举国之力与罗马死战到底。挣钱比霸权更重要。

从坎尼之战中侥幸逃脱的西庇阿（约前236—前183年）成为罗马的新统帅，并于公元前202年，也就是坎尼会战十五年后，报了一箭之仇。他在北非打败了汉尼拔，汉尼拔被迫逃亡。罗马没有放过这个大敌，最终于公元前182年迫使汉尼拔自杀，解除了心腹之患。

第二次布匿战争后，罗马共和国内部的主战派念念不忘汉尼拔对罗马造成的威胁，决心彻底消灭迦太基。主战派的代表大加图（前234—前149年）在元老院做任何一次讲演，哪怕是和迦太基毫无关系的主题，都会在演讲结束时加上一句"还有，我认为迦太基

西庇阿　　　　　　　　　　　　大加图

必须被毁灭"，从而不断提醒罗马人消灭迦太基。主战派不间断的
努力最终导致第三次布匿战争的爆发，罗马彻底消灭了迦太基。迦
太基所有居民被贩卖为奴，迦太基城被夷为平地。首鼠两端的迦太
基，最终被劲敌灭亡。

　　迦太基的毁灭让罗马共和国的实力到达了顶峰，在整个地中海
地区已经没有任何势力能够撼动罗马人的力量。共和国获得了太多
的海外利益，又被分配给各级将领，他们在海外获得的力量在罗马
内部的政治斗争中破坏了原有的宪政结构，最终葬送了共和国。

第4节
大步迈向帝国时代

征服迦太基后，罗马共和国又相继投入到不同的战争中，比如三次马其顿战争和叙利亚战争，把兵锋推到了地中海东部。在这个过程中，希腊、叙利亚和埃及相继被纳入罗马的势力范围。

罗马黑奴雕像

对希腊的征服，让希腊文化成了罗马文明的一部分。在获取无数海外殖民地和财富的同时，扩张也破坏了罗马的宪政结构。

罗马共和国之所以拥有巨大的力量，很重要的一个方面在于其内部政治的完善和利益的妥协，贵族和平民力量的基本平衡。然而，贵族获得大量海外财富后，情况发生了巨大的变化。这体现在随着财富和海外奴隶大量输入国内，罗马境内的粮价大跌，使得自耕农破产。破产后，自耕农的土地被大贵族、将领兼并，公民社会也随之瓦解。

保民官提比留·格拉古横穿罗马时，满眼都是萧条的景象，土地上的自耕农寥寥无几，大多数都是海外输入的奴隶在耕作，这些奴隶大多从属于富户、地主和贵族。提比留·格拉古觉得这种情形太可怕了。他说，没有自由的农民和牧人，只靠这些奴隶和野蛮人的话，共和国将不复存在，因为每少一个农民，罗马就少一个优秀的公民战士。战胜迦太基，凭借的正是保卫自己家园的公民战士们。

于是格拉古兄弟相继进行土地改革，要求大地主不得拥有超过定额的土地，其余的土地则要分给罗马的平民。但是兄弟俩的改革在贵族的反扑中失败了，罗马的土地进一步集中到贵族手中，平民成为流民，纷纷涌入罗马城，失去土地的他们只能靠打零工或贵族的施舍度日。成为底层流民的他们没有什么可保卫的了，自然也不会对共和国有任何感情，既然没有感情，又怎会奋不顾身地为国出力？

公民社会瓦解了，公民兵制的基础也消失了。缺乏兵源的罗马只好在公元前107年进行了军事改革，史称马略改革。

将军出身的马略（前157—前86年）看到了共和国缺乏兵源的窘境，于是把

格拉古兄弟
提比留·格拉古（前162—前133年）
和盖约·格拉古（前153—前121年）。

原先的征兵制改成了募兵制，简单来说就是由原先的公民战士——有仗打就披挂上阵，打完仗便回家种地，改成了以战争为谋生手段的职业军人。服役期间，由国家统一供养，并按照等级发给薪酬。士兵退伍后，还能在被征服地区分得属于自己的土地。这一改革举措，使得士兵们在服役期间和退役后的衣食都有了着落，确保了士兵们的忠诚，同时将之前悬而未决的平民争取土地的斗争和服兵役结合在了一起。

除此之外，马略还对军队的架构做了重大调整，比如调整了军团的编组形式：每个罗马军团由10个大队组成，其中每个军团的第一大队由5个百人队组成，这5个百人队每队由160人组成，是普通百人队建制的两倍；其余每个大队由6个百人队组成，每个百人队80人，由一名百夫长率领。同时，每两个百人队又被称为一个小队，由两个百人队中等级较高的那名百夫长统领并按照惯例配备一定数量的骑兵。

各等级部队按照作战能力进行整编，编号越小，代表作战能力越强，越要冲锋在前。每个战斗单位都有属于自己的军旗和标识。改革后的军团由过去的4500人增加到5120人，指挥更加有力，作战更为灵活。还配备了工兵、弓箭手、抛石手、骑兵等辅助兵种，并改善了作战装备。

完成改革的罗马军队，由原先的农兵一体的公民军队，转化为一台高度精密的由职业军人组成的战争机器，不仅解决了长久以来困扰罗马的兵源问题，也让军队素质得到进一步提升，让罗马对远方的征服更加得心应手。

马略改革后，罗马军队的战斗力显著提升，在之后的战争中，他亲率自己打造的这支大军东征西讨，击败了无数敌人，包括高卢人、日耳曼人、条顿人、辛布里人等。

然而，改革的后遗症则是，军队的效忠对象由国家变成了将领个人。原先的军队在亚平宁半岛打仗，打完便回家种地，军人对将领并无太强的人身依附，而改革后的军队由于长期在外作战，士兵唯一能依靠的就是他们的将领。将领带领士兵打仗，带领士兵发财，他们彼此在意的不再是共和国的意志，而是一起出生入死的袍泽情谊。因此，军队逐渐成为将领的私军，再进一步演化成动用军队进行内战。马略自己也成为内战的受害者。

马略的竞争者叫苏拉（前138—前78年），曾经担任过他的副手，苏拉在朱古达战争中显露出超越常人的才华。也正是因为他的才华和功绩，导致马略对他日益猜忌，产生了不可调和的矛盾。除此之外，马略代表平民派的利益，苏拉代表贵族派的利益，道不同

取得大胜的马略

不相为谋。马略不再向他提供立功晋级的机会，苏拉只好转投别的军团并屡立战功，最终在公元前88年成功地担任执政官。

为了争夺小亚细亚战争的指挥权，马略和苏拉之间爆发了激烈的冲突，双方的支持者不再满足于口头上的互相攻击，而是在罗马城里相互厮杀、斗殴。在街头政治中吃亏的苏拉随即出城，来到城外军营召集军队，苏拉喊出了一句口号："拯救祖国，使她不受暴君统治！"这是军队第一次参与罗马内部的政治斗争，苏拉开了一个极坏的头，然而纵观罗马的崛起史，这也是发展的必然一环。

罗马军队进攻罗马城还是罗马历史上的第一次，率军入城的苏拉宣布马略党人为"公敌"，并对政敌展开了残酷的屠杀，马略被迫逃亡，大批元老院贵族和马略的拥护者倒在血泊之中。苏拉增补自己派系的人进入元老院——事实上，苏拉已经成为罗马的独裁者。

做完这些事的苏拉，放心地率军前往东方作战。在他离开罗马期间，马略和执政官秦纳重新夺回了罗马的控制权，他们在罗马把苏拉干过的事情又干了一遍：把苏拉的支持者列为"公敌"，既然是"公敌"，自然可以大杀特杀。

苏拉

苏拉在前线得到消息，便跟敌人快速地达成了和解。毫无疑问，罗马的内战严重地影响了罗马的整体利益。苏拉迅速回兵，此时马略和秦纳已经去世，罗马本土无法抵挡骁勇善战的苏拉以及他的虎狼之师。内战持续了三年，意大利半岛人头滚滚，血流成河，最终，苏拉大军在奎里努斯门击溃了敌人最后的抵抗，以胜利者的姿态进入了罗马城。

此前发生过的事，第三次在罗马城上演——苏拉把他的反对者列为"公敌"。如果把罗马城里几次"公敌"累加起来，人数估计已经超过整个贵族阶层。数以千计的平民派分子和无辜平民被杀害，他们的首级挂在罗马广场上示众。"公敌"的房屋被焚毁，财物被洗劫，土地被充公，意大利半岛弥漫着恐怖的气氛。

掌握全部权力的苏拉废除了许多法律，平民和贵族斗争的成果有许多被废止，苏拉本人则担任了终身独裁官，集立法、行政、司法、经济、军事诸多大权于一身，成为名副其实的独裁者。共和国精神在苏拉登场的那一刻就已经死了，但为什么历史学者不把苏拉看作罗马帝国的开端，而是要等到屋大维呢？这是因为苏拉掌握所有大权后，并没有废除元老院和公民大会，甚至竭力维护元老院的权威，元老院里也都是支持他的人。

公元前79年，权势如日中天的苏拉突然宣布辞职，这在罗马历史上是极为罕见的，毕竟他为争夺权力付出了太多，也牺牲了太多。关于他的辞职，古往今来，说法各异，但无论如何由于苏拉的这一举动，罗马共和国又得以延续几十年。公元前78年，苏拉去世，罗马为他举行了国葬，据说墓志铭是他自己写的："没有一个朋友曾给我太多好处，也没有一个敌人曾给我太多伤害——但我都加倍地回敬了他们！"

苏拉为罗马立下了重大的功绩，也给共和国带来了不可挽回的伤害，而他最后的退隐又为他的一生留下了常人难以理解的疑问。生前权势滔天，死后极尽哀荣，苏拉过完了他璀璨而又矛盾的一生。

　　苏拉死了，共和国的架子还在，但他已经打开了帝国的大门，只待一个人推门而入，这个人会是谁呢？

　　我们常说，乱世出英雄，罗马也不例外。苏拉死后的罗马虽然还维持着共和国的表象，但内核已经跟百年前不可同日而语了。一方面，大量土地掌握在上层贵族、大商人手里，另一方面，失去土地的公民成为流民混迹在罗马城内，谁给他们面包，谁给他们娱乐，谁就是他们的恩人。

　　那个时代最残酷的娱乐，莫过于角斗士的角斗。角斗士的来源复杂，大多数出自战争俘虏。他们处境悲惨，成为自由人的可能性很低，绝大多数人死在角斗场上。公元前73年，不堪悲惨命运的角斗士们在斯巴达克的率领下爆发了声势浩大的奴隶起义，起义军在亚平宁半岛与前来镇压的罗马军团浴血奋战。起义军抵抗了三年，最后被源源不断的罗马军队淹没了，剩余的6000名战俘被钉死在罗马至卡普亚沿途的十字架上，但他们为了争取自由而做出的抗争为世人所感动。

角斗士

又称"剑斗士"，两个角斗士手拿着利剑或三叉戟，相互刺杀。

　　成功镇压斯巴达克起义的是罗马贵族克拉苏（约前115—前53年），他曾是苏拉的部将，并通过商业贸易赚取了大量的财富。他虽然财大气粗，但与另外两个人相比，并没有独裁的野心，而另外两人就是大名鼎鼎的庞培（前106—前48年）和恺撒（前100—前44年）。

　　恺撒所属的尤利乌斯家族是一个二流家族，与庞培不同的是，他在苏拉时代算是马略一方的人，他的第一位妻子是秦纳的女儿。恺撒年轻时代就显露出与众不同的特征，肌肉发达，头脑精明，待人亲切诚恳。为了躲避苏拉派的清算曾流亡在外，八年后，恺撒才回到罗马城，很快就在政治活动中崭露头角，先后担任祭司、财政官、大祭司、大法官等重要职务，在罗马平民中声望日隆。后来他又当上了执政官，成为罗马炙手可热的大人物。

　　无论是恺撒，还是克拉苏或另外一个战功卓著的大人物庞培，都受到元老院的各种掣肘。在彼此的需要之下，三人在公元前60年结成同盟，这就是历史上著名的“前三头同盟”。

　　结成同盟后的三人彼此协助，都获得了自己想要的东西。恺撒得到了高卢地区的军权，庞培拿到了补偿的土地，克拉苏拉拢了两个后起之秀。恺撒拿到军权后，立刻展开了对高卢的征服行动。在高卢的九年间，恺撒通过分化瓦解和战争，第一次为罗马彻底征服高卢地区（现在的法国），并把高卢变成了罗马的一个行省。

　　他还成为首次跨过莱茵河进攻日耳曼蛮族的罗马人，风头一时无两。罗马得到了行省，而恺撒得到了忠心的部下以及大量的财富。他用这些财富在罗马城收买了很多元老，还把财富大量地分给平民，元老院感受到了恺撒的威胁，认为他是比苏拉更恐怖的独裁者。

克拉苏可能是唯一能够阻止恺撒的人，但他做出了不明智之举——为获得可媲美恺撒和庞培的军功而进攻帕提亚帝国。结果在帕提亚人漫天的箭雨中，克拉苏的军团损失殆尽，他本人也死于征战，这种损失导致的致命结果是三巨头的平衡被打破了。

恺撒和庞培都发现，只要能够干掉对方，自己立即就可以成为罗马的主人。两个人的优势和劣势同样明显，两个人都有辉煌的战功，都有无比拥戴自己的士兵，相对于恺撒的咄咄逼人，元老院更愿意选择庞培。但庞培的劣势在于，他的势力都在东方。在小亚细亚，庞培是众王之王，数不清的东方小国君主匍匐在他脚下。但对于罗马而言，恺撒的大军就在高卢，且夕可至。

在一系列紧张激烈的政治斗争后，庞培一方按捺不住先出手了，留在罗马城的恺撒同党纷纷逃跑，其中包括他的铁杆部下安东尼、库里奥和卡西乌斯等人，他们居然落魄到要乔装成奴隶才能逃离罗马的地步。恺撒见到他们后，把他们长途跋涉逃命的惨状展示给士兵看，目的就是激起士兵同仇敌忾的怒火。

前文说过，马略军事改革后的罗马军团由职业军人组成，他们的荣辱生死都系于将领之手，如果将领掌军时间短还没有什么关系，一旦长时间掌握军队，这支军队很容易变成将领的私兵。何况恺撒还那么勇武、智慧和慷慨，实际上对于一支需要效忠对象的军队而言，有时候将领拥有慷慨的品质就已经足够了。

于是，这支军队主动要求进军罗马。恺撒领军出征，目标是罗马，而这次进军不仅彻底改变了罗马，也贡献了一则著名的西方典故——渡过卢比孔河。

恺撒渡过卢比孔河

公元前 49 年，恺撒带兵渡过卢比孔河，开启了内战。

苏拉当政时期，他也知道自己带兵进攻罗马城的举动后患无穷，于是做了一些补救。比如在调整行政区划时，规定大罗马地区的北部以卢比孔河为界，没有元老院的命令，任何罗马军队越过这条河，就意味着反叛。

现在，恺撒带兵来到了卢比孔河前，据古罗马作家苏维托尼乌斯的记载，恺撒在渡河前也曾犹豫过，以他的智慧不可能不知道带兵越过这条河的后果——即使他赢，共和国也将一去不返。

犹豫片刻后，他还是率领大军渡过这条河，并留下千古名句："骰子已经掷下"，意思是没有回头路走，只能看命运安排了。所以"渡过卢比孔河"这一典故就包含了两层含义：一是再无后路可走，只能一往无前；二是刀刃向内，对祖国动兵。

庞培和大量反对恺撒的元老仓皇逃出罗马城，恺撒兵不血刃拿下罗马城。进入罗马城后，恺撒要求剩下的元老选举他为独裁官，这是苏拉曾经担任过的职务。随后恺撒派兵攻打庞培在各地的势力，伊比利亚、西西里，甚至北非都相继落入恺撒之手。最终恺撒的追击大军与庞培的大军在法尔萨鲁斯相持。双方实力相当，谁取胜人们都不感到奇怪。

恺撒的优势在于指挥权集中，麾下都是百战老兵，劣势在于他劳师远征，在敌人的地盘上作战，要知道庞培在希腊和东方是万王之王。恺撒的劣势便是庞培的优势，他在希腊作战，盟友众多；军队战力虽然没那么强，但胜在数量更加庞大。他的劣势也同样明显，那就是既然他获得了元老们的支持，就要受到元老们的钳制，而战争指挥最忌讳首鼠两端，莫衷一是。

两个人都有快速决战的动机，决战就这么发生了。当然速战速决更有利于恺撒，庞培并非不知道这一点，只是他被同盟者和元老们逼得没有办法，只好孤注一掷。

大战于公元前48年在埃尼珀斯河边展开，两位主帅都是杰出的军事家，不知道他们当时有没有发出"既生瑜何生亮"的感慨。战争在最白热化的阶段，庞培的同盟军——希腊本土部队首先崩溃，他们不仅冲垮己方阵营，还顺手抢劫了许多财物。步入文明太久的民族，战斗意志往往是不坚强的。他们太聪明了，太会审时度势，在上战场前已经做好了随时逃命的准备。庞培的军队虽然人数众多，但里面混杂了太多这样的"聪明人"，对于他们来说，臣服于庞培与臣服于恺撒没有什么不同，说不定在恺撒那里能得到更好的待遇。

庞培失败了，他带出来的足够组成元老院的元老们也失败了。战败的庞培逃到埃及后被杀，法老把他的首级送给了恺撒，而那些元老则逃的逃、死的死、投降的投降。对于埃及法老来说，强国罗马才是他的主人，谁能掌控罗马，他就跟谁合作。弱国的生存之道，埃及掌握得很好。

现在的罗马已经没有人能够阻挡恺撒了，即使他想当皇帝。恺撒的功业在此时也达到了顶点，就连当年的独裁者苏拉都不能望其项背。恺撒的名字，在后代也成为王者的代名词。

罗马好歹有几百年的共和基业，不可能没有祭品就直接转化为帝国！这样隆重的大事，需要最尊贵的祭品，恺撒就成了这个祭品。刺杀他的人是一群忠心于共和理念反对独裁者的理想主义者，其中包括他的朋友布鲁图斯。刺杀者与独裁者同时献祭给共和国，旨在让帝国诞生。

公元前44年3月15日，一群自称解放者的罗马共和派，在庞培修建的剧院走廊里刺杀了恺撒。当恺撒看到刺客中有他的好友布鲁图斯时，他放弃了抵抗。刺杀者们以为他们杀死了一位独裁者，挽救了共和国，但他们不知道共和国的瓦解并非只是某个独裁者的问题，而是国家精神已经整体沦落了。没有公民的国家需要一个独裁者，无论这个人是恺撒，还是别人。

在恺撒的葬礼上，恺撒的部下罗马执政官安东尼（约前83—前30年）宣读了恺撒的遗嘱，告诉群众恺撒是多么地热爱他们，又是如何遭到了背

恺撒被刺

屋大维

叛。群众的情绪被点燃，罗马城大乱，群众到处追杀共和派，安东尼断送了延续共和国的最后机会。

在共和派彻底终结后，谁来继承恺撒成了最重要的问题，安东尼实力强劲，骑兵将领雷必达（约前89—约前12年）拥有罗马在伊比利亚半岛的军队，而恺撒十九岁的养子屋大维（前63—14年）则是恺撒政治上的继承人。

在清除共和派的共同利益下，三个人短暂地勾结在了一起（史称"后三头同盟"）。屋大维娶了安东尼的养女，安东尼娶了屋大维的姐姐。在对共和派的追杀中，西塞罗（前103—前43年）是最著名的受害者，这位伟大的哲学家和法学家之死，宣告了共和政体在思想上的灭亡。

相对于安东尼和屋大维，雷必达明显政治实力不足。于是短短几年后，他就被解除了军权，只保留了一个荣誉职位，但这对他是件好事，由于不再掌握权力，他安然在屋大维统治时代度过了晚年。

剩下的安东尼和屋大维，只能有一个站着，另一个必须倒下。安东尼作为军事将领是优秀的，但作为统治者则不然。他的政治智慧明显比不上更年轻的屋大维。娶了屋大维的姐姐后，他就跑到了罗马的保护国埃及，跟埃及女法老克利奥帕特拉过起了夫妻生活，并成为埃及的实际统治者。他还声称将把罗马在东方的行省，交给他和埃及女法老的子嗣继承，这激怒了整个罗马。

掌握中枢的屋大维，则乘势把安东尼描绘成一个被东方（当时埃及对于罗马就是东方）腐化了的形象，安东尼在罗马的声望和形象一落千丈，这为屋大维日后发动对他的征讨做好了舆论准备。

公元前32年，屋大维向安东尼宣战。安东尼亲率6万名步兵、1.5万名骑兵、15万名海军、500艘战船（其中一半是埃及海军）直扑雅典。屋大维早已做好了准备，他动员所有的军队和船只，总计步兵8万人、骑兵1.2万人、战船400艘。

这是罗马东西两大势力的内战，无数兵马同时在陆地、海上进行着殊死搏斗。火焰照亮了海水，鲜血染红了大地。类似于恺撒和庞培的决战，安东尼的罗马军队与埃及艳后的联军，虽然在整体实力上不输于屋大维，但他军队里的埃及人在这场战斗中却缺乏韧性。或许是埃及人当顺民太久，已经习惯了低三下四的生存智慧，打打顺风仗还算合格，一旦遇到需要拼死一搏、绝不后退的战斗时，他们的意志就崩溃了。

在战争最白热化的阶段，也是最考验意志力的时候，埃及人顶不住了，克利奥帕特拉率先撤退，导致安东尼的大军全线崩溃。

屋大维率军进入埃及，安东尼再战再败，最后伏剑自杀。托勒密王朝的最后一任女法老克利奥帕特拉看到王朝行将灭亡，也在绝望中自杀了。埃及，这个最古老的文明古国之一，终于失去了独立的地

克利奥帕特拉自杀

公元前30年8月12日，埃及女王克利奥帕特拉自杀，她的两名女仆亦随之。

位,成为罗马的一个行省,并在未来的数百年里一直是罗马主要的粮仓,被誉为"罗马的面包篮"。这倒很符合埃及人的性格,他们不愿意流血,但不介意流汗,只要有安稳日子,管谁来当统治者。托勒密王朝,不也是征服埃及的马其顿人建立的吗!

一个很能体现屋大维政治手腕的事件是,他善待安东尼和克利奥帕特拉的孩子(除了长子),却杀死了养父恺撒和克利奥帕特拉的孩子。原因无他,前者可以展现他对失败者的仁慈,而后者则威胁到他作为恺撒唯一继承人的地位,必须毫不留情地斩杀。

屋大维洗劫了整个托勒密王室的财富,这让他本人比罗马还要富有,埃及被划为他的个人保护地,他可以用这里的财富供养他的军队,维持老兵对他的忠诚。

经过从苏拉到恺撒的罗马,已经回不到共和时代了,但罗马还没有做好接受一个皇帝的准备。不得不佩服年轻的屋大维,他回到罗马后,主动解散大军,并且主动要求选举,还在元老院发表了演讲:人民,我把权力还给你们了!并表示要让自己的势力退出埃及。

话虽如此,罗马哪里还有一点点反对他的力量。在后三头同盟时代,他们早就把异己铲除干净了,此时的元老院不过是屋大维的囊中物而已。

屋大维毫无悬念地赢得了选举,当上了执政官,但这个职务并不能体现他真正的权势。元老院毫无廉耻地拒绝了屋大维的惺惺作态,不仅让他保留了埃及的统治权,还把现在法国、叙利亚和西班牙地区的统治权也交给了他;同时给他上了一个尊号:奥古斯都(意为"神圣伟大")。在当时人的习惯里,奥古斯都基本上等

同于半神，他拥有超越常人的权威而
不受任何制度的约束。此外，他还
被确认为终身保民官、宗教事务中的
大祭司长，获得了"祖国之父""大
元帅"等崇高的荣誉。事实上，屋
大维就是罗马皇帝，当然他以卓
越的政治智慧称呼自己为"第一公
民"——元首。

奥古斯都

"第一公民"这个称号，让屋大
维这个事实上的罗马皇帝，具有与同
时代东方君主们不同的历史地位。他
不是万民之主，而是万民中的一个人，只是他排在万民中的第一个
而已。罗马虽然不再共和，但也没落到彻底实行帝制的境地。

罗马共和国的名称没有变化，元老院依然存在，公民大会仍旧
在召开。这些形式上的东西基本都保留了，只是奥古斯都屋大维的
权势，让他能够终身担任"保民官"和"大元帅"之职，"大元
帅"这个词，后来演化成了皇帝。这说明，即使在罗马，军权依
然是一切权力的根基。

第5节
帝国时代的罗马

公元前29年，屋大维回到罗马城，宣布战争已经结束。罗马的雅努斯神庙大门终于可以关闭了，这个神庙大门在战争时期打开，在和平时期关闭。罗马终于迎来了和平，虽然此时的公民，实际上已经成了顺民，但对于顺民来说，宁为太平犬，不为乱世人。共和国末期的混乱已经让他们忍无可忍，屋大维极具政治手腕和治理天赋，而且他的年纪也具有极大的优势，在成为"奥古斯都"后又统治了罗马四十年。

罗马给了他绝对的权力，他给了罗马四十年的发展和繁荣。他的统治时期被称为罗马文化的"黄金时代"，有点类似东方的"贞观之治"。屋大维创立了罗马常备军和海军，并把它们安排在边境，防止军人作乱再次发生。他还新建了禁卫军，作为皇帝本人的卫戍部队，保卫罗马城。对于战争，他非常谨慎，基本不再发动倾尽国力的大战。他心爱的瓦卢斯军团在日耳曼的森林全军覆没后，屋大维在极度痛心之余，也接受了日耳曼人的独立。

罗马帝国的疆域，在屋大维统治时期基本定型。东起幼发拉底河，西濒大西洋，南至撒哈拉大沙漠，北以莱茵河和多瑙河与日耳曼人领地为界。这基本上是当年罗马军事能力所能到达的最大边界。

魅力型领袖都爱大兴土木，屋大维也不例外。他用大理石装饰罗马城，声称"一座砖城在我手里变成了大理石的城市"。建造新的元老院会所、阿波罗神庙与尤利乌斯神庙，重修大角斗场，修缮庞培剧院。为了促进帝国内的物资流通，他还造了许多直通罗马的道路，"条条大路通罗马"就是此时的真实写照。

然而，百年后的历史学家塔西佗（约55—120年）却这样评价屋大维："他用慷慨的赏赐笼络军队，用廉价的粮食讨好民众，用和平安乐的生活猎取世人对他的好感。"

古代的罗马广场

看得出来，塔西佗是一位共和主义者。屋大维用马基雅维利式的手段获得了胜利，带来的是廉价的和平与繁荣。和平之下，掩盖的是公民精神的丧失和元老院的怯懦。然而，繁荣就是繁荣，或许，人类总是处于两难之中。

平整的道路与和平的环境，使得罗马的繁荣达到了前所未有的高度。通过行省的贡献，罗马人即使不劳动也能享受富足的生活。大量的平民（这时候已经不能称他们为公民了）集中在首都，渴望得到施舍以及娱乐。虽然奥古斯都也努力安置过老兵，赠送他们土地，希望他们成为自耕农，但尝过战争劫掠快感的职业军人，已经很难再变回农民了，而且他们的生产成本也无法跟来自埃及的廉价粮食竞争。

但随着时间的推移，渐渐地安于享乐的平民和贵族，已经丧失早期的开创能力。

港口、城镇、手工业都发达了，帝国通过密布的交通网，将行省的各种财富和资源源源不断地输送到罗马，在这个过程中，官僚阶层获得了最大的利益。富豪们通宵达旦地豪饮，淫靡之气成风。之后的数百年，罗马的统治者和贵族在这样的舒适环境下，丧失了自我反省的能力，权力和欲望交织，财富和淫靡回荡。

奥古斯都没有在继承人的问题上定下任何规则，毕竟他的权力名义上仍然来自公民大会和元老院。从理论上说，只要公民大会和元老院认可，任何人都可以坐在他的位置上。然而，理论是理论，现实是现实。实际上奥古斯都不可能把权力交给一个毫不相干的人。可惜的是，奥古斯都没有男性后嗣，他只好选择他的妻子和前夫所生的儿子提比略作为继承人。

幸运的是，提比略（前42—37年）也具备极强的军事和行政才能，他选择的总督和将军基本都是有才华的人。在他的治理下，

提比略

罗马延续了屋大维时期的繁荣和安定。

　　然而，提比略并不具备屋大维那样高超的政治手腕，相反，他是一个性格非常直率的元首。屋大维能够容忍元老院的无能和颟顸，因为他知道元老院只是一个象征、一个工具。提比略则对元老院不屑一顾，他虽然看透了元老院的无能，但没有想过一旦取消元老院，其权力的正当性便会荡然无存。至于公民大会，就更不被他放在眼里。

　　他削减了公民的福利，也不允许元老院发表与他不同的意见。虽然没有彻底取消这两个机构，但连表面的尊重，他也懒得维持了。

　　性格暴躁的提比略越来越厌恶罗马的氛围，他终于找了个机会离开了罗马，跑到外地隐居。然而他一天也没有放松过手中的权力，尤其是军事权力。这时候的罗马"第一公民"，变得越来越像一个帝王。

　　而他一死，罗马帝国的最大问题就爆发了：谁是继承人？

　　提比略死的时候，他的儿子已经先他而死，而且由于他对公民大会和元老院的蔑视，导致这两个机构威信全无。他死的时候，卡利古拉（37—41年在位）是他的随从，禁卫军随即扶卡利古拉上位。

　　这就开创了一个极度危险的先例，罗马的元首由军队拥立。在此之后，这种行为几乎成了惯例，罗马事实上已经成了军事独裁的国家。

　　卡利古拉并不适合担任帝国元首，至少在军事和行政才能方面就无法跟他的前任提比略相提并论。更糟糕的是，他还患有精神疾病。不正常的精神症状导致他在行政上的胡乱作为，而且他对娱乐的爱好更甚于对执政的兴趣，同时又对独揽大权念念不忘。从政治学的角度看，他是一个爱好权力带来的感觉胜过权力本身的君主。他干的荒唐事层出不穷，有一次甚至把自己的坐骑封为"执政官"。对权力的滥用，导致他在所有人的心目中都是个白痴。

很快，这一切就结束了。禁卫军发动了政变，卡利古拉在政变中被杀。这又开启了一个先例，帝国元首由禁卫军拥立，再被禁卫军处决。

元老院本来以为，白痴皇帝卡利古拉死了，便可以选择和支持自己心仪的皇帝。然而，元老院失算了，禁卫军根本不把它放在眼里，而毫不犹豫地选择了卡利古拉那个年迈而懦弱的叔叔喀劳狄乌斯（41—54年在位）当他们的皇帝。

罗马的禁卫军拥立喀劳狄乌斯
惊恐的喀劳狄乌斯被禁卫军拥立为帝。

结果出人意料，喀劳狄乌斯并非那个看上去无能又窝囊的老人，他上台后励精图治，精明强干，甚至把罗马从未涉足的英格兰南部也纳入了统治范围，这是恺撒和奥古斯都没能完成的伟业。在内政方面也有诸多值得赞许之处，比如在罗马城修建了庞大的引水渠，解决了罗马城的用水问题；重建了粮食码头，让行省的粮食更加高效地运抵都城，等等。历史上既有那种看上去像是明君，其实是个混蛋的暴君；也有那种上位前一无是处，上位后爆发出惊人才干的皇帝。喀劳狄乌斯属于后者，而前者我们很快也能看到。

喀劳狄乌斯最大的问题是他的年龄，上位时已经到了知天命的岁数，而最重要的继承人和帝国的政治体制问题，他无力改变。

在一场小型的宫廷政变后，衰老的喀劳狄乌斯逐渐失去对局面的掌控，权力逐渐转移到他的第四任妻子朱莉娅·阿格里皮娜手里。阿格里皮娜在嫁给喀劳狄乌斯的时候，已经是个再嫁的妇人，并带着自己的儿子尼禄（54—68年在位）。就这样，尼禄成了喀劳狄乌斯的继承人。据说，生性狠毒的阿格里皮娜迫不及待地想让自己的儿子上位，毒害了她的丈夫喀劳狄乌斯。

与喀劳狄乌斯相反，尼禄在上位之初表现得非常像一个明君，比如取消真人角斗、降低税赋等。然而在他亲政之后，先是把喀劳狄乌斯的亲生儿子毒杀，剪除了皇位竞争者。然后剥夺了助他上位的母亲的一切权力，后来还觉得不放心，派人杀死了自己的母亲。估计喀劳狄乌斯生前怎么也想不到，自己娶的第四任妻子会给自己、自己的后代和罗马帝国，带来这么大的灾难。

尼禄热爱艺术要远胜于执政，在他亲政的几年里，除了横征暴敛，就是大搞艺术，特别是跟"人体"有关的艺术。

在他的一生中，有一件事尤其值得被记载。公元64年，一场大火在罗马城，尤其是罗马贵族区肆虐。有人说是尼禄想扩建皇宫，贵族们都不肯搬家，于是他就派人故意放火烧了贵族区。这种说法并无直接证据，但大火之后，这些区域确实被他划入新宫殿的范围。但为了杜绝广泛的质疑，尼禄把罪责推到了当时还是底层民众信仰的基督教身上，并大肆迫害基督徒。许多人被丢到竞技场中，与野兽搏斗，惨遭杀害的基督徒不计其数。

尼禄观赏在燃烧的罗马城

最终，尼禄众叛亲离。公元68年，各地总督起而反对他的统治，伊比利亚总督加尔巴（68—69年在位）自立为罗马皇帝，并得到了元老院的承认。尼禄的禁卫军也抛弃了他，最后元老院判处尼禄死刑，尼禄伏剑自杀。他的死，宣告了喀劳狄王朝的覆灭，虽然尼禄跟奥古斯都没有半点血缘关系，但从养父子的传承来看，他是喀劳狄王朝的末代皇帝。

罗马帝国与东方帝国有着很大的差别，其中一个重要的差别就是继承人制度。在东方帝国，如果外姓人当上皇帝，他必然会更改国号，俗称改朝换代。但在罗马帝国，王朝更迭并不需要整个社会的颠覆性改变，甚至连上层结构都无需变化，皇帝本人也对是否是血亲传承不甚在意。如果按照东方的标准，西罗马帝国内部的皇位传承就如同宋、齐、梁、陈之间的更迭，学习历史者不可不慎重看待东西方之间的差异。

这一时期的罗马帝国虽然有过卡利古拉和尼禄这样的暴君，但整体实力却在不断上升。长时间没有内战的罗马，经济上高度繁荣，城市建设也日新月异。各种大型建筑拔地而起，稳定的生活环境也催生了一个又一个文化巨匠。皇帝不仅是世俗权力的主宰，也是神权的化身。这个时代的罗马元首，与之前的执政官已经完全不同。

加尔巴的帝位极不稳固，其他地区的总督和将军都有自己的打算。相较于前任，他对罗马的控制也比较弱，在短短的两年时间内，罗马城就经历了一系列眼花缭乱的叛乱、政变和阴谋，三任皇帝先后或被谋杀或被处死。最后的胜利者是镇压了犹太人大起义的韦斯巴芗（69—79年在位）。在这一系列的皇位争夺战中，禁卫军、各地军团和总督都在其中施加影响，反而是名义上的最高权力机构元老院显得"与世无争"。

韦斯巴芗建立了罗马帝国历史上的第二个王朝——弗拉维王朝，历经韦斯巴芗、提图斯和图密善三代帝王。虽然他们在执政上风格不一，但基本都能维持帝国威名不坠，经济继续发展，军事上也在各个方面取得新的进展。比如罗马帝国在英格兰的统治区域就扩大了，在西日耳曼也取得了一些军事胜利，占据了更多的领地。值得一提的是，维苏威火山碰巧在这个时候爆发了，掩埋了附近的几座城市，其中最有名的城市叫庞贝。现代历史学家可以通过对庞贝城的考古发掘，一睹当年罗马时代的风采。

公元96年，图密善在一次政变中被杀，元老涅尔瓦被推举为皇帝，建立了罗马历史上的第三个王朝——安敦尼努王朝。涅瓦尔深知获得军队支持的重要性，于是他做出了一个明智的决定，让日耳曼总督图拉真作为自己的养子和继承人。

公元98年，涅尔瓦病死，图拉真（98—117年在位）被军队和元老院推举为皇帝，开启了罗马帝国的黄金时代。他是第一个在亚平宁半岛之外出生的罗马皇帝，父亲是伊比利亚总督。罗马帝国展示了它的世界性胸怀。图拉真不仅成功显赫，在政治上也极有手腕。他不仅跟元老院保持了良好的关系，还在内政和民生方面取得了卓越的成就，因此罗马人向他奉上了明君的称号。今天去意大利或西班牙，我们还能看到大量图拉真时代留下的遗迹，这些道路、桥梁、水渠和广场，极大地提升了罗马的国力。当然，图拉真之所以威名赫赫，不只是因为内政方面的功绩，更因为他在军事上取得了一系列的胜利。

图拉真

图拉真凯旋柱

完工于公元113年，属于多立克柱式，因柱身精美浮雕而闻名。

他一改前任皇帝在对外扩张上的保守态度，于公元101年发动了达西亚战争，并最终攻克了达西亚王国，在那里建立了新的罗马殖民地，这个地区便是现在的罗马尼亚。

征服达西亚后，图拉真继续向东，攻克了罗马宿敌帕提亚的首都，把中东大块土地纳入到罗马帝国的统治范围。他是唯一一位见到波斯湾的罗马皇帝。图拉真的功绩，使得罗马帝国的疆域和国力达到了巅峰。

巅峰总是难以维系，图拉真在公元117年病逝前，把皇位传给了哈德良（117—138年在位）。这个选择非常明智，因为哈德良是一个谨慎而保守的人，他意识到帝国疆域的空前扩大会带来统治成本的急速提高，因此放弃了征服不久的亚述和帕提亚等地，并把首都还给了帕提亚帝国，为罗马换来了东部边境的和平。哈德良对罗马帝国的另一大贡献是在达西亚和英格兰都修建了"长城"，防止蛮族入侵，这些"长城"史称"哈德良长城"。修建防御性大于攻

哈德良长城

击性的长城说明罗马帝国统治者的心理发生了变化，他们不再有强烈的进取心，而是想保住现有的一切。

哈德良建立了一套行之有效的官僚机构。既然不再对外扩张，内政自然成为他关注的重点。哈德良跟他的前任一样，也大力整修了罗马境内的基础设施和一系列伟大的建筑，至少在他的统治下，罗马人民还算安居乐业。

哈德良晚年指定了来自高卢的安敦尼·庇护（138—161年在位）继承皇位。在安敦尼治下，帝国依旧保持了平稳发展。从奥古斯都到安敦尼，罗马帝国已经过去了近二百年。这二百年是罗马帝国有史以来最好的时光，国力强大、经济繁荣、社会基本稳定。除了边疆行省时不时地有些战争或叛乱的消息传来，罗马帝国腹地的人民享受了长久的和平。但一切美好时光都有结束的时候，危机在所有人毫无觉察中悄悄来临。

经济的繁荣带来了道德的堕落。图拉真征服帕提亚后，在罗马城举行的狂欢居然持续了一百多天。无数的财富被用在奢侈享乐上，上层贵族通过战争和掠夺越来越富有，帝国内的贫富差距越来越大。而且，这些奢靡的享乐还需要鲜血的祭奠，角斗士在竞技场上流血，人民在场下欢呼，整个社会越来越嗜血、残忍。

在这种社会风气中，劳动被视为贱民之业，罗马城的公民已习惯于向政府要面包，再也不肯俯身劳动。而对外战争的停止，让奴隶的来源减少，生产因此逐渐凋敝，但全社会的狂欢仍时常通宵达旦、无日无夜。

同时，庞大的帝国需要数量庞大的军队来维持，而长时间的安逸逐渐磨掉了战士的锐气。无论在不列颠岛，还是在日耳曼森林，罗马人越来越感到力不从心。

虽然在这个时代，罗马官僚系统的效能已经发展到巅峰，内政上已经做到了很精细的管理。然而官僚集团有个根深蒂固的缺陷，在最初的时候能够高效地管理国家，但它的膨胀会把国家的财富吞噬一空。

底层人民是一切宗教信仰最佳的传播对象，不知不觉中，罗马已经有大量的人口把基督教作为自己的信仰。那么巅峰之后的罗马帝国和基督教，又将产生什么关联呢？

第6节
帝国的衰亡和基督教崛起

公元3世纪，罗马的危机逐渐爆发，历史上称之为"三世纪危机"。

王朝到了没落的时候，情况都是差不多的，无非"内忧外患"四个字。罗马的人口在极度膨胀的同时，贫富差距进一步拉大，富者田连阡陌，贫者无立锥之地。经济缺乏新的增长点，农业和手工业衰落，手工业者、自由民纷纷破产。而曾经被罗马吊打的北方蛮族，开始不时南下劫掠，打破了罗马人安宁的生活。

在建国初期，罗马对于希腊就是蛮族，现在他们也要面对蛮族的威胁了。

罗马强盛的时代，北方的日耳曼蛮族被强力压制，动弹不得，还时不时被罗马一个接一个地征服，并逐渐融入罗马，壮大罗马。现在罗马衰落了，这些部落则变成了侵略罗马、杀戮罗马人的主要力量。蛮族还是那个蛮族，部落还是那个部落，不是蛮族变强了，而是罗马变弱了。

在罗马应对北方蛮族入侵的同时，部分蛮族也进入罗马军队服役，这些人现在远比罗马人强悍。他们逐渐进入边防军，进入各地驻扎的军队，最后进入禁军。类似事件在东西方历史上屡见不鲜，三国时期曹魏的军队中就有许多匈奴骑兵；阿拉伯帝国中后期，当兵的也多是突厥人。相似的故事，相似的结局。西晋"五胡乱华"，首先发难的就是长期为朝廷服务的匈奴部落；突厥人也在阿拉伯帝国逐渐掌握大权，直到最后建立奥斯曼帝国。

还记得由屋大维亲手建立的禁卫军吗？这支禁卫部队最初是皇帝的好助手。到了帝国中后期，随着皇帝本人权威的下降，皇帝在禁卫军的眼里就是一个发工资的老板。还记得卡利古拉吗？如果老板不能让他们满意，他们就会随意更换老板。

这些历史上真实的案例，具体表现虽然有所不同，如东汉后期的匈奴武装和阿巴斯王朝的突厥人掌权属于蛮族渗透入侵，奥斯曼禁卫军和罗马禁卫军属于武装力量反噬，但它们都具有一个共同点，即权力来自最强力量。一旦当政者失去对最强力量的掌控，反过来他就会被掌控。

从公元235年到公元244年短短的十年间，罗马就更换了六位皇帝，让他们上位和丧命的都是同一股力量，就是军队。这种军队反叛自己主将的情

日耳曼人侵入罗马帝国

况，在军阀割据的时代十分常见。军阀控制的军队，已经没有任何为国效劳的意识，他们当兵的唯一目的就是建立军功，获得财富。主将如果有能力带领士兵们升官发财，就会受到拥戴；一旦主将在权力斗争或者战争中失败，就会被自己的部下抛弃。

英国历史学家格兰特认为和公元3世纪罗马的边境战争相比，"以往的边界战争变得微不足道了"。

具体说来，罗马在公元3世纪的危机主要表现在三个方面：一是波斯人、哥特人和日耳曼诸部落的不断入侵，从外部威胁帝国；二是各种形式的内乱和起义，相互激荡，从内部削弱了帝国的实力；三是身为一国之主的皇帝朝不保夕，军队根据自己的好恶随意废立皇帝，军队的意愿几乎就是皇帝废立的唯一标准。军队不断的兴风作浪，进一步加剧了内乱，也让边防形同虚设，这为外族入侵创造了条件。以上三个方面的危机都与军队有着不可分割的联系，结果之一便是边境危机加剧。

出现这种局面的根源在哪里？当年罗马的有识之士也在拼命寻找答案。罗马帝国衰亡的原因有很多，但可简单归结为：罗马有法律，但没有法律精神；有神祇，但没有信仰。

罗马有法律，早在公元前5世纪就颁布了《十二铜表法》。罗马还有法学家，例如，恺撒时代的政治家西塞罗，就是著名的法学家。法学家们在法庭上侃侃而谈，一切好像都依法而行，但实际上，人们在法律面前并不平等，有钱人可以通过赎买来减轻甚至免除罪行，穷人却为一点小事而被处以重罚。出现什么问题，人们第一个想到的也不是法律，而是看能否通过什么途径和手段获得大人物的支持。到了帝国中后期，法律对于驻扎在各地的总督而言更是成了笑话。

罗马有"神"，但这些神是由希腊诸神衍化而来的。比如罗马主神朱庇特，实际上对应的是希腊神话中的神王宙斯。而且这些神跟人的差别并不大，没有神圣性，神身上的人性弱点甚至比普通人还严重。缺乏神圣性的多神崇拜，无法给罗马人提供精神和意识形态上的支撑。

这时候，罗马帝国统治者注意到了基督教。基督教作为脱胎于犹太教的一神教，非常具有普世性。所谓普世性，指它不像犹太教那样强调只救赎犹太民族，而是不分人种、民族、阶级，只要信徒虔诚地信仰上帝，就能无差别得到救赎。

最初，基督教不仅得不到罗马的认可和支持，还经常遭到血腥的迫害和镇压，甚至基督教的创始人耶稣也被罗马在耶路撒冷的总督下令处死。

罗马军队摧毁耶路撒冷

基督徒遭受迫害的原因有很多，其中最重要的可能是基督教禁止偶像崇拜，而罗马帝国恰好要求人民必须把皇帝当作神来崇拜，并举行相关的敬拜仪式，再加上犹太人在公元60年左右的大起义，终于让罗马皇帝对它举起了屠刀。

从公元初的罗马皇帝提比略、尼禄、图密善到后来的哈德良、康茂德、戴克里先，无论他们在治国方略上有什么差异，对于基督徒而言，他们都是刽子手。甚至就连罗马的历史学家塔西佗也鄙视憎恶基督教，他认为，基督教是一种原始的迷信，是丧失理性的人的怪异信仰。在所有迫害基督徒的帝王中，马克西米安皇帝最为凶残。在他的迫害下，直接被砍头、被钉死、被乱棒打死的基督徒，已经算是死得不太痛苦的了。有的基督徒甚至被带入竞技场跟野兽格斗，惨死在斗兽场的基督徒比比皆是。罗马主教西克斯图斯二世和他的四位辅祭被处死，迦太基地区主教被杀，塔拉戈那主教被处以火刑。

暴君尼禄对基督徒的迫害更富戏剧色彩，如前文所说，据传他想扩建皇宫，便放火烧了皇宫周围的房屋，再嫁祸给基督徒。因为这件事，罗马城中被杀的基督徒数以百计，圣徒彼得和保罗都在此次事件中被杀害。

君士坦丁大帝

在这样严酷的打压下，基督教却像野火一样在地下燃烧。渐渐地，不仅底层民众，越来越多的贵族也开始信仰基督教。随着罗马的危机日益加深，罗马统治者急需一种意识形态来维持其统治。在这样的背景下，公元313年，罗马皇帝君士坦丁（306—337年在位）发布了"米兰敕令"。

米兰敕令承认基督徒同其他异教徒一样具有同等的信仰自由，归还政府没收的教堂和教会财产，免除教会神职人员对国家的徭役义务，规定基督教主教有权审判教会案件，承认基督教的合法地位。从此，基督教成为罗马帝国境内的合法宗教，成为维持国家政权的支柱。在承认基督教的地位后，公元324年，君士坦丁恢复了罗马帝国的统一，并成为罗马帝国新的独裁统治者。

为了解决基督教内部不同派别，尤其是亚他那修派和阿里乌斯派之间关于教义的分歧，在恢复罗马帝国统一的次年（325年），君士坦丁在尼西亚主持召开了有300名主教参加的"尼西亚会议"。会议的中心议题是如何解释基督和上帝，即三位一体中的圣父圣子的关系。亚他那修派主张"父子同质，子为道成肉身"，而阿里乌斯派主张"父先于子，子为被造而次于父"。结果阿里乌斯派被斥为异端，亚他那修派的信条经过修改后被大会认可为《尼西亚信经》，成为基督教的正统信条。大会使基督教的教义得到规范和统一，对巩固罗马帝国的统一有着重大的意义。

公元330年，君士坦丁把首都迁往东方的拜占庭——后来被称为君士坦丁堡。以图获得更多的政治、经济资源，而不必时刻面临来自北方蛮族的压力。新首都所在的地方正是现代土耳其最大城市伊斯坦布尔的所在。

这一时期，罗马并未摆脱公元3世纪形成的混乱阴影，整个帝国虽然看上去还是那么强大，甚至在与外敌的战争中接连取胜，但明眼人都看得出来，帝国已经走向没落。因为这些战争除了给将领们带来财富和荣誉，并未给国家带来任何实际的好处。同时，层出

狄奥多西一世

不穷的叛乱和内战，又在不断消耗罗马的国力。在混乱中，人们期望一个神祇来挽救自己，弥赛亚的传说、上天堂的诱惑、对末世的恐惧与对来世的向往使得皈依基督教的罗马人越来越多。

公元380年，罗马皇帝狄奥多西一世（379—395年在位）正式宣布基督教为罗马帝国国教。君士坦丁大帝的"米兰敕令"只是让基督教与其他宗教具有同样的地位，消除了对基督徒的歧视，赋予基督教合法地位，而这一敕令则是让其他宗教消失，使基督教成为罗马帝国境内唯一的宗教。这与百年之前相比，基督教的境遇真可谓有天壤之别。

狄奥多西一世是最后一位统治整个罗马帝国的皇帝。在他死后，罗马帝国被拆分为东西两个部分。公元395年，临终前的狄奥多西一世将罗马帝国分给两个儿子，长子阿卡狄乌斯为东罗马帝国皇帝，次子霍诺里乌斯为西罗马帝国皇帝，从此，罗马帝国正式分裂为东罗马帝国（首都君士坦丁堡）和西罗马帝国（首都罗马）。

不要奇怪帝国为何有两位皇帝，在罗马帝国的历史上，还出现过四帝共治时代。就是将帝国分为东西两个部分，每部分由一位皇帝管辖，称为"奥古斯都"。每位奥古斯都再指定一位助手和继承人，称为"恺撒"，奥古斯都把自己的统治区域分一部分给恺撒治理。四人各指挥一支军队。这便是"四帝共治"。中国人很难理解这一点，主要原因是罗马帝国的皇帝跟中国古代的皇帝有很大区别。中国皇帝的权力极具排他性，讲究天无二日，民无二王；而罗马皇帝更像一位最高行政官，排他性没有那么强。在罗马帝国的历史上，继承来的皇帝有之，被提拔来的皇帝有之，被禁卫军拱上台的皇帝亦有之。不具有血缘关系的人成为新皇帝，在东方就是改朝换代；但在罗马，这都是很常见的，皇帝不一定将皇位传给儿子或者家族中的其他后代，继承者可能是任何人，只要他有本事获得承认就行了。

东西罗马正式分家后，西罗马皇帝霍诺里乌斯（395—423年在位）面对的是蛮族西哥特人杰出领袖阿拉里克（395—410年在位）。老狄奥多西皇帝给小皇帝留下的辅政大臣斯提里科在宫廷斗争中失败，被小皇帝处死，蛮族大军再无人可挡。而且斯提里科的军队中有很多人都投奔了阿拉里克，他们将刀锋指向了皇帝。到了这个时代，军队的维系完全靠将领个人，军人对国家已经毫无忠诚可言，而且他们中的很多人都不是罗马人，这样做也无可厚非。

公元410年，阿拉里克率领大军围攻罗马城，几百年来从未被外族攻占过的帝国都城陷落了。在大肆掠夺并索取赎金后，他们离开了满目疮痍的罗马城。这是罗马城的第一次陷落，这次大劫难预示着西罗马帝国的末日即将到来。

由于阿拉里克对罗马的劫掠，有些罗马人将罗马陷落的原因归咎于改信基督教，著名

阿拉里克洗劫罗马

神学家奥古斯丁（354—430年）便创作了《上帝之城》，他认为阿拉里克攻陷罗马城后，所有前往基督教堂避难的人都免遭杀戮，因此，罗马帝国的人应该感谢基督而不是谴责基督。他将信奉阿里乌斯派的阿拉里克称为"上帝之鞭"，以惩罚那些不信奉基督教的罗马人。

西罗马帝国在之后进入苟延残喘的时代，而到了匈奴王阿提拉（406—453年）进入欧洲时，曾经的蛮族和罗马居然竟因同病相怜结成了盟友。公元444年，阿提拉在迎娶西罗马帝国公主后，依然率领匈奴大军进入了意大利地区，幸亏教皇出面求饶并奉上大笔金钱，才让阿提拉没有直接进入罗马城。

虽然最后阿提拉被日耳曼人打败，但匈奴人对西罗马帝国的打击异常沉重。在此之前，西罗马帝国已经在奴隶起义、农民起义的打击下摇摇欲坠。再加上蛮族入侵，西罗马帝国终于支撑不下去，灭亡了。西罗马帝国灭亡的具体时间众说纷纭，有人认为以公元476年蛮族将领奥多亚克杀死欧瑞斯特，废黜末代皇帝罗慕路斯·奥古斯都，自立为国王为标志；有人认为虽然奥多亚克自称国王，但依然在法理上服从逃往克罗地亚的西罗马帝国皇帝尼波斯的统治，因此直到尼波斯死亡，西罗马帝国才告以终结。其实这都不重要，西罗马帝国的灭亡很难用一个具体的时间点去衡量，实际上在公元410年罗马城被攻陷的时候，帝国的形象和威严就已经一落千丈，能够维系的只是一个名头而已。

蛮族最初迁入罗马帝国，并没有取而代之的想法，他们只是想在帝国内寻找一块比苦寒的家乡更丰饶的地方安家，结果你来占一块，他来占一块，罗马实际控制的地方越来越少了。在正式崩塌前很长一段时间，罗马帝国就已经名存实亡了。

西罗马帝国虽然灭亡，但东罗马帝国还在，也就是后世的拜占庭帝国，仍延续了一千多年。在我们讲述拜占庭帝国历史之前，继续看西罗马帝国崩溃后，进入中世纪的欧洲接下来会发生什么吧。

第四章

千年中世纪

第1节
中世纪的起源

中世纪无疑是从西罗马帝国崩溃开始的，而促使西罗马帝国崩溃的，是来自北方的蛮族日耳曼各部落的入侵。这些蛮族部落并没有一个至高无上的首领，他们各自为政，甚至彼此攻战。

公元1世纪的时候，罗马历史学家塔西佗对他们有过这样的描述：在战场上，首领的勇气要是被战士比下去，或是战士的勇气比不过首领，都是可耻的事情。如果首领倒下而战士离开战场独活，那更是一生也洗刷不掉的污名和耻辱。对首领极尽保护、捍卫，贬抑自己的英雄行为而把功劳归给首领，是服从的真实含义。

首领为胜利而战，战士则为首领而战。很多贵族子弟，如果生活得太过安宁，就会刻意地去挑衅其他正在打仗的部族。这些蛮族对和平毫无期待，在危难中博得名声才对他们的胃口。更何况，他们的生产能力极其低下，要养得起帐下的战士，唯有暴力劫掠一途。战士们总是伸手向首领要东西：把你的战马赐给我吧，要不那根血迹斑斑、代表胜利的矛也行。至于吃饭，不管是丰盛还是普通的饭食，都被当作报酬看待。想要慷慨付出，就要有足够的物资支撑，自己生产不出来，首领就要靠战争和掠夺去获得。

劝一个日耳曼人下田耕种、耐心等待一年一度的收成，要比劝他去挑战敌人、赢得奖赏困难百倍。他们认为，能靠流血获得的东西却用流汗得来，是没骨气、自甘下流的表现。

塔西佗对蛮族的描述或许失之偏颇，但非常重要，我们从中可以了解到很多东西。比如贵族的由来，跟我们前述罗马和希腊的贵族一样，部落中产生的贵族，一定是由打仗得来。最勇敢的勇士，很容易在部落中取得高于他人的地位。首领和麾下的关系便从他们在战争中的勇敢程度中产生，首领也不能坐在后方观望战争的成败，他们必须身先士卒，勇气和武力是他们值得称道的美德，其他的则微不足道。

士兵与首领并无人身依附关系，他们是合作伙伴。首领要驱使麾下效劳，除了自己必须有勇武精神外，还需要付出相应的代价。因为部落规模小，任何事都可以摆到明面，任何举动和行为的反馈也极快，因此权利和责任基本对等，付出和回报一目了然，这是原始部落相比于文明世界最大的特征。

与后来的君主不同的是，这些蛮族首领并不对麾下武士掌握生杀大权，国王的权力从一开始就受到限制，部落众人的人身权和财产权并不归属于国王，这在将来逐渐演化成人权意识。

热爱战争劫掠、轻视种地经商、国王不拥有绝对权力，这是欧洲中世纪初期贵族的特点，在这个基础上，欧洲封建制度才得以建立。

进入罗马帝国的日耳曼蛮族建立起了大大小小的王国，逐渐取

蛮族占领罗马

代了原先的帝国。大的国王麾下有数万大军，小的国王手下只有几百人，与其说他们是国王，不如说他们是"村长"。

这些蛮族国家基本由文明程度较低的群体组成，进入罗马劫掠的时候，他们摧毁了罗马的文化经典，这些经典要等到文艺复兴时才会再现欧洲。他们还摧毁了城市和供水系统，摧毁了他们能摧毁的一切；有些即使没有被摧毁，他们也不会维护，罗马文明的火炬就这样在欧洲大地熄灭了。

进入罗马的日耳曼部落所建立的日耳曼诸王国中，力量最强、存在最久的是法兰克王国。其他较有影响力的还有西哥特王国、汪达尔王国、东哥特王国、奥多亚克王国等。

这些蛮族来到罗马，摧毁了罗马的文明，随着罗马灭亡的还有他们的建筑、艺术、文化、法律，有一样东西除外——基督教。

　　罗马皇帝把基督教奉为国教的用意是利用基督教施行其统治，让人意想不到的是，基督教却在罗马的废墟中崛起，成为中世纪引领欧洲文明的中坚力量。

　　蛮族战士进入罗马帝国，他们所要的无非金钱和土地，然后这些地方的教士告诉他们，这些你们尽管拿走，但我想跟你们聊一聊神的事情。这些蛮族文明开化程度较低，他们原先的信仰不过是低级的偶像崇拜，基督教至此已经发展了数百年，积淀丰厚，其精神的吸引力不是这些朴实又凶悍的汉子所能抵挡的。这些教士宣称，基督教不要土地和财富，同时还能给这些战士带去祝福和胜利。很快，日耳曼诸王都变成了基督教的信徒，因为他们愚昧，所以他们更加狂热。纵观欧洲中世纪史，就是一部诸王国和教会相互影响的历史。

　　法兰克人在公元3世纪左右就进入了罗马境内，并且不断扩张。法兰克人中间一个较大部落的首领克洛维（465—511年），在战胜了法兰克其他部落，并在公元486年击垮了罗马残余势力后，在西欧建立了法兰克王国。由于克洛维的爷爷名叫墨洛温，他便将自己建立的王朝命名为墨洛温王朝（481—751年）。

　　克洛维是一位具有雄才大略的君主，其在位期间法兰克

克洛维

王国一路兼并扩张。王国领土最大时包含了今天的意大利、德国和法国以及西欧的其他部分。法兰克王国也是欧洲存续时间最长的日耳曼王国。在扩张过程中，克洛维不断夺取新的土地并赐给麾下的亲兵和大臣，获得土地的下属顺理成章地成为贵族。拿到土地的贵族在自己的土地上几乎拥有所有的权力，包括行政和司法大权，他们可以审判乃至处死领地里的领民；同时他们对封给他们土地的国王负有缴纳钱财以及随同打仗的义务，这就是欧洲采邑制的雏形。

所谓采邑，便是国王把土地作为臣属为自己服务的酬劳封赏给他们，令其终身保有。"采邑"一词在西欧语言中的原意就是"恩赏"。在中世纪欧洲，没有采邑的贵族是假贵族，失去采邑的贵族是没落贵族。采邑作为私有物可以继承，可以转赠，但归属于采邑本身的权利和义务关系并不因继承和转赠发生变化。

举个例子，A大王封赏了B骑士一块土地，B的家族从此对A大王就有了义务，如A打仗的时候，B要出十个骑士随同A作战；后来C大王也封赏了B家族土地，B对C也就有了同样的义务，比如要出五个骑士随同C打仗。假如某天A大王和C大王之间要打仗，B该如何选择阵营？符合封建伦理的方式是，他给A派出十个士兵，再给C派出五个士兵，这就完美地履行了作为一个封臣的义务。当然，现实要复杂得多，各种背叛、联合、交易和私下的妥协层出不穷。但这种多重的权利与义务关系，贯穿了整个中世纪，也是作为局外人的我们在看欧洲历史时觉得极度复杂的原因。

采邑制是在经年累月的时间里完善起来的，在墨洛温王朝，国王和贵族们的权利义务关系并未厘清，直到铁锤查理（688—741

年）的时代，采邑制度的各种权利义务关系才逐渐完善起来。

克洛维在公元496年接受了洗礼，皈依了基督教，这对于教会来说是个重大的胜利，从此，在克洛维征服过的地方，基督教可以名正言顺地传播了；同时，克洛维和他的封臣们也得到了这片土地上早已皈依基督教的高卢人和罗马人的效忠。基督教一边帮助蛮族国王治理被征服的土地，一边让自身发展壮大起来。

基督教对日耳曼蛮族的改造贡献良多。蛮族热爱劫掠与战争，基督教则宣扬爱与和平，两种文化的整合，在蛮族部落国家代替罗马帝国之后的几百年中逐渐形成。蛮族早期的作战都以抢劫为目标，这一点哪怕到后来维京人纵横欧洲的时代，都没有改变。他们皈依后，基督教不能让他们放下刀枪，蛮族也不会放弃他们用刀枪获取财富的本能，那么，这两种矛盾的理念如何结合呢？那就是"为了上帝而战，为了正义而战"。

中世纪的骑士受封仪式

为了正义而战，要比为了财富而战高级得多。原始的部落只能靠首领认识每一个人来管理部落，当他们发现可以通过某种"意识形态"使民众团结起来后，情况就发生了巨变。假设用一匹狼来当部落的图腾，无论原始人互相认识与否，看到有狼图腾的就互相帮忙，看到虎纹身的就与之作战，部落首领就能管理比原先多得多的民众和战士。

基督教在与蛮族部落的互动中，逐渐把许多基督教观念传达给他们，在战斗本能和收获的问题上，"为了荣耀上帝而战斗"与获得财富并不矛盾。就这样，蛮族战士一步步变成了基督教卫士，他们的剑也具有了神圣的意味。数百年后的十字军东征，正是打着为上帝而战的旗号。

克洛维死后，他的四个儿子分割了王国，分别以巴黎、奥尔良、苏瓦松和梅斯为中心建立了政权。然而，法兰克王国并没有像东方的波斯或秦国那样，成为一个大一统的集权国家，在之后的数百年时光里分分合合，战乱不休。

第 2 节
加洛林王朝的诞生

讲述蛮族历史时会比较快，因为没有太多的大事件，到了公元8世纪时，墨洛温王朝的权力逐渐被官相夺走了。

所谓官相，是国王的家臣，他们是代替国王管理王室土地的官员。这个职务与国王一样也可以世袭，但他们没有合法的统治权，必须借助国王的权威来进行统治。在墨洛温王朝，往往不止同时设一个官相，他们之间也明争暗斗，斗争的结果是产生了一个权势最大的官相家族，即加洛林家族。

加洛林家族本身就是墨洛温王朝的大贵族，公元687年，加洛林家族的丕平二世在长期的混战中统一了自己的权力。他的儿子查理·马特继承官相之位后，权力进一步得到集中和加强。

古往今来，集中权力的最好方式就是赢得战争。公元732年，对于欧洲基督教而言非常重要的普瓦提埃之战打响了，此战堵住了阿拉伯帝国向欧洲扩张的势头，也让查理·马特的声望响彻欧洲，获得了教会的强力支持。

此前，法兰克王国南部的大贵族阿基坦公爵已经战败，不得已向宫相查理·马特求救。查理·马特本来就有统一法兰克王国的意图，在获得阿基坦公爵的效忠后，便率领大军救援，与阿拉伯军队在普瓦提埃地区相遇。

阿拉伯军队此前一路势如破竹，但由于要翻越比利牛斯山脉，他们无法带上辎重，便以步兵和轻骑兵为主。查理·马特的军队以重装步兵为主，这支军队跟随他东征西讨，在法兰克内战中多次战胜敌人。在普瓦提埃打仗，法兰克人相当于在内线作战，后勤补给线比阿拉伯远征军短很多，也容易得多，因此他们动员了比阿拉伯人更多的军队。

公元732年9月，阿拉伯大军包围了普瓦提埃。这座要塞是防守严密的石头堡垒，缺乏攻城器械的阿拉伯军队久攻不下，阿军统帅阿布德只好留下一部分军队继续围攻，自己则率领大军主力开往重镇图尔。

图尔是法国南部地区的基督教中心，拥有无数的财富和宏伟的大教堂。对于阿拉伯大军来说，夺取这里可以极大地打击法兰克王国的士气，对于查理·马特来说，这里却绝不容有失。因此，在阿拉伯大军进驻图尔城下后，本土作战的查理·马特立即率领大军来到附近。对于突然出现的基督教大军，阿布德大惊失色，连忙撤退，在撤退中他们不断受到查理·马特大军的袭扰。当阿拉伯大军退到普瓦提埃时，这座城堡依然没有被攻下，但他们已经无法再退。于是，在后背是敌人城堡的极为不利的情况下，阿拉伯大军被迫与查理·马特大军展开决战。

面对兵种更加齐全的法兰克大军，阿拉伯军队只有单一的骑兵

冲阵一种进攻方式，在法兰
克的远程部队不断消耗打击
阿军的冲锋后，查理·马特
派出了他最精锐的重骑兵部
队，一举击溃了阿拉伯人。
普瓦提埃战役以查理·马特
的完胜而告终，他因此而达
到了个人荣誉的巅峰，并在
历史上获得了"铁锤查理"
的称号。

在普瓦提埃战役中的查理·马特

借助父亲一生从未打过败仗的巨大声望，他的儿子丕平终于
有资格替代墨洛温王朝的末代君主，登上王位，是为丕平三世
（751—768在位），加洛林王朝就此开启。意大利半岛上有一个日
耳曼蛮族建立的政权伦巴第王国，对教皇的威胁很大。为了解决威
胁，公元751年教皇斯德望二世与丕平三世达成协议，由教皇为丕
平提供法兰克的王冠，而丕平则为教皇解决伦巴第王国的问题。协
议达成后，丕平先后两次出兵意大利，打败了伦巴第人，迫使伦巴
第国王将侵占的拉文纳总督区交还教皇，同时在公元756年把他夺
取的罗马城周边土地赐予教会，史称"丕平献土"。既然有了合法
的领土，教皇的权势日益扩张，逐渐成为能够左右欧洲时局的超级
势力；而以罗马为核心，还形成了以教皇为君主的教皇国。

丕平三世的儿子也叫查理（768—814年在位）。欧洲历史难学
难懂的一个原因，就是人物的名字相似度极高。这位查理的功业不
下于他的爷爷"铁锤查理"，正是在他的手中，今天欧洲的政治版

图被逐步奠定下来。

　　欧洲历史就是一部战争史，查理上位后率领他的军队进行了无休止的战争，先征服了法兰克北方的萨克森人；又响应教皇的号召，南下亚平宁半岛，吞并了伦巴第王国；东边征服了巴伐利亚；西部边境一直推进至伊比利亚半岛的加泰罗尼亚地区。在他手中，王国版图比他爷爷在位时扩大了几乎一倍。在查理对各个方向的军事行动中，基督教会扮演了极其重要的角色——随着查理的军队一路传播基督教。

　　此时法兰克王国的疆域已经涵盖了西欧、南欧和中欧的大部分地区，它的都城在今天德国的亚琛，在这里，查理修建了许多华美的建筑。自西罗马帝国崩溃以来，还没有一个人在如此广阔的领土上实现其统治。公元800年12月25日，罗马城中的圣彼得大教堂灯火通明，罗马教皇利奥三世会见了前来朝圣的查理。也正是在这一天，罗马教皇亲自为查理施行涂油礼——这是基督教里极高的荣誉；然后又把一顶王冠戴到了查理的头上，这是教会对世俗王权的加冕，这种仪式意味着王权正式服从教权，承认他们能够代表上帝赐予世俗王者以权力。

查理大帝加冕

教会给予查理的称号是"罗马人的皇帝"，这是罗马帝国在某种程度上的复活，虽然这种复活有种说不清道不明的感觉。到了公元814年，拜占庭帝国，也就是东罗马帝国才承认查理大帝对西罗马故地的统治，因此查理大帝统治时期也被称为"查理曼帝国"。

想建立一个相对稳固的帝国，查理大帝需要的不仅是军事上的胜利。军事征服是容易的，但采用军事统治的成本则太过高昂。中国有句俗语，叫做"可以马上夺天下，不可马上治天下"，这条政治学准则对于查理大帝来说也一样适用。

一方面是采邑制进一步加强，国王和封臣之间的权利和义务关系更加明确，不仅落到纸面，还需要宣誓。

各封臣所在地都要召开封爵地大会，领主要在大会上作出宣誓行为。不仅领主要向国王宣誓效忠，每一个十二岁以上的男性臣民都需要向领主和国王宣誓效忠。他们的名字会被记录下来，如果有朝一日他们背叛了誓言，就会在物质和精神上遭到双重"绞杀"。

在世俗社会背叛誓言的人会成为一个失去名誉的人，而且会被剥夺财产，被体罚甚至处死；在精神信仰上，他将遭到上帝的厌弃，永世不能进入天国。在对国王宣誓效忠后，即使在那些偏远的地方，国王的权威也能够深入到最基层。

加洛林王朝的版图比较大，在地区的大会之上，还要定期召开全国大会。这是中世纪封建王朝能够想到的最廉价的统治方式，由此我们联想到了数百年后日本德川幕府对地方大名的控制。加洛林王朝的治理模式与日本幕府的统治类似，都是以分封领主的方式来控制地方。它们面临的困境大致相同，采用的手法也相通。古代没有现代的通信技术和交通设施，天高皇帝远，位于中央的统治者很难随时掌握地方势力的动态，害怕地方势力尾大不掉。德川幕府便让大名们每年都要觐见将军，让他们在遥远的路途上花费掉本来可以增强实力的财富，还能通过不断会见各地大名掌握他们的动向。

在全国大会上，各地领主不仅要跟国王互相交换礼物，而且要带来地方上缴纳的税赋，哪怕加洛林王朝并不缺少这些税金。加洛林王朝在对阿瓦尔汗国的战争中，获取了巨额财富，足够王室一到两代人挥霍。法兰克王国历史学家艾因哈德（770—840年）在他的《查理大帝传》中写道："人们想不起来法兰克人所卷入的战争中，还有哪一场使他们发了这样一笔大财，增加了这么多的财富。"

收取一定的税赋只是一种姿态，交换礼物则是国王和贵族们沟通感情的重要方式。总体来说，富有的加洛林王朝在那几十年里欣欣向荣，各种礼仪、规范也在建立之中，文治因素在地方治理模式中的比重逐渐加大。

在文治方面，这些蛮族统治者极大地依仗基督教会。毕竟在西罗马帝国崩溃之后，大多数文化知识掌握在教会手中。在这一点上，东西方的历史有着相似之处。中国古代少数民族与中央王朝发生冲突，少数民族政权想要在中原建立长久的统治就需要知识分子的帮助，最具代表性的举措便是"尊孔"。加洛林王朝与教会的关系也是如此，帝国统治的疆域越大，财富越集中，文治越发显得重要。

深受查理大帝信任的英国著名学者阿尔昆（735—804年）为他草拟了一份《教育通令》，并在公元789年颁布。这部法案基本上是来自教会的规范，法案要求人要做到上帝要求的那样，公正、和平、诚实。颁布《教育通令》之后，加洛林王朝开始普及读写计划，能够实施这一计划的只有教会及其教堂。推行这一计划的目的，是让人们能够阅读并理解《圣经》里面讲述的故事，达到传播基督教的目的。对贵族的要求则更高一些，他们不仅要理解《圣经》中的故事，还需要具备一定的神学理论，以便用神的力量维持世俗王权的统治。

查理大帝与阿尔昆

阿尔昆是查理大帝最重要的顾问和密友，对推动查理大帝帝国文化的发展做出了巨大的贡献。

此时的欧洲，教权和王权的关系越来越紧密，世俗王权为传教提供武力支持，而教会则为王权提供来自上帝赋予的合法性。

公元8世纪到9世纪左右，教会的权威还依靠世俗政权的支持，在西罗马帝国崩溃后，教会就在罗马大肆圈地，教会统治区逐步扩张，越来越大。罗马主教开始自称"教皇"，然而，世俗政权和神圣教权之间的冲突迟早会爆发，这是权力的特性决定的。

第3节
维京人来了

美好的日子总是过得很快。公元814年查理大帝去世后，帝国由他的儿子"虔诚者路易"（814—840年在位）接管。从此人的称号就看得出来，路易有着强烈的宗教信仰，对宗教的虔诚程度远超他的父亲查理大帝，但他的治国手腕远不及自己的父亲。路易的虔诚表现在，他没有情妇，这在当时的贵族阶层中几乎不可想象。

在路易时代，长久的和平和富裕让宫廷斗争变得复杂且频繁。在一系列眼花缭乱的宫廷争斗后，路易决定把帝国一分为三，分别由他的三个儿子继承。路易死后，大儿子洛泰尔继承了皇位（840—855年在位），随即跟另外两个兄弟"秃头查理"（843—877年在位）与日耳曼路易（840—855年为东法兰克国王）展开了内战。最终洛泰尔战败，并于公元843年在现在的法国凡尔登地区签订了《凡尔登条约》，具体内容是如何分割查理曼帝国。

根据条约，帝国将分成三块，洛泰尔继承帝号，拿到意大利中北部及阿尔卑斯山以西、索恩河以东地区，称为中法兰克王国；

日耳曼路易获得莱茵河以东与易北河之间地区，称为东法兰克王国；秃头查理拿到位于莱茵河以西的领土，称为西法兰克王国。这三者大致是现在意大利、德国和法国的雏形。

分割完的加洛林王朝，并未迎来和平，在三个王国时有交锋之际，欧洲最后的蛮族入侵者——维京人，到来了。

维京人，又称诺曼人（Norman）。维京不是一个国家，而是许多部族的统称，维京人老家在斯堪的纳维亚半岛，也就是现在的瑞典、挪威、丹麦等地。跟现在的繁荣发达不同，那个时代的北欧阴冷且贫瘠，在那里生活的人们始终在跟残酷的自然环境做着斗争，这养成了他们彪悍轻死的性格。

维京人每到夏天，部落的男人们就集体外出掠夺。他们驾驶着一种非常奇特的船只，船身狭长，吃水不深，只需要一米水深就能浮起，因此他们可以驾船深入河流上游，到无法行船的地方，就抬着船，绕过障碍后再乘船继续前进。

从家乡出发，往东越过波罗的海就可以到达现在的俄罗斯西部地区，往南可以到达德意志北部，再往南可以到达法兰西，而经过伊比利亚半岛穿过直布罗陀海峡则可以进入地中海，大洋广大，任凭他们横行。维京人什么东西都抢，能运走的全部运走，不能运走的就地摧毁。维京人什么人都杀，老人、孕妇、儿童、神父，他们无所顾忌，所过之处无不造成巨大的破坏和恐慌。

日耳曼蛮族建立的国家，在维京人面前显得那样脆弱。维京人沿着海岸和河流进行劫掠，让欧洲遭到巨大的破坏，受害最大的地方是西法兰克和不列颠群岛。因为从北欧航行南下到这里，实在是太方便了。劫掠不列颠可以顺着泰晤士河深入，通过塞纳河则能进

维京人

入法兰克腹地。

维京海盗最爱抢劫的是修道院，因为修道院里有大量的金银财宝，有些修道院的十字架都是金的；而且修道院一般与世隔绝，储备有大量的粮食。这一时期，大量的教士被杀，教堂被抢掠，有些修道院被迫迁往深山躲避。

维京海盗如此的肆虐猖狂，欧洲诸国对他们却毫无办法，为什么呢？因为诸国的力量极度分散，而且难以在海上与之抗衡。罗马帝国崩溃后，造船术也随之失传；从森林中走出来的日耳曼人，从来都视海洋为畏途。势力分散加上缺乏海军，令划着船到处劫掠的维京人总能找到欧洲诸国防卫薄弱之地登陆，烧杀抢掠。

既然无法在军事上战胜这些可怕的强盗，有些君主就开始想办法招安他们。中法兰克王国的洛泰尔就在无奈之下把杜里斯特作为封地送给了丹麦人罗里克，此后相当长的一段时间里，罗里克帮助洛泰尔阻止了其他维京人抢劫中法兰克王国。

掌控西法兰克王国的秃头查理，面对无穷无尽的维京海盗，却是无计可施。从9世纪中叶开始，他们要么沿着漫长的海岸线航行，随处登陆，要么顺着塞纳河进入内陆地区，没有停止过对当地的劫掠。秃头查理无法赶走维京人，后者甚至连冬天也不回去了，他们开始在秃头查理的领土上建兵营过冬。最惨的一次在公元845年，维京人在首领拉格纳率领下攻破了西法兰克的都城巴黎，在劫掠一番并索取巨额赎金后才离开。

秃头查理为了解决维京人的威胁，把各种方法都试了个遍，甚至包括缴纳贡品以求平安。但最终都无法有效地抵御维京人，只能被动地接受，维京人作为王国的一部分，与他们融合在了一起。

维京人的足迹遍布几乎整个欧洲，不列颠、法兰克、罗斯等地都有他们的聚居地。大不列颠岛在历史上多次遭到北方人的入侵，前一波侵入的蛮族定居后不久，又要继续面对后一波蛮族的进攻。

维京人中最有名的海盗头子是诺曼底的第一代公爵罗洛。罗洛是某个维京部落的首领，受到前辈两次成功劫掠巴黎的鼓舞，他率领庞大的维京强盗团沿着法兰克北部海岸反复劫掠。公元885年，他们围攻了巴黎，虽然没有攻破城市，却在法兰克北部的海岸线地区占领了大量土地。这里在不久前曾被另外一波维京海盗反复蹂躏过，因此，罗洛不太费力就在当地建立起了自己的统治。

最终法王无奈，只好承认了罗洛的统治权，并封他为公爵，条件是他不能再做强盗到处抢劫。之后，不断有维京人前来投奔罗洛，于是这里被称为诺曼底——北方人的领地，罗洛也成了第一代诺曼底公爵。

公元1066年，诺曼底公爵威廉带领军队进攻英国，并成功夺得英国王位。这就是历史上著名的"诺曼征服"。英国现在的王室谱系，都可以从诺曼征服算起，当然这又是另一段有关英国的历史了。

第五章

神圣罗马帝国和拜占庭帝国

第1节
神圣罗马帝国

欧洲史为什么难学呢？难就难在：欧洲每个地区都有相对独立的发展史，不像中国大一统的王朝，地方史有相当程度的同一性。比如某进士到江南做官与到山东做官，他面对的民情有许多相似之处，所作也无非劝农桑，清吏治，正司法。王朝历史的发展方向，主要受中央政府的影响。中世纪时欧洲都是封建小国，每个小国都有独立性，多线发展造成欧洲历史极大的复杂性。因此，在西罗马帝国崩溃后，各地区开始自行发展，这就让历史发展的线索多样而复杂，让学习欧洲史的人感到混乱。

在欧洲诸国中，有一个国家的历史之复杂，极具代表性，它就是神圣罗马帝国。

加洛林王朝在虔诚者路易死后发生内战并分裂，公元843年《凡尔登条约》签订后，东法兰克王国由日耳曼路易统治。公元911年，东法兰克的加洛林王朝因绝嗣而终结。在加洛林家族由辉煌逐渐走向衰落的过程中，各封地的贵族势力不断壮大。

公元919年，萨克森公爵开创了萨克森王朝，史称亨利一世（919—936年在位）。他的儿子奥托一世（936—973年德意志国王，962—973年神圣罗马帝国皇帝）于公元936年上位后励精图治，对内大力发展农业、手工业及贸易，并以此供养他的军队；对外则不断征战，打得周边领主、贵族纷纷低头。无论是巴伐利亚，还是洛林等公国的反抗者，都被残酷镇压。奥托一世把自己的亲信封为公爵以管理这些被他征服的土地，并

奥托一世

让他们宣誓效忠。此后，他的实力空前强大，从951年开始，他数次出兵意大利，消灭了那里的割据政权，取得了意大利国王的王冠；又在955年讨伐匈牙利的马札尔人，并在奥格斯堡之战中将其彻底击败。

马札尔人属于游牧民族。与东亚草原游牧民族从北向南迁徙不同，欧洲的游牧民族总是自东向西迁徙。无论是之前被匈奴人压着往西走的日耳曼人，还是马札尔人，都遵循着这样的规律。原因很简单，越靠近西边，距离大西洋越近，气候就越温暖湿润，更适于人类生存。今天的匈牙利人、爱沙尼亚人和芬兰人，都与马札尔人有着或近或远的血缘关系。

从俄罗斯南部大草原迁徙到中欧的马札尔人，面对的是一个支离破碎的欧洲，无论是拜占庭帝国，还是南边的意大利，又或是西边的查理曼帝国，此时都处于分崩离析、内战频繁的状态，都无力

阻止他们继续向西前进。在劫掠中，马札尔人甚至快跟凭借海洋和河流抢劫的维京人相遇。公元924年和954年，他们对西欧进行了两次大规模的劫掠。马札尔人骑着马从东边而来，向南突进意大利，向西进入法兰西，而后又攻入伊比利亚半岛，从伊比利亚半岛抢到高卢北部，甚至在巴黎城下大摇大摆地经过，最后再沿着意大利海岸回到匈牙利地区。劫掠让他们获得大量财富，同时也令他们对西边的邻居产生了极大的轻蔑之心。

公元955年，马札尔人入侵巴伐利亚，围攻萨克森王朝的奥格斯堡，国王奥托一世率军支援。轻狂的马札尔人认为他们可以轻易击败这些日耳曼人，他们在奥格斯堡城郊的勒赫菲尔特集结大军等待着奥托一世援军的到来。

奥托一世的援军远远少于马札尔人，但军纪严明，跟劫掠成性、毫无纪律又骄狂至极的马札尔人形成鲜明对比。马札尔人本来打算凭借人数上的优势，用一支军队堵截奥托一世，结果打下营盘的马札尔人只顾抢劫，对原定的战术安排置之不理。奥托一世分兵回援，一下就打垮了抄他后路的马札尔人，而正面的马札尔人还在傻傻地等待前后夹击，却不知道夹击的军队早已被悉数歼灭。得知后路无虞的奥托一世率领重骑兵冲击无甲的马札尔人本阵，马札尔人轻骑兵完全不是重骑兵的对手，他们被瞬间冲垮，几万马札尔人被撵下莱希河。由于马札尔人对法兰克进行了长达几十年的抢劫，双方仇深似海，因此奥托一世下令把包括首领在内的马札尔俘虏全部处决。

经过这次失败，元气大伤的马札尔人再也没有大规模抢劫欧洲，而且还在几十年后皈依了基督教，他们建立的匈牙利王国是现

奥格斯堡之战

代匈牙利的基础和前身。这一仗也改变了欧洲的命运，奥托一世因此而被誉为基督教世界的救世主。不仅如此，他还获得了"德意志之父""奥托大帝"等新称谓。

公元962年，奥托一世出兵罗马，教皇约翰十二世为其加冕为"罗马人的皇帝"。至此，神圣罗马帝国诞生。奥托大帝通过罗马教皇的加冕昭示了自己"君权神授"的地位，借此压制了境内那些独立和半独立的主教势力，而教皇则得到了奥托一世的保护，在世俗世界中也拥有了巨大的影响力。

奥托一世的这次行动，明确了成为神圣罗马帝国皇帝的两大前提：一是必须成为意大利国王；二是必须由教皇加冕。这也无意间开启了数百年世俗王权和教权的斗争。

这也从一个侧面看出，神圣罗马帝国的皇位不是父亲死后儿子理所当然去继承。这跟东方传统很不一样，欧洲君主的产生一直遗留着部落特征：继承制和选举制并存。如果国王的儿子很有本事，深孚众望，那么他可以优先继承王位，毕竟近水楼台先得月。但如果他的儿子平庸无能，部落就会选举出一位大家认为合格的国王。需要通过战争来维持生存的部落首领，不能是一个废物。罗马帝国的皇帝们，如果发现自己的亲生儿子平庸无能，往往会让养子继承皇位，这样避免了无能的儿子上位后连累自己的家族。

公元10世纪时，法国国王的儿子都很优秀，帝位传承逐渐形成了父传子的专制王权特征。而德意志，则在很大程度上由贵族选举帝王，神圣罗马帝国的帝位传承也有这个特征。

采邑制、选举制以及长子继承制，共同构成了欧洲奇特的君主继承制度。这种制度的特殊之处在于它们既保留了原始军事部落的特点，也有对成熟文明，如拜占庭帝国的借鉴，还有家族内部宗法制度的残留，如私生子无权继承父亲的财富和地位。因此，欧洲君主的产生方式是各种各样的。

虽然同属君主，欧洲历史上的皇帝和国王还是有很大的区别：国王往往是单一部落或者民族的统治者，皇帝则是多民族、多部落甚至小型邦国的共主。与那些单一民族的王国不同，帝国内往往是多民族杂居，如罗马帝国境内的诸多民族和部落，后世的奥匈帝国以及俄罗斯帝国，也都是多民族杂居的国家。

再回到神圣罗马帝国，虽然此时奥托大帝已经奠定了帝国的基础，但真正的帝国时代，要到13世纪才真正开始。神圣罗马帝国的皇位继承制度既然有这样的特征，那么从理论上来说，有资格当皇帝的人就有很多。经过多次博弈，帝国最后形成了"选帝侯"制度，也就是只有七个大领主有资格选举神圣罗马帝国的皇帝。

七大选帝侯分别是三位教会选帝侯，美因茨大主教、科隆大主教、特里尔大主教；四位世俗选帝侯，萨克森·维滕贝格公爵、勃兰登堡选帝侯、普法尔茨伯爵以及波希米亚国王。然而，七位选侯选举出来的人只能称"德意志国王"，与选帝侯的级别相当；只有率军进入罗马，并由教皇加冕成为"意大利国王"后，才能拥有"神圣罗马帝国皇帝"头衔。

选帝侯的职位分别由世俗选侯和神圣选侯（大主教）担任，可以推断出，围绕着权力和财富，教会和世俗君主在德意志境内肯定爆发过激烈的斗争。比如奥托大帝的玄外孙、萨利安王朝的亨利四世（1056—1105年在位）与教皇格里高利七世（1073—1085年在位）常年的争斗。

选举亨利七世皇帝的七大选帝侯
选举皇帝是七大选帝侯的法定权利。

教皇格里高利七世上位后，于1075年颁布了《教皇敕令》，其宗旨是"教皇权力至高无上"，唯有教皇有权任免主教，并赋予教皇罢免世俗国王的权力，这就把王权和教权的冲突摆到了明面上。

亨利四世当然不干，在任免主教的问题上跟教皇发生了冲突，最后终于激怒了教皇，对他发出了"绝罚令"，将亨利四世开除出教籍。这在宗教大过天的中世纪，可以说是最严重的惩罚。失去教籍等于失去一切合法行为的依据。他的敌人将有充分的理由反对他，而他的部属和盟友也将背弃他。

公元1077年，在冰天雪地的寒冬，亨利四世翻越阿尔卑斯山来到意大利，到达教皇的临时驻地卡诺莎城堡，在城堡门口赤脚站立了三天，终于让教皇松口收回了绝罚令。其实教皇原谅他也是迫不得已，因为绝罚令固然合理合法，但教会也必须仁慈，现在一个皇帝在冰天雪地里赤足站在门口，如果真的冻死了，教皇的形象也会受到重大打击。

卡诺莎之辱
亨利四世身穿苦修士的简陋服装在卡诺莎城堡前向教皇忏悔。

这起事件让教会的权威达到了顶点。然而亨利四世在获得了教皇的原谅回国后，立刻清除了那些反对他的诸侯。稳固君主之位后，亨利四世让格里高利七世承认自己为神圣罗马帝国皇帝。格里高利七世发现情况对自己不利，于1080年再次对亨利四世施加绝罚令，而亨利四世也不甘示弱，宣布教皇是伪教徒，并支持教会内部格里高利七世的敌人担任新教皇。1081年，亨利四世率领大军进攻罗马，由他任命的教皇克雷芒三世登上了教皇宝座。格里高利七世自然不甘心就这样退出历史舞台，于是向与亨利四世不和的西西里岛维京人求援，维京人虽然赶走了亨利四世，却洗劫了罗马城。

两手空空的格里高利七世在意大利南部城市萨莱诺郁郁而终。亨利四世也没有多好的结局，格里高利七世的继承者维克托三世联合亨利四世的敌人对他发起进攻，1105年，亨利四世战败被囚，后来在逃亡中死去。

此后，王权和教权的斗争并未停止，双方互相攻伐不休，直到1122年，罗马教皇和德意志国王签订了《沃尔姆斯宗教协定》，规定：皇帝无权直接任命德意志境内的主教，而由教士选举产生，但选举须在皇帝或其代表出席下进行；主教的世俗权力由皇帝授予，宗教权力由教会授予。王权和教权暂时达成了平衡，但这也为日后宗教改革埋下了伏笔。

东罗马帝国的情况跟西罗马帝国不同，东罗马帝国也有基督教，而且自称"东方的正统教会"，简称东正教。东罗马帝国皇帝与西欧的皇帝和国王不同，他的地位是在东正教大牧首之上的。那么东正教的情况是怎样的呢？

第 2 节
东罗马帝国的建立

东罗马帝国的起源在前面关于罗马帝国的章节已有提及。公元330年，君士坦丁大帝把他的权力中心，从饱受蛮族侵略的亚平宁半岛迁至帝国东部。

迁都后的帝国，名称依旧是罗马帝国，而非拜占庭帝国。"拜占庭"是后代研究者对君士坦丁堡的称呼，名称源于16世纪一位德国历史学家赫罗尼姆斯·沃尔夫，由于东罗马帝国的首都君士坦丁堡是在古希腊殖民城市拜占庭基础上建立起来的，因此东罗马帝国也被称为拜占庭帝国。

公元3世纪的大混乱导致罗马全境陷入危机，曾经繁华的北非、希腊和小亚细亚都开始显现出衰败荒芜的景象。腹地意大利半岛更是战火纷飞、盗匪满地。罗马帝国的政治、经济、军事危机全面爆发。相对帝国西部，东部的情况略好，这也是皇帝把政治中心东移的主要原因。

从墨洛温王朝到加洛林王朝，西部欧洲是以日耳曼人的传统方式——采邑制度在组织国家。东罗马帝国则延续了罗马帝国的传统，并汲取了西罗马帝国灭亡的教训，采用了中央集权的方式进行统治。

君士坦丁大帝的上位之路并不平坦，称帝之前他实际上是作为一名人质在罗马官廷中生活。那时的罗马帝国东西各有恺撒，退位的老恺撒也还在世。君士坦丁大帝通过合纵连横的方式，逐个消灭了对手。在这个过程中，他对基督教的宽容态度，为他赢得了民心和军心。

在那个混乱的时代，越来越多的人，不仅是中下层平民，就连蛮族士兵和上层贵族也都皈依了基督教。教会的性质也随之发生变化，由代表底层民众的宗教逐渐变成贵族和高级教士手中的统治工具，以此教育中下层群众要宽容仁爱以及在道德上服从。在最后的统一帝国战争中，君士坦丁的对手李锡尼由于连连战败，遂把怒火发泄到基督徒身上，在其控制的东部地区大肆迫害基督徒，这就给了君士坦丁以战争的借口。

公元323年，君士坦丁在亚德里亚堡战役中打败了李锡尼，而后在追亡逐北中接连击败李锡尼的反扑，最终在次年将其俘虏，并在关押一年后将其处决。

由于基督教会在君士坦丁统一罗马的战争中发挥了巨大的作用，战后基督教的地位节节攀升，基督徒上层逐渐成为了帝国统治阶层的一部分。

跟后来人们对君士坦丁的一般认识不同，他并不是一个虔诚的基督教信徒。对于他来说，基督教不过是一种可以利用的工具。在统一战争结束后，他一边把大量的神职人员派往各地传教，一边宣称是上帝的旨意要他去东方建立新的都城。而曾经支持过李锡尼的阿里乌斯派，他也只是象征性地打压了几年，甚至对多神教也未加迫害，只要支持他的统治即可。他的宗教宽容政策，在很大程度上为帝国的休养生息提供了条件，也为东罗马帝国的发展打下了良好的政治基础。

君士坦丁对宗教宽容的同时，他也绝不允许宗教权力凌驾于皇权之上。公元325年的尼西亚会议，是基督教历史上确定各项宗教原则的重要会议，会上他不仅确定了基督信仰的"本质"，还确立了皇权高于教权的原则。这一切都与自由博弈的西方教会大不相同。在欧洲西部，教权在很长时间里凌驾于王权之上，但在东部，这种情况从来没有发生过。

稳定的局势和君士坦丁堡的建立，使得东部基督教的地位急速上升。当时基督教在罗马帝国境内有五大宗主教区，分别是本土罗马城宗主教区、埃及亚历山大宗主教区、中东耶路撒冷宗主教区、小亚细亚半岛的安条克宗主教区和拜占庭宗主教区，曾经地位不彰的拜占庭宗主教区随着君士坦丁堡的落成一跃成为实力最强大的教区。皇帝通过行政体系管理民众行为，通过教会控制民众思想，这使得帝国局势迅速稳定下来。

君士坦丁大帝身后的两个王朝——狄奥多西王朝和利奥王朝，都沿袭了他的政策，基本完成了君士坦丁对于国政的设想：将基督教置于皇权之下作为协助王朝统治的工具，皇位由血亲继承。这些设想的达成为东罗马帝国在东方的长期统治奠定了基础。

我们在说东罗马帝国（拜占庭帝国）的时候，切记把它跟中国的秦帝国或者汉帝国加以区分。东罗马帝国内部的王朝更迭非常频繁，统治者常常不是出自同一家族。有些是因为老皇帝死后绝嗣，由贵族推举一个血缘相近又有实力的人上位；或者老皇帝指定一个非本家族的继承人；又或是由禁卫军推举一位新皇帝。在东罗马帝国的政治框架下，统治家族的更迭是常事，东罗马的帝统并没有随着王朝更迭而消亡。无论谁上台，他们都承认自己是东罗马帝国的皇帝，而不是别的什么皇帝。直到将近一千年后的15世纪，东罗马帝国才彻底被奥斯曼帝国替代。

第3节
一统罗马梦想的幻灭

东罗马帝国前期的统治者中，不得不提的便是查士丁尼大帝
（527—565年在位）。他出身寒微，跟随舅舅从军，后来他的舅舅
被部下推举为东罗马帝国皇帝，他也在其后作为养子继位。他是一
位极具才干的君主，上位后恩威并施，很快就让帝国内部安定下
来，并与西方教会保持了良好的关系。最值得一提的是他主持编纂
《查士丁尼法典》，这是法学史上的
盛事。

出台法典的原因是，查士丁尼意
识到只有"依法治国"才能让帝国长
治久安。针对当时混乱的法律体系，
他说：一个好皇帝"应该不仅以其武
力而获尊荣，还必须用法律来武装国
家，以便在战时和平时都有法可依，得
到正确的指导；他必须是法律的有力捍

查士丁尼大帝

卫者，也应是征服敌人的胜利者"。

这部法典综合了从罗马帝国皇帝哈德良时代以来的各时代法律，删除不合时宜的，保留适用的，再让一大群法学家逐条研究，字斟句酌，力求每一条法律都尽可能完美。《查士丁尼法典》一经颁布，就取代了过去彼此矛盾、含糊不清的法律。能在公元6世纪完成如此文治伟业，查士丁尼配得上大帝之名。除编纂法典外，他还组织人手编纂了《学说汇纂》和《法理概要》，又称《法学家指南》，搜寻历代法律法条，并加以梳理和解释，把拜占庭帝国的文明程度大大提升了，也为后人研究罗马法留下了珍贵的史料。

他的另一项伟大功绩是重建君士坦丁堡。君士坦丁大帝虽然对这座都市的规划有着伟大的构想，但他在世期间并未完全实现。其后的两个王朝又因内忧外患而未能大兴土木。查士丁尼时代内外都算安宁，国库也比较充裕，因此他新建了许多壮观的建筑，比如今天还在大放异彩的圣索菲亚大教堂。

中世纪的君士坦丁堡

历史学家普罗科匹厄斯（约500—565年）是查士丁尼皇帝的得力干将贝利撒留（约505—565年）的法律顾问和私人秘书，曾随同贝利撒留转战于非洲、意大利和东方各主要战场。他晚年撰写了六卷本的《建筑》一书，为我们留下了丰富的建筑史料。

他在书中提到了君士坦丁堡的元老院、广场上高大的石柱及其顶端的查士丁尼大帝的骑马铜像，以及伊琳娜教堂、大济贫院、圣彼得教堂、圣保罗教堂、奥古斯都广场、大皇宫、阿卡迪娜公共浴场、市郊花园、饮水渠、蓄水池、柱廊大道、赫拉宫殿、尤侃迪娜宫殿、城东码头、赫拉码头等建筑和设施。

除了这些城内建筑，查士丁尼还大幅加强了城防工事，此后的君主也不断加固，使君士坦丁堡成为"最坚固"的城市，并在其后的数百年间都经受住了战争的考验。

从君士坦丁到查士丁尼，东罗马帝国走的是一条加强中央集权的道路，这可以最大限度地使中央掌握资源，以便征战四方。在内政稳定的情况下，查士丁尼派出了他的得力大将贝利撒留东征西讨。

东罗马帝国的东面是波斯萨珊王朝，贝利撒留在东部边境击溃了波斯大军，为帝国赢得了短暂的和平；又在北非和巴尔干等地取得了胜利；他甚至打败了盘踞在意大利的东哥特人，短暂地将罗马纳入帝国的统治之下。从版图上来看，东罗马帝国仿佛又恢复了罗马帝国时代的荣光，疆域也比之前扩展了许多。

但东罗马帝国的问题在于，它无法在被征服地区建立起有效的统治。此时的欧洲太过错综复杂，部落、民族、宗教等矛盾交织在一起，不是几次战争的胜利就能解决的。但当查士丁尼准备大展宏图的时候，几场重大灾难降临了。

贝利撒留攻占罗马

　　一是公元537年在东罗马帝国的中心地带发生了一次大地震，地震震塌了许多民房，尸横遍野，无数百姓沦为难民。地震过后没几年，正应了大灾之后有大疫的说法，世界历史上第一次大规模的鼠疫在东罗马帝国境内暴发。

　　上古时代并非没有病毒和瘟疫，但那时若某部落暴发瘟疫，往往由于交通的不便，瘟疫常常以感染者就地死亡而消失。世界性的帝国内部交通便利，在促进贸易的同时也更容易把病毒传播四方。

　　公元541年，源发于非洲的鼠疫传播到帝国各处。这次鼠疫造成的后果极其严重。在最严重的时候，东罗马帝国每天要死10000人以上。由于死的人太多，墓地不够用，死尸只能被随意处置，甚至来不及掩埋，这就造成了疫病的进一步扩散。

　　普罗科匹厄斯在他的《战争史》中描绘了当年的惨状：

　　这种疫病在拜占庭城肆虐有四个月，严重感染期也大约有三个月。刚开始时死亡的人数仅仅比正常情况下死亡的人数多一点点，然而死亡率却在不断上升。稍后，每天死亡的人数已达到5000

人，后来竟达到1万人以上。

当所有现有的坟墓中都装满了尸体后，他们便在城中到处挖坑埋尸。到了后来，那些挖坑的人因为死亡人数太多而无法一一埋葬，就登上锡耶要塞的塔楼，从打开的屋顶向下扔尸体，尸体横七竖八地堆满了要塞的所有塔楼，结果整个城市都弥漫着一股尸臭，城中居民痛苦不堪，尤其是当风从那个城区刮过来时。

毫不夸张地说，这次瘟疫对东罗马帝国的打击是毁灭性的。如果没有这次瘟疫的话，查士丁尼很可能改变帝国对各地松散控制的状态；但在瘟疫暴发后，帝国的人力、物力和军力都受到了重大影响，哪怕打十次败仗，都不可能造成这样巨大的损失。

查士丁尼时期的大瘟疫

人力方面，在瘟疫暴发前，东罗马帝国统治的人口有2600多万，而且因为社会安定，人口还在快速增长。然而，在瘟疫第一次暴发后，普罗科匹厄斯称首都死了近一半人口。在漫长的疫情过后，原本人口稠密的叙利亚地区变成了渺无人烟的荒凉之地。这场瘟疫并非在短期内就结束了，而是在之后的几十年里反复暴发、肆虐，拜占庭的发展因此被打断。在瘟疫基本结束后，拜占庭帝国至少损失了1/3的人口。

经济方面，疫情破坏了农业和大量的城市手工业，人和人之间的互动减少，经济活动也就随之减少了。各项生产中断，随着人口减少，需求也下降了，农业生产供应链被极大破坏，通货膨胀不可避免地发生，帝国经济受到严重打击。

军事方面，瘟疫暴发前查士丁尼拥有65万大军，可以随时征伐各地；而在疫情结束后，军队数量减少到15万人，就连控制已有的地盘都显得吃力。加上军费减少，东罗马帝国的士兵素质也在下降，只能勉强应付东方的波斯人，对西方的罗马帝国故地已无力统治。

在瘟疫的打击下，查士丁尼和他的大将贝利撒留重现罗马帝国辉煌的尝试失败了，他们在遗憾中去世。之后的东罗马帝国又重新陷入边境告急、财政吃紧的困境，对西班牙、高卢和意大利本土，东罗马帝国已然全部放弃。对巴尔干半岛，帝国也只好默许斯拉夫人在此定居。东罗马帝国把力量集中到了东方，专心应对萨珊波斯的进攻。

由于东罗马帝国军队的实力在这场瘟疫中严重受损，外敌入侵的威胁变得严峻起来，为了增强军事实力，拯救国家于危亡，进行军制改革势在必行。

东罗马帝国军制改革的首要举措是推行军区制。所谓军区制，就是在一个区域内以"先军"政策统治这一地区，相当于把一大片区域化作军事管理区，变成一个大兵营。以最先建立的奥普希金军区为例，这里有6000名士兵，数十个要塞，区域内的行政由军事长官统领，区域内的一切围绕军事进行，农民则平时为农，战时为兵。

东罗马帝国推行的军区制如果要在东方找一个对应物，那就是明朝的卫所制。军区士兵类似明朝卫所的军户，有的有军饷，有的没有，国家对他们的主要补偿是免税的土地。由于瘟疫造成大量田地荒芜，这些土地就被分配给这些农民兵。军区制是东罗马帝国历史上一次重大改革，让东罗马帝国的国家机器军事化，由军头统领地方，而皇帝成了最大的军头。

推行军区制的好处在于兵源和土地相结合，农民兵为了保卫自己的土地，战斗的积极性也随之提高；军人免税，但他们需要自备武器铠甲，因此中央节省了大量军费开支；军区制让军头们兼管地方民政，后勤等事务的处理效率得到提高。

军区制改革虽然没有彻底根除东罗马帝国土地兼并、外敌入侵等顽疾，但在很大程度上缓解了社会矛盾，增强了军队战斗力，使得东罗马帝国在其后的数百年里顶住了波斯和新兴阿拉伯帝国带来的压力。

第4节
拜占庭帝国①的兴衰

公元622年之后，拜占庭皇帝希拉克略（610—641年在位）连续对波斯用兵，在经历多年的大战后，最终在巴格达附近彻底击败了波斯军队。波斯帝国被迫求和，割让大片土地并支付巨额的战争赔款。不久，波斯就被新兴的阿拉伯帝国灭亡，而新出现的对手则让拜占庭更加难以应付。

从公元7世纪穆罕默德创立伊斯兰教以来，阿拉伯半岛结束了多年的分裂和战乱，实现了统一。早期的四大哈里发都具有杰出的才干，而且由于阿拉伯半岛内部派系矛盾深重，一时难以化解，便用对外扩张的方式缓解内部矛盾。

新兴帝国的特点是兼具文明和质朴，阿拉伯帝国建立之初确实生机勃勃，令人赞叹。阿拉伯人一边内斗，一边夺取了波斯、北

---

① 因为查士丁尼统治时期的很多历史事件与罗马帝国联系比较紧密，因此本章之前以称"东罗马帝国"为主，本章及以后章节以称"拜占庭帝国"为主。

巴西尔二世

非的土地，还远征西班牙，在短短百年时间里就把一个偏居一隅的部落联盟变成了横跨欧亚非的超级帝国。若非拜占庭帝国同样能人辈出，可能就会被阿拉伯人灭亡；尽管如此，在其后的几百年间，拜占庭还是失去了东部的很多土地，然而在欧洲的巴尔干，它却恢复了统治。

860年到1000年左右，拜占庭帝国迎来了最辉煌时期，由于军区制的实行使帝国摆脱了长期以来的军事困境，战争的胜利又使得和平与繁荣重新降临到这个古老的帝国。

帝国的巅峰必须伴随着军事上的胜利，缺乏重大军事胜利的帝国可能繁荣，但绝对谈不上强大。值得一提的是拜占庭马其顿王朝的巴西尔二世（962—1025年在位），正是他，终结了对帝国西北部威胁极大的保加利亚王国（史称第一保加利亚王国）。

保加利亚王国是由进入巴尔干地区的斯拉夫人建立的，他们来自北方，文明程度不高，但十分骁勇善战。他们跟拜占庭帝国进行了长达百年的战争，拜占庭帝国最惨烈的一次失败，连皇帝都战死了，头颅也被制成了酒杯。

拜占庭马其顿王朝对保加利亚人的第一个重大胜利，其实是在精神层面的。野蛮的保加利亚人侵入文明世界后，本身也渴望文明，因此西边的罗马教廷和东边的拜占庭教会，都在极力争取他们成为自己宗教的信徒，最终东正教赢得了这场斗争，直到现在，保加利亚人仍以信仰东正教为主。

保加利亚人在信奉东正教后，王国也变成了一个拜占庭式的中央集权国家。文明开化后的保加利亚人也拥有了占据整个巴尔干乃至拜占庭帝国的野心。公元1000年左右，拜占庭皇帝巴西尔二世，结束了保加利亚人的威胁，并把帝国带到了巅峰。

某种意义上，巴西尔二世有点类似中国的康熙皇帝。他上位之初就遇到了大将的叛乱，接下来的十五年他平定了内乱。解决内忧后，巴西尔二世又连续对高加索地区用兵，把今天的格鲁吉亚和亚美尼亚地区纳入了帝国的版图。这些军事胜利极大地震慑了埃及伊斯兰法蒂玛王朝，他们与拜占庭帝国签订了和平协定。在此之后，巴西尔二世才把目光投向巴尔干半岛上的保加利亚王国。

此时的保加利亚王国已经占据了巴尔干半岛上三分之二的领土，保加利亚人想建立一个统治整个巴尔干以及小亚细亚地区的大保加利亚帝国。但与实力不匹配的野心，最终让这个国家走向灭亡。

十多年的战争，第一保加利亚王国被拜占庭帝国打得节节败退，最后的巴拉西斯塔会战中有14000人被俘。巴西尔二世采用了极为残酷的方式对待这些战俘，让他们100人为一组，只留一人保留一只眼睛带路，其他人全部被刺瞎双眼，然后将这些战俘放回保加利亚。这些被放还的俘虏一路上哭嚎震天，保加利亚国王萨穆埃尔受到惊吓，当场中风，两天后死亡。他的继承者又在内乱中被杀害，弑君者最终向拜占庭帝国投降，第一保加利亚王国就此灭亡。拜占庭帝国在这里设立了军区，彻底解决了困扰帝国数百年的保加利亚势力。

总之，巴西尔二世将拜占庭帝国推向了黄金时代。高峰过后是落寞，巴西尔二世之后，拜占庭帝国逐渐走向了衰落。

拜占庭帝国得以摇摇欲坠地支撑到15世纪，军区制发挥了极大的作用，它一方面提升了军队的战斗力，一方面节约了国家的军费开支。可是万物皆有其两面性，曾经发挥过积极作用的军区制在帝国延续数百年后，逐渐腐化到足以威胁帝国的生存。

军区制下，军头家族注定会崛起。军头是军事贵族的简称，是军区的领导者，同时享有军区内的民政大权。长时间掌握军政大权，让军头们越来越富，兼并小农的土地也成了权贵阶层的流行病。这些高门大族不仅在地方上巧取豪夺，还不断参与中央的政治斗争，以期自己的家族能够争得帝位。

拜占庭帝国在巴西尔二世后又经历了几个王朝：杜卡斯王朝（1059—1081年）、科穆宁王朝（1081—1185年）、安格鲁斯王朝（1185—1204年）、拉斯卡利斯王朝（1204—1261年）和末代的巴列奥略王朝（1261—1453年）。

大贵族的崛起让无数小农在天灾人祸的打击下不得不托庇于权贵家族，沦为他们的农奴。这种事在东方也屡有发生，如明朝中后期，大量自耕农宁可放弃自由民身份，也要带着土地投靠大的官绅家族。明代徐阶家族在江南占地24万亩，这些土地并非全部来自购买，大部分是小农自愿献地投靠。因为家奴给家主交的粮食，要比交给朝廷的少得多，而且可以免除劳役之苦。拜占庭的大贵族势力就在兼并小农土地的过程中不断发展壮大。

大贵族和帝国官僚之间的争斗，贯穿了拜占庭帝国中晚期，也使得帝国的国力日益衰退。失去土地的农奴是没有理由为帝国奋战的，拜占庭东部的很多地区，逐渐被来自东方的突厥人占领。

　　阿拉伯帝国也经历了与罗马共和国类似的历程，阿拉伯军人在立国后成为上流人物，不需要再去做打仗耕田的"下等劳动"，他们雇用了大批从草原来的突厥人作为自己的战士，军队操于外族之手，也就意味着政权的转移不会太远。

　　11世纪中期，游牧民族塞尔柱突厥人在掌握阿拉伯帝国阿拔斯王朝实权的同时，也接受了阿拉伯人的宗教，这与日耳曼蛮族进入罗马接受更高级的罗马文明是一样的。突厥人代替阿拉伯人，与拜占庭帝国继续打仗。1071年的曼齐刻尔特战役，是塞尔柱人和拜占庭人在战略态势上的转折点。

　　曼齐刻尔特战役的塞尔柱人一方首领，是名字意为"狮子"的阿尔斯兰，他是塞尔柱王朝缔造者塞尔柱的重孙，生于1029年，1063年成为苏丹。在他的统治下，塞尔柱不断发动对拜占庭的进攻。拜占庭一方的主帅则是下定决心励精图治的皇帝罗曼努斯（920—944年在位），在执政初期也取得了相当的成果，但他始终没有解决居心叵测的权臣问题。实际上，阿尔斯兰的首要敌人并不是拜占庭，而是远在埃及的伊斯兰什叶派法蒂玛王朝，作为阿拔斯逊尼派的阿尔斯兰，只有占领了埃及才算功成名就。

　　因此，当拜占庭皇帝罗曼努斯收复被塞尔柱人占领的亚美尼亚时，阿尔斯兰正在与法蒂玛王朝交战。闻听拜占庭进攻的消息，他只带了部分禁卫军并沿途招募军队与拜占庭交战。古代战争通信不便，双方都犹如摸黑打仗，在一系列的交战中，拜占庭人暴露出了内政腐败无能、将领无忠诚、士兵无士气的弱点。在最后的决战前，拜占庭人已经耗尽了所有的精力，在正式的决战中，虽然皇帝本人带着亲卫浴血厮杀，但附属国军队要么投降，要么逃跑，而别有用心的权臣杜卡斯则很乐意看到皇帝的失败。

　　这场改变历史的战役在几个小时内就结束了，皇帝本人受伤被俘，虽然他花费了大量赎金赎回自己，但皇位却被权臣杜卡斯夺走了。

曼齐刻尔特战役

　　更重要的是，拜占庭帝国失去了他们最重要的农业基地与兵源地安纳托利亚，再也无法组织起足以与突厥人做举国之争的大战。这也埋下了十字军东征的伏笔，同时证明了帝国的心腹之患是来自中亚的突厥人。已经伊斯兰化的突厥人，与拜占庭再没有融合的可能。

　　拜占庭逐渐失去生机和活力的同时，欧洲诸国虽处于混乱中，却孕育着强大的生机，等待有朝一日破土而出。

第5节
罗斯人的侵略

还记得维京人吗？这些来自北方的勇士最初打劫的对象，并非只有不列颠岛和地中海地区，丹麦和挪威的维京人向南，瑞典的维京人则穿过波罗的海向东，从东边的部族那里抢劫他们需要的一切。

俄罗斯历史对维京人的来历颇为回避，毕竟他们一直自称是这片土地上土生土长的斯拉夫人。各种资料的缺失让历史学家十分为难，至少他们公元8世纪的历史只能用"据说""可能"等词汇来描述。争论的焦点在于，俄罗斯到底是斯拉夫人的国家，还是维京人的国家。或许真相就在这二者之间，维京人来到这片土地，逐步与当地的斯拉夫人融合成为一个民族。

今天的俄罗斯，其"罗斯"（Russ）来自维京人中的一个分支，罗斯部落。"罗斯"的意思是北欧古语里的"划桨手"。罗斯人的老家在瑞典，每年冬季，他们都要乘船向东劫掠，一来二去，对俄罗斯的土地就非常熟悉。不得不说，维京人的血液里确实充满了冒险和战斗精神。说维京人是单纯的劫掠者或许有点不准确，因为他

维京人首领留里克与罗斯人在交易

们在劫掠的同时也承担了商人的角色。

从斯堪的纳维亚半岛到拜占庭的航程，正好穿过现在的俄罗斯和乌克兰的领土。他们驾驶着橡木船，一路航行，一路巩固商路，而一路上修建的堡垒是他们商路安全的保证。如此一来，他们很好地把劫掠和经商结合在了一起。打得过就抢，打得费劲就做生意。他们甚至把沿途抓到的其他部落的俘虏，送到拜占庭当作奴隶贩卖。

法兰克王国的《圣贝尔坦年代记》有一段记载，无意中揭示了早在公元9世纪，这些维京人就到达了拜占庭。记载中称，拜占庭帝国向法兰克王国派遣使节，在使团中有一群古怪的维京人。经过询问，他们自称来自瑞典，到达拜占庭后回去的路被敌对部落封锁了，他们只好跟随使团向西来到法兰克王国。这种看上去漫不经心的记载，其可信度反而较高。

与后世俄罗斯人向西伯利亚进发一样，维京人必须顺着第聂伯河或者伏尔加河才能不断南下。为充分利用这两条河流，维京人故意把他们的船只建造成细长形，便于在陆地上拖拽，以便从一条河流切换到另外一条河流。这在当时是其他部落无法想象的，可见维京人不只四肢发达，头脑也不简单。

根据现有的史料可知，维京人进入的地区，并非只有斯拉夫人，在古俄罗斯和乌克兰大草原上，游牧民族可萨人的实力也非常强劲，而维京人的到来让这里的局势变得更加复杂。我们有幸在今天读到波斯地理学家伊本·鲁斯塔对古罗斯人的描述：

罗斯人居住在一个沼泽环绕的半岛上。他们生活的半岛大概花三天的时间可以走完，半岛上覆盖着森林和浓密的灌木。这里的环境很不利于生存，而且地上满是湿滑的泥土。他们首领的头衔是"罗斯可汗"。他们同斯拉夫人打仗，俘虏斯拉夫人后，会将其贩卖给可萨人和保加尔人。他们并不耕地，而是以在斯拉夫人的土地上抢来的东西为生。

在一个罗斯新生儿出生的时候，他的父亲会拔出自己的剑，把出鞘的剑放在孩子身前，说："我不会留给你任何遗产，除非你用剑获取属于你自己的财富，否则你将一无所有。"他们没有村落，没有庄园，也没有耕地；他们唯一能做的就是用貂皮、松鼠皮和其他动物的毛皮同别人贸易……他们的衣服总是干净的，而且男人会佩戴金臂环来装饰自己。他们对待自己的奴隶很好。他们去贸易的时候会穿华丽的衣服……

从斯堪的纳维亚半岛到拜占庭帝国的路途遥远，需要路上有足够的定居点来支撑罗斯人这样的远行。大部分历史学家都认为，他们先在诺夫哥罗德建立了定居点，然后南下占领了基辅。而那个时代的基辅周围无利可图，于是罗斯人在首领奥列格的带领下，从基辅再向南，去侵扰拜占庭帝国的首都君士坦丁堡。留守君士坦丁堡的东正教大牧首弗提乌斯悲叹道："为什么这个可怕的闪电会从遥远的北方落到我们头上？"

罗斯人没有占领君士坦丁堡，历史也并未记载他们跟拜占庭达成了什么协议，虽然有《往年纪事》这部古籍，然而书中的记载有很多自相矛盾的地方，导致这本资料的参考价值有限。有的历史学者猜测，罗斯人应该获得了大量的赎城费，加上君士坦丁堡确实城高且坚固，因此拿钱走人是最有可能的。这次劫掠的最大意义在于，维京人完全打通了从波罗的海去往地中海的道路。

公元941年，奥列格的儿子伊瓦尔再次进攻拜占庭帝国，这次双方达成的协议很可能不如上一次，值得关注的是这次的协议上出现的罗斯人名，已经具有浓重的斯拉夫风格。这说明在罗斯人进入俄罗斯土地后，与斯拉夫人逐步融合，开始了斯拉夫化的进程。

罗斯人在基辅扎下根这件事是确凿无疑的，因为在伊瓦尔战死后，他的儿子斯维亚托斯拉夫继承了基辅大公的头衔，他的名字就带着浓重的斯拉夫色彩。各罗斯部落建立的诸公国也越来越本土化，越来越斯拉夫化。

基辅大公国并非一直能够战胜它的对手。它的敌人不仅有南方的拜占庭帝国，还有草原上的各个蛮族部落。公元10世纪的拜占庭帝国相当强大，在某次战役中拜占庭人大败罗斯人，斯维亚托斯拉夫在被迫与拜占庭人签订和约后，率领残兵败将返回基辅，途中被游牧民族佩切涅格人半渡而击，他的头颅被斩下做成了可汗的酒杯。

他的几个儿子为了争夺遗产爆发了一次内战，最后以弗拉基米尔获得胜利而告终。这个名字在后来十分重要，因为之后的弗拉基米尔大公天然拥有统治俄罗斯的合法性。

弗拉基米尔之所以出名，是因为最终他选择了俄罗斯人的宗教信仰。用宗教话语说，这是"属灵"的战争，比世俗的战争更加动人心弦。

几个强大势力都有其宗教信仰，如果能把勇猛善战的罗斯人纳入本教怀抱，那将是无与伦比的功业。于是整个欧洲都行动起来，远在中欧的德意志派出了天主教的使者，近处的伏尔加保加尔人代表伊斯兰教，拜占庭代表东正教，派出了各自的使者，连马札尔人都派出了他们的犹太拉比。弗拉基米尔也派出了他的使者去考察各种宗教信仰，使者带回了这样的信息：

我们到过保加尔人那里，观看了他们如何在他们的寺庙，即清真寺里祈祷。他们不系腰带站在那里，膜拜后坐下，像走了魂似的，东张西望。他们并不快乐，他们只有忧伤和一股极其难闻的臭味。

于是我们来到德意志人那里，在他们的教堂里参观了各种礼拜仪式，但没有见到任何美妙动人之处。

于是我们来到希腊，希腊人把我们领到他们礼拜上帝的宏伟建筑前，当时我们不知道是身处天堂还是在人间：因为在人间从没见过这样的奇观，如此美妙的场所，我们真不知道如何形容这一切。我们只知道，在那里上帝栖身于人群之中，他们的宗教仪式也比其他所有国家都好。我们无法忘记那种美妙的景象。

　　弗拉基米尔不太可能皈依伊斯兰教，因为伊斯兰教禁酒，而让一个罗斯人不饮酒，可能比杀了他们还难；天主教的清规戒律也相对较多；至于犹太教，弗拉基米尔认为如果犹太人是被上帝选中的，那么他们为何到处被驱逐？因此，最终弗拉基米尔选择了建筑恢宏、神秘感和仪式感十足的东正教。

　　公元988年，弗拉基米尔正式皈依东正教。这不仅是他一个人的皈依，而是整个基辅大公国的皈依。拜占庭帝国为此也付出了高昂的代价，除了大量的财宝外，还把皇帝的妹妹嫁给了弗拉基米尔。经过一百多年的时间，一个来自北欧的罗斯部落，在东欧大草原上站稳了脚跟，在政治上获得了诸方的认可，他们不再被视为蛮族而是文明世界的一员。弗拉基米尔也投桃报李，派遣麾下的精锐部队为拜占庭帝国平息叛乱，拜占庭由此也得到了"属灵"战争后的战利品。

　　随着输入的北欧战士逐渐减少，基辅罗斯人跟他们故乡的联系也越来越弱，最终基辅罗斯人变成了斯拉夫人，俄罗斯的历史由此开始，他们的宗教、信仰和习俗，慢慢变得独特起来。

第六章

英法矛盾与纠缠

第1节
英法恩怨起源

　　维京海盗出身的法兰西大贵族诺曼底公爵家族在1066年征服不列颠之后，就与法国纠缠不休。原因并不复杂，因为两国离得太近了，而且贵族之间的通婚也让彼此都可以声称拥有对方的王位继承权。谁会嫌自己头上的王冠多呢？

　　征服者威廉（1066—1087年在位）彻底改变了英国。之前的不列颠人更像他们的征服者丹麦人，虽然威廉的祖先也来自那里，但他们在诺曼底的贵族生涯深受欧洲大陆更先进文明的影响。威廉不仅引入了法语作为宫廷语言——这种语言与古英语融合，逐渐变成了近现代英语，还从生活习惯和政治体制上改造了不列颠。比如他采用了部分中央集权的手法，对全国土地进行清查，并对清查出的土地造册，纳入征税管理，因此土地清查书又被称为《末日审判书》（正式名称是《土地赋税调查书》）。他还把欧洲的封建制度引入英国，分封他的骑士代替过去的贵族，这些新贵族则根据分封土地的多寡向他缴纳贡赋。根据《末日审判书》的调查结果，当时

《末日审判书》

的英格兰约有150万人口，其中90%以上是农民。

继征服者威廉之后的两位国王让王权得到进一步加强，国家赋税统一由国王委派的官吏征收，国王派出的法官遍布王国。1135年，亨利一世（1100—1135年在位）死后无子嗣，遂指定女儿玛蒂尔达为继承者，但王权旁落到他的侄子卢瓦伯爵斯蒂芬手中。玛蒂尔达公主嫁给了法国的安茹伯爵，她对王位被别人夺走自然不服，于是双方进行了长时间的内战。1153年，玛蒂尔达的长子亨利二世（1154—1189年在位）与统治英国的斯蒂芬最终达成妥协，斯蒂芬允诺自己死后将王位还给亨利二世。次年，亨利二世即位为英国国王，他建立的王朝被称为安茹王朝，又称金雀花王朝，是英国历史上较为强大的一个封建王朝。

对于安茹家族来说，得到英国只是新得到的一块领地，地位并不是最重要的。他们在法国还拥有大片领地，包括安茹地区、诺曼底地区和阿基坦地区，是当时欧洲最强大的家族之一。

亨利二世继续加强王权，他摧毁了内战中各大领主违规修建的要塞，以削弱他们与国王对抗的力量；他规定盾牌税（军事税）由国王统一征收；还派出王室陪审团干预领主领地内的审判权。1166

亨利二世

年，亨利二世颁布了《克拉伦登宪章》，规定王室法庭可对地方罪犯提起诉讼和检举，建立了完备且固定的司法系统。

英国在这个时期建立的政治体系，奠定了其未来八百多年的历史走向，尤其是国王推动法律、法规成文化，一定程度上可以跟罗马共和国时代的《十二铜表法》、拜占庭时代的法学建设相提并论。法律是统治阶级意志的体现，此话蕴含着深刻的道理，用法律进行统治，要远比用国王个人意志进行统治完善得多，也可靠得多。

一般来说，人们对英法历史的印象是，英国封建性强一些，而法国的中央集权程度更高。这种印象有一定依据，但并不是贯穿于历史的全部事实。至少在这个时代，英国的集权程度要远超法国，在部落习惯法和大陆法系的成文法之间，英国走上了一条普通法的道路。

当然，在英国建立王权的过程中，始终没有出现像后来法王路易十四建立的王权那样的僵硬与专制，而是较好地平衡了中央集权和地方封建主义之间的矛盾。当然这条路也并非走得一帆风顺，英国还要经历很多事情才能达到这样的平衡。

就在英法纠缠不断的时候，欧洲大陆上发生了另外一件大事——十字军东征。这极大地改变了欧洲历史的形态，它不仅是宗教上的大事件，也是政治和文化上的大事件。

第 2 节
十字军东征

  在欧洲封建制度延续的数百年中，无数家族起起落落，但封建主作为一个群体却保持着相当的稳定性，很重要的一个原因就是他们实行了"长子继承制"。长子继承的核心就是家产不均分，由长子全部继承。中国的汉武帝为了打击诸侯，颁布推恩令，核心意思就是诸侯所有儿子都有继承权，再大的诸侯，其家产都要被拆分，最多三代人，就会把偌大的家业拆得支离破碎，从而不再对皇权具有威胁性。中国的嫡长子继承制，是嫡长子虽然继承了爵位，但在土地等家产的分配上，兄弟之间人人有份，在家产的分配上差别并不悬殊。欧洲的长子继承制则让长子绝对继承了爵位和以土地为代表的家产，其他兄弟姐妹只能对家产望洋兴叹。这是中国封建制与欧洲封建制一个不那么引人注目却比较重要的差异。

  长子继承制固然可以保住家业不衰，但领主其余的儿子却要自己寻找出路。他们要么进入教会去当主教或神父，要么去做冒险家。非长子群体庞大，他们需要建立新的功勋才有可能维持贵族身份，但欧洲已经被各家族领主分割完毕，想建立新的家族谈何容易。

因此，当一个机会到来的时候，无数贵族的非长子们，都踊跃向前。这个机会，就是教皇乌尔班二世亲自发布的欧洲动员令——十字军东征。

十字军东征的导火索是突厥人占据了基督教圣城耶路撒冷。1009年，西方世界对穆斯林的态度发生了巨变。耶路撒冷的统治权在十字军出现前反复在什叶派（开罗）和逊尼派（巴格达）①政权之间交替。这一年，埃及法蒂玛王朝第六任哈里发哈基姆下令摧毁包括圣墓教堂在内的所有耶路撒冷基督教堂和犹太会堂，加深了对非穆斯林民众的迫害，基督教徒到耶路撒冷朝圣的路也被封。而塞尔柱突厥人对拜占庭基督徒的凌辱和虐待更加加深了基督世界对穆斯林的愤恨。

拜占庭帝国无奈之下，只好向他们西面的基督教友求援。西方的天主教和拜占庭的东正教虽然在教义上差别极大，还有着很深的矛盾，但至少敬拜的是同一个上帝，同一个耶稣。

教皇乌尔班二世是在宗教权力与世俗王权无休止的斗争中上台

---

① 逊尼派和什叶派为伊斯兰教的两大派别。由于穆罕默德生前未指定继承人，在他去世后，他的信徒们在继承人问题上发生了激烈冲突，因而分为两派：逊尼派和什叶派。逊尼派承认四大哈里发都是合法继任者，因把穆罕默德早期追随者的言论和事迹编成一本书——《圣训经》，称为《逊奈》，因此得名"逊尼派"。"什叶"的原意是"追随者"，这一派的人只承认第四任哈里发阿里一人的合法性，主张世袭原则。目前，全世界90%的穆斯林属于逊尼派，10%属于什叶派。十字军东征前，以埃及开罗为首都的什叶派法蒂玛王朝与以巴格达为首都的逊尼派阿拔斯王朝，一直在争夺耶路撒冷的统治权。

的，他属于教会中坚决要求世俗王权服从教权的派系。因此，他在收到拜占庭帝国言辞卑下的求援后，便在欧洲鼓动十字军东征。此时的法国正处于天灾人祸之中，大量的失地农民衣食无着，加上封建领主也需要对外开拓以缓解各种矛盾，各种因素结合到一起，于是在1096年，大批骑士和农民集结向东方进发。

这些骑士并没有统一的指挥，他们跟随各自的领主组成一个个的小团体，浩浩荡荡向东挺进。后勤？不存在的，给养在路上拿就是了。结果一路过去，造成了更多的失地流民，而他们也只能跟随队伍向东进发，毕竟教皇说了，"凡动身前往的人，假如在旅途中——陆上和海上——或在反异教徒的战争中丧失了性命，他们的罪愆即将在那一顷间获得赦免"。东方的土地"遍地流着乳与蜜"，圣城是另一个"充满欢娱的天堂"，"这边所有的不过是忧愁和贫困，那边所有的却是欢乐和丰足"。

实际上，生活在耶路撒冷周边的人们也是困苦不堪，什叶派和逊尼派之间的战争一天都不曾停歇，塞尔柱人和法蒂玛王朝仇深似

十字军攻占耶路撒冷

海，他们对彼此的憎恶要超过他们对基督徒的厌恶。在这场混乱的、莫名的、血腥的征战中，这支由乌合之众组成的基督教大军居然连战连捷，最终夺取了圣城耶路撒冷。

十字军发动的战争并不局限于圣城周围，在西西里岛、希腊海域、伊比利亚半岛，到处都爆发了基督徒和穆斯林的圣战。如果说前三次东征中，十字军中虔诚的信徒还占大多数，自第四次起，十字军的成分便复杂得多。十字军里有信徒，也有无数想去东方发财的冒险家。当他们无法从穆斯林那里获得财富的时候，便把主意打到了拜占庭帝国的头上。

1204年，十字军在威尼斯人的鼓动下攻占了君士坦丁堡，在那里建立了拉丁帝国（1204—1261年）以及附属于拉丁帝国的雅典公国和亚该亚公国。后来拜占庭成功收复，但因为首都被毁，复国后的拜占庭帝国已是奄奄一息。

此后的十字军东征就变成了笑话，成了一个幌子。有传言说东征失利的原因是成年人不够虔诚，需要纯洁的儿童参加，而这些从欧洲各地招募的儿童被送到意大利港口后，多半被卖掉了。

持续近两百年，总计九次的东征，除了第一次和第二次取得了一些成果，剩余的都变成了闹剧。14世纪初，十字军东征基本停止，那些在东地中海沿岸建立的基督教王国，也逐渐被穆斯林消灭。虽然十字军东征最终没能挽救，甚至还加剧了拜占庭帝国的灭亡，但东征的历史意义重大。

十字军东征转移了欧洲的内部矛盾，让教权和王权在某种程度上达成了妥协，去对付共同的敌人。东征在一定程度上也促进了东西方交流，还诞生了三个著名的骑士团，他们将在后来的欧洲历史上发挥重大的作用。其中,圣殿骑士团创造了欧洲银行的雏形;条顿骑士团的后人建立了一个王国,这个王国催生了一个声名赫赫的帝国——德意志帝国;医院骑士团到现在都还有组织机构,是联合国的非正式成员。

欧洲人从近东文明中汲取了无数养分,比如西罗马帝国崩溃后流散在各处又被阿拔斯王朝"百年译经"运动整理出的希腊哲学和文化,为日后的文艺复兴积蓄了养料。

第3节
君主与贵族间的文字契约

在十字军东征的过程中，有一位来自不列颠岛的君主"狮心王"理查（1189—1199年在位），他的出征使得不列颠岛发生了许多大事，并最终催生出世界上第一部具有宪法性的法律——《自由大宪章》。

理查一世是金雀花王朝的开创者亨利二世的第三子，他的母亲是阿基坦公爵的女儿埃莉诺。他继承了母亲的遗产——法国的大片土地。但他跟自己的父亲不和，甚至会互相开战。金雀花王朝父子相攻、兄弟阋墙是家常便饭。

理查在年轻的时候就显示了极高的军事天分，他多次平定阿基坦地区的叛乱，还在法国国王的支持下打败了自己的父亲，得到了英格兰王位的继承权。虽然他成了英国国王，但作为阿基坦公爵，他是需要向法王宣誓效忠的，这是欧洲封建制度的特色——忠诚跟着土地走。

在得到王位继承权后，他就参加十字军东征，结果铩羽而归。归来后专门跑回英国，向众人宣布：我依然是国王。然后又跑回法国打仗去了。理查之所以专门跑回英国宣布自己是国王，是因为他的弟弟约翰在英国得到母亲的支持，很可能取代他的位置。狮心王理查一辈子都在打仗，最终死在了战场上。

　　狮心王理查没在英国待过几天，国政都由他的弟弟约翰代劳。他死后，王位自然落到约翰（1199—1216年在位）的手里。约翰出生时由于没有封地，因此被不列颠人称为"无地王"。狮心王和法王的关系好，约翰与法王的关系则很恶劣。他一上台，法王就要收回英国贵族在法国的领地，于是约翰率军与法国开战。

　　哥哥能征善战，弟弟却是个草包，约翰差点把英王在法国的领地都丢光了。约翰这下子真成了不折不扣的"无地王"，这也是英国跟法国彻底分开的历史事件，而英国王室从血统上讲是诺曼底公

狮心王理查在十字军东征中勇猛地战斗

爵的后代。

失地的约翰遭到贵族的反对和谴责，但他不管这些，还要继续实行从威廉开始的中央集权，没收反对他的贵族的土地，建立官僚系统。

贵族当然不愿意了，于是他们联合起来展开了反对国王的战争，有一段时间甚至在市民的帮助下占领了伦敦。约翰不得已，答应了贵族的条件，于1215年签署了《大宪章》，即英国学者所称的《自由大宪章》。

《大宪章》由一篇序言和63项条款构成，其主旨在于维护贵族和教会的权利不受国王的侵犯。其中规定：全体自由民享有自由权；伦敦及其他各城市享有自治权；国王征税必须同贵族会议商量，并要听取民众的意见；非经同级贵族依法审判，任何自由民不受拘捕、监禁、没收财产、剥夺公权、放逐、伤害搜查和逮捕等；不得强迫骑士和其他拥有土地者服额外的兵役；由25名贵族组成一个委员会，监督《大宪章》的执行；国王如有违反，可对其采取剥夺土地、没收财产等手段予以制裁。甚至还有一条申明，如果

无地王约翰被迫签署《大宪章》

国王违反规定，封建主有以武力进行反抗的权利。

具体条款则相当简明，比如第29条是这样的：武士如愿亲自执行守卫勤务，或因正当理由不能亲自执行，而委托适当人选代为执行时，巡察吏不得向之强索财物。武士被率领或被派遣出征时，应在军役期内免除其守卫勤务。

最重要的是第61条，它规定25个大封建主可以监督《大宪章》的执行，他们在发现国王有违反的情况时，有权使用包括武力在内的各种手段胁迫他改正，这就使封建贵族之间的内战取得了合法地位。

《大宪章》的最大意义在于它在国王和贵族之间确立了一种规则，在这种规则里国王绝不是至高无上、毫无约束的，这就为后面限制国王的权力提供了合法性。

英格兰的中央集权和地方分权，在《大宪章》之后一直不断地博弈，直到达到平衡。不像它的邻居法国，由封建主不服国王转变为国王大权独揽，这种绝对王权下的独裁，让社会失去了弹性和活力。

约翰虽然失去了法国的大片领地，但他也不是一直打败仗。1213年，一支庞大的法国舰队前去支援法国国王腓力二世（1180—1223年在位）入侵佛兰德斯。约翰闻讯，命索尔兹伯里伯爵率领500艘舰船组成的舰队进行拦截，双方在达默发生战斗。这场海战规模庞大，英军大胜，缴获各类战船300艘，烧毁100艘。此战过后，佛兰德斯这个现在位于比利时境内的地区暂时保持了独立并继续倾向于英国，这也为英法百年战争埋下了伏笔。

佛兰德斯是英格兰在欧洲大陆上最重视的地区之一。从经济上看，它是英国在欧洲大陆上最重要的羊毛出口地；从军事上看，敌国一旦占领这里，就能随时以此地为基地从海上向英国发起进攻。

1337年，法国国王腓力六世宣布收回英格兰贵族在法国的全部领地，百年战争由此爆发。从1337年到1453年，双方断断续续地打了上百年。其间双方奇谋迭出，在军事、政治、经济和外交等领域尽最大可能削弱对方。战争的第一个阶段，英国人大获全胜，不仅控制了英吉利海峡，还夺取了法国重要的海岸要塞加莱，并把法国支持的苏格兰国王俘虏。

当双方激战正酣之时，一场超级大瘟疫袭来，大瘟疫不仅使百年战争中断了十年，还意外地开启了欧洲的文艺复兴运动，最终推动欧洲从中古时代走向近代。

第4节
黑死病来了

断肢残臂从天而降，卡法城内一片哀号。依靠地中海贸易发家致富的热那亚人和威尼斯人掌控着黑海沿岸的贸易城市卡法。1343年，蒙古人建立的金帐汗国决定攻打卡法城，以平息一次因蒙古商人被杀而引起的贸易争端。除了报复，蒙古人还想乘机洗劫一番。面对抵抗的城市，蒙古人用抛石机将死人尸体抛进城中。这种攻城方式是他们的拿手绝技，腐烂的尸体会在城中引发瘟疫，从而使城防虚弱，更易攻陷。

意大利的商人和水手逃上他们的商船，驶离这座人间地狱。他们在君士坦丁堡短暂停靠后，返回意大利。有三艘船于1347年抵达热那亚，但市民们并不欢迎他们回家，而是用带火的箭和炮弹将船赶走。他们最终在墨西拿上岸，同时把卡法的鼠疫带回了西欧。

没有口罩，没有疫苗，没有现代医疗技术，也缺乏个人清洁的观念，鼠疫一登陆就在污水横流的欧洲城市掀起死亡风暴。中世纪著名作家薄伽丘所创作的《十日谈》，就是躲避瘟疫逃到乡下的薄伽丘为一群青年讲述的故事。在他的书中是这样描述的：

> 城市成了人间地狱，行人在街上走着走着突然倒地身亡；待在
> 家里的人则孤独地死去，在尸臭被人闻到前，无人知晓；每天、每
> 小时，大批尸体被运到城外；奶牛在城里的大街上乱逛，却见不到
> 人的踪影。

当时，几乎所有的欧洲大城市都是一幅地狱般的景象，整个欧
洲都在这种被称为"黑死病"的烈性传染病的魔爪下呻吟，病毒带
走了2500万人口，占当时欧洲人口的1/3。由于人力损失过大，英
法暂时休战。

黑死病的影响远不止暂停了一场战争。中世纪的欧洲是教会的
天下，黑死病大流行被教会归因于上帝的天罚，需要宗教仪式才能
缓解或者避免瘟疫。可随着神父们大量死亡，这种说法越来越受到
人们的怀疑，有知识的人开始思考到底是什么导致了病毒肆虐。正
是这种思考，让神权的禁锢出现了一条裂缝。神权统治的削弱使得

黑死病人的惨状

盗贼四起，社会大乱。天主教的权威性被极大地质疑，而犹太人也因为这次瘟疫受到了极大的迫害，因为犹太商人的到处流动加速了病毒的传播。

瘟疫从意大利登陆后，一路横扫法国，并蔓延到英国，另一路则传播到了中欧，最后来到俄罗斯，肆虐了整整九年

死亡之舞
由于黑死病肆虐，"死亡"成为中世纪后期绘画艺术的一个主题。

时间才告一段落。在削弱天主教对人们思想禁锢的同时，黑死病还对欧洲人口进行了一次"大清洗"：身体孱弱的多半挺不过去，城市贫民由于没有乡下别墅避难也很难幸免于难。灾后的城市被清空，挺过这次灾难的人身体素质、经济能力和受教育水平等方面都相对更好。

2016年3月，一个施工队在英国伦敦市法林顿区施工时发现了一座大型墓葬群。经检测，这是14世纪时期的墓葬，里面的遗骸数目相当庞大。考古专家们研究这些遗骸的时候，从骨骼中发现了残留的鼠疫菌。这说明该地是古代专门用来埋葬黑死病患者尸体的。考古学家发现这些骨骼比同时代其他墓葬里的遗骸更小，也就是说身材矮小、身体孱弱的人更容易死去。

这段漫长而黑暗的时期度过之后，因瘟疫而中断的英法两国的战火重新被燃起了。

第5节
英法百年战争

1356年，黑死病接近尾声时，法国国王腓力六世去世，继任的国王约翰二世（1350—1364年在位），立誓要打败英格兰，洗刷前耻。他拒绝了英格兰的和谈条件，战争再度爆发，英格兰夺取了法国西南部的基恩和加斯科涅，并在同年展开了普瓦捷会战。

率领英军作战的"黑太子"爱德华多次陷入绝境，但都能绝处逢生。拥有三倍兵力、占尽优势的法国骑士却在他们勇敢的国王约翰二世的带领下迎来惨败的结局。此战让大批法国贵族战死，法国国王约翰二世被俘，法国险些亡国。

法国王太子查理为了筹集约翰二世的赎金以及军费，对农民加征税收，终于惹怒了贵族老爷们口中的"乡下人"，爆发了扎克雷①起义。起义者打着"消灭一切贵族，一个不留"的口号，但这个时代的起义很难有什么结果，因为当时人头脑中的观念还不能

---

① 扎克雷是贵族对农民的蔑称，意为"乡下佬"。

够让下层人民坚定地反抗封建贵族以赢得并维持胜利。但这次起义是一个预演，预示着在法国，迟早还要爆发惊天动地的大事。

爱德华是一个军事天才，但他没有把军事胜利转化为政治成果。他在普瓦捷大胜法军后，又在西班牙内战中与法国人分别支持内战双方，仍然获胜。可他支持的西班牙国王很快就被推翻，这让他的军事胜利显得毫无意义。1376年，爱德华死于疟疾，英国失去一位军事天才，法国却找到了自己的优秀统帅，贝特朗·杜·盖克兰（1320—1380年）。

盖克兰出身于雇佣兵，没有贵族骑士那么多的束缚和负担，他的"费边战术"搞得驻守在法国的英格兰人疲惫不堪。这一战术就是不再发动大战，而是将军队化整为零，利用本土作战的优势不断袭击英格兰人。费边是罗马时代的将领，在与汉尼拔作战时就采取过这种拖延迂回的战略，搞得汉尼拔头疼不已，但罗马人对他的游击战术不满，认为这是怯懦之举，非要集结大军与汉尼拔正面开战，从而导致了坎尼之战的惨败。

克雷西战役中爱德华站在死去的敌军将帅波希米亚国王约翰一世旁默哀

被称为"布列塔尼之鹰"的盖克兰

盖克兰没有费边的烦恼，因为法国国王查理五世（1364—1380年在位）对他极为信任，至死都让他拥有自由指挥权，二人称得上是君臣相得的典范。在盖克兰的指挥下，法国人不断袭击英国军队的交通线，袭击他们的小队人马和城镇，还经常采用劝诱、贿赂、威胁等多种手段，想方设法地让英国军队投降。英格兰人在占领地始终无法建立有效的统治，他们感觉自己陷入了法国的全民抵抗之中。爱德华所占领的土地，就这样一点点地被盖克兰夺了回去。

盖克兰从未在正面战场上获得令人瞩目的伟大胜利，但他的战术确实获得了成效。到1380年的时候，英格兰人只能退守法国沿海地区。英王担心连这些地方也保不住，便跟法国人签订了二十年的停战协议，只保留大陆上的五个海港，法国基本收复了全境。

停战协议不是和平协定，几乎所有的停战协议到期后，都是要重新开战的。英法两国只是筋疲力尽歇口气而已，二十年时光弹指而过，随着新一代人的成长，大战又来了。

第6节
百年战争，法国人赢了

1415年，英法百年战争的最后阶段，战争的高潮时期到来了。在欧洲史和战争史上，英法百年战争中最具有研究价值的是阿金库尔战役，此战中以少胜多的英军并非重点，而是这场战役极其复杂的背景和对欧洲未来深远的影响。

首先说军事方面，英国国王亨利五世率领的绝对是一支疲惫之师，在饥饿和疟疾的折磨下，即使不打仗，他们在法国也坚持不了多久。英军前往加莱的途中在阿金库尔遇到了法军的阻击，法军的数量至少是英军的三倍，而且几乎整个法兰西的贵族都聚集在这里了。

中世纪的战争，比的不是谁更有智慧，而是比谁的指挥失误更少。英军大多是职业军人，如在这次战役中大显神威的长弓手就是雇佣兵，军官们对英王亨利五世非常尊敬，也乐于听从他的命令。

而法军则处于群龙无首的状态，虽然皇室大总管在军中，但无论奥尔良公爵还是勃艮第公爵，或是其他的侯爵伯爵，地位都不

亨利五世在阿金库尔战役前祈祷

比他低，军事统帅无力指挥这么多大贵族。缺少统一指挥的法军，以重装骑兵和重装步兵为主，在平坦开阔的坚硬土地上，他们一个冲锋就可以把英军杀得片甲不留。可决战的前一天晚上却下了一场暴雨，整个战场泥泞不堪，冲锋的法国贵族们在泥塘中举步维艰，而英国长弓手则在临时布置的尖木桩阵地后严阵以待，将他们逐一射杀。

英格兰长弓的射程高达300米，1.5~1.8米的弓身拉力在120磅以上，任何板甲都无法抵挡曲射后从天而降的长箭。好的弓手在第一支箭离弦后就可以立刻拉弓再射。法国骑士们面对的是中世纪难得一见的远程火力全覆盖，在泥泞的战场上几乎全军覆没。

从军事角度讲，阿金库尔战役当然是一次以少胜多的经典战役，从经济角度来看，这场战役则预演了一个帝国未来的命运。

中世纪时，民族国家观念还没有形成，来自英格兰的长弓手也是可以为法国国王服务的；一个法国骑士，如果他的封地属于英王，他的效忠对象则是英王。很明显，长弓手们并不是封建骑士，也不是英格兰国王的常备军，他们只是一支为钱卖命的雇佣军。英王能雇佣他们，法王当然也能雇佣他们。

为什么法国国王不这么做？因为他没钱。英格兰国力虽然不如法国，却可以借到钱。本来法王约翰二世借钱更容易，但他的先辈把能借到钱的人都杀死了。

法国本来拥有中世纪欧洲一家超级银行的总部，即"十字军东征"一节中提到的圣殿骑士团。据传，耶路撒冷王国的国王鲍德温二世将圣殿山上的阿克萨清真寺的一角赐给了这些骑士驻扎，而这座清真寺正是建在传说中的所罗门圣殿的遗址上，因此，他们有了"圣殿骑士"之名。圣殿骑士团以极度虔诚和勇猛著称，他们在战场上英勇无畏，在基督世界获得了巨大声誉。

1139年，教皇英诺森二世发布圣谕，再次确认了圣殿骑士团的地位。在政治上，骑士团只对教皇负责，其他任何世俗政权都无权指挥它。在经济上，骑士团不仅享有免税的特权，后来还有权在自己的领地上收取宗教税。

此外，圣殿骑士团还获得了在欧洲各地征兵的权力，在欧洲大小城市都设立了征兵点。征兵点很快被商人发掘出新用途，那就是他们可以在A地把钱存进征兵点，带着收据去B地取现，这样就不用在路上带着大量现金。很快，征兵点就变成了类似银行的网点和分支机构。要知道，那些需要在更远的地方做生意的人，携带大量金银是一件麻烦且危险的事情。而且进行商贸活动，借款是很常见的行为。个人的力量

圣殿骑士团的骑士

和资本都相当有限，如果有银行性质的机构来提供这种服务，这对商业的发展将大有裨益，而这些网点的出现恰好满足了这种需求。现代银行需要缴纳税款，圣殿骑士团不仅不用纳税，还可以自行征税，再利用这些税金放贷。在中世纪欧洲，基督教在人们思想领域占据了绝对的统治地位。把财产捐给教会，在当时人的眼中就是奉献给了上帝，这跟古代的中国人把财产捐给寺庙是一样的道理。尤其在十字军东征时期，骑士团是前线权威的教会代理机构，很多参加十字军东征的人因为随时可能战死沙场，同时怀有奉献上帝的精神，因此教徒乐意把财产捐给骑士团。大量贵族把家产捐给骑士团，有些小国君王甚至把国家捐给骑士团。因此，短短数十年间，圣殿骑士团就富甲欧洲。

13世纪中期，圣殿骑士团在基督世界拥有9000座庄园或领地，年收入粗略估计有600万英镑。要知道，同时代的英法王室年收入不过才数十万镑。圣殿骑士团的财富，怎能不让法王垂涎三尺。终于，被财政破产压力逼得走投无路的法王把贪婪和仇恨的目光射向了他的债主。

1307年法国各地驻军和官员打开了法王"美男子"（腓力四世）事先下发的密旨，在法兰西境内同时抓捕圣殿骑士团成员，仅巴黎一地就逮捕了138名高级圣殿骑士，其中包括圣殿骑士团团长雅克·德·莫莱。

七天后，雅克·德·莫莱因在狱中不堪酷刑而承认了亵渎神灵的罪名。随后他被迫写信给每一位圣殿骑士团成员，让他们承认这些罪行。之后腓力四世以及教皇克雷芒五世下令在整个基督教世界搜捕圣殿骑士团成员。这些被捕的圣殿骑士团成员在经历残酷的审讯后被处以火刑。

五年后，被法王胁迫的教皇下令解散圣殿骑士团。根据教皇的谕令，圣殿骑士团在欧洲的财产大多被医院骑士团继承，法王则得到了圣殿骑士团在法国的所有财产。但也有人说圣殿骑士团事先有所觉察，把金银珠宝等动产事先做了转移，法王除了不动产外并未捞到太多好处。

法国王室开了这么坏的头，谁再给他们借贷大笔财产，都得慎重考虑。巨大的财政压力使得法王在阿金库尔战役中无力与英王争抢长弓手，最终输掉了战争。

在这一战中，法国的贵族势力几乎全部覆没，封建制度遭到严重打击，这为百年战争后法王的集权统治扫清了障碍。但要形成拿破仑帝国那样的中央集权统治，法国还有几百年的路要走，并且还需要一个很重要的东西——民族主义。这种在未来横扫欧洲的意识形态，马上就要在法兰西萌芽了。这一意识形态的产生要追溯到百年战争中的传奇人物"奥尔良姑娘"——圣女贞德。

1422年，英王亨利五世和法王查理六世同年去世，他们的继任者为了争夺领地重新开战。在法国本土持续多年的战争让人民遭受了极度的苦难，他们因此对英格兰人产生了极大的厌恶，民间开始自发组织起来袭击英格兰军队。

在封建时代，人们并没有国家概念，只有王朝和领主概念。英格兰的贵族也可以同时是法兰西某地的领主，在他领地上的人，只需要宣誓向他效忠即可。而长期的战争让领地的界限变得越来越模糊，人们被动地卷入战争遭受苦难，民族情绪渐渐萌发。

1428年，英军围攻法国城市奥尔良，法国的奥尔良守军疲惫不堪，眼看着城市就要陷落。此时，一位饱受战乱之苦、家乡多次被英格兰人焚毁的法国少女贞德横空出世，震惊了所有人。

没有人知道，一个没有受过正规军事训练的农村文盲少女，是从哪里来的勇气和胆略，率领一支身体上疲惫、精神上绝望的救援之师，在对抗英军的过程中取得了一个又一个不可思议的胜利，成为法兰西的救世主。

但不幸的是，圣女贞德最后被法国王室出卖，原因是一个无法控制的神圣少女让法王感到不安。虽然逮捕她的人不是法国人而是跟英格兰人一伙的勃艮第人，但法国国王也难辞其咎。勃艮第人把贞德卖给了极度憎恨她的英国人。英国人以异端邪说指控贞德，并让一位天主教神父负责对她进行审判，最后贞德被判处火刑。

活着的贞德是法王和教会的威胁，死去的贞德却可以成为他们统治的工具。贞德死去20多年后，被重新审判和平反，法国国王认可她是为了正义的事业而死。随着时间的推移，到16世纪，贞德已经成为天主教对抗新教徒的图腾。拿破仑时代，她被皇帝本人亲口颂扬。1920年，她被天主教封为"圣女"。

贞德的出现激励了法国人，她的死亡则激怒了法国人，更重要的是她让他们有了模模糊糊的民族意识：人不再以归属于哪个领主进行划分，甚至不以王朝进行划分，而是以国别进行划分。之后，勃艮第跟英国反目成仇，法国发动了大反攻。

1450年，法国和布列塔尼公爵的联军在库米尼战役中大败英军，整个曼恩和诺曼底地区回到法国手中。同年，法军在巴约勒之战中重创英军。1453年7月17日，法军在卡斯蒂永战役中歼灭加斯科涅的英军主力；7月在卡斯蒂永之战中再次打败英军；10月19

日，波尔多英军投降，法国夺回吉耶讷后收复了除加莱以外的全部领土。1458年，法军攻陷加莱，英国失去在欧洲大陆的最后一个据点，百年战争至此结束。

持续了一百多年的英法战争，极大地塑造了两个国家的性格，并让两个国家走上了截然不同的发展道路。

英国自征服者威廉之后的君主，都试图集中王权，而地方诸侯和贵族则不断与君主博弈。英法百年战争中，英军主要在法国作战，英王没有建立常备军的充分理由，因此集权并未成功。最终，英国在集权和封建之间找到了一条权力平衡之路。

法国人民饱受战乱之苦，阿金库尔一战让贵族损失殆尽，法王也找到了建立常备军的理由。法国是欧洲地理条件最好的国家，大部分地区都是平原，法王也很容易用军队控制各个诸侯，法国因此走上了中央集权的治国之路。因为百年战争，法国的民族意识也觉醒得比欧洲其他地方早，在中央集权和民族自豪感的加持下，法军的战斗力得到了极大的提升，让法国一跃成为近代欧洲的超级强国。

英国在百年战争后失去了欧洲大陆上的所有领土，真正变成了一个偏安一隅的岛国。对于英国的安全来说，谁试图统一欧洲大陆，谁就对它构成了最严重和现实的威胁。因此，在之后的几百年里，英国的欧洲战略逐步成型，那就是"离岸平衡"。英国不允许欧洲大陆有任何国家一家独大，谁有可能称霸欧洲，英国就要扶持它的敌人与之对抗。这套战略的成型和完善还需要时间，我们先把目光投向跟英国隔海相望、跟法国毗邻的国家西班牙吧。

第七章

近代欧洲的开端

第1节
西班牙光复了

　　西班牙位于欧洲西南部的伊比利亚半岛上，地处欧洲与非洲的交界处，西邻葡萄牙，北邻比斯开湾，东北部与法国及安道尔接壤，南隔直布罗陀海峡与非洲的摩洛哥相望。

　　早在公元711年，阿拉伯帝国倭马亚王朝就派兵占领了安达卢西亚，随后不断扩张，哥特人建立的基督教王国被消灭，剩余的人口都被赶进了北部山区苟延残喘。北方的比利牛斯山脉和坎塔布连山脉挡住了阿拉伯轻骑兵的深入，逃到这里的少数基督徒建立了一系列小王国。

　　这些小王国生命力很顽强，它们不断下山向穆斯林发动进攻，并取得了一些胜利。欧洲日耳曼蛮族王国的基督化帮了西班牙基督徒的大忙，不断有基督徒来到西班牙帮助他们对抗穆斯林。十字军东征时，少数十字军没有向东，而是向西南来到伊比利亚半岛对穆斯林发动圣战。

小王国各自扩张自己的领土，伊比利亚半岛西边的低地地区独立出来形成了葡萄牙，北方则形成了莱昂、卡斯蒂利亚、纳瓦拉和阿拉贡等基督教王国，其中卡斯蒂利亚是伊比利亚半岛最重要的基督教王国。

穆斯林在西班牙的统治也几经兴衰。阿拉伯军队用了七年时间征服了伊比利亚半岛，初期只有几个并立的埃米尔①国，均隶属于定都大马士革的哈里发。750年，阿拉伯帝国发生政变，阿拔斯王朝取代倭马亚王朝，并大肆屠杀倭马亚家族。倭马亚家族唯一幸存的男丁阿卜杜·拉赫曼逃到了北非，在柏柏尔部落的支持下，渡海来到西班牙，攻占了科尔多瓦，宣布独立，建立了统一的科尔多瓦埃米尔国。929年，阿卜杜·拉赫曼三世中兴了西班牙倭马亚王朝，自称哈里发，科尔多瓦埃米尔国成为科尔多瓦哈里发帝国。西班牙倭马亚王朝的势力达到极盛。

1031年，哈里发希沙姆三世被废黜，哈里发帝国分裂为20多个割据的小国，到末期只剩一个名为格拉纳达的摩尔人苏丹国，在与卡斯蒂利亚的长期战争中处于下风。

卡斯蒂利亚在与摩尔人王国的斗争中日益发展壮大。1474年，伊莎贝拉（1451—1504年）成为卡斯蒂利亚女王。在王位继承战争中，她得到了血与火的历练，展示出过人的才干。在继位前，她已与邻国阿拉贡的王储费尔南多（1452—1516年）联姻，卡斯蒂利亚与阿拉贡因此合并为一个国家，最终统一了西班牙。

_____

① 伊斯兰国家统治者、王公、军事长官的称号，同时也是阿拉伯帝国的行省总督称号。

　　联姻是欧洲封建王国兼并的一大利器，由于继承合法性被广泛承认，通过联姻合并领土，是除战争外另一个有效的手段。

　　伊莎贝拉和费尔南多的双王统治持续了多年，西班牙在他们手中最终完成了驱逐穆斯林的大业。由于多年来借助天主教会的力量与伊斯兰抗争，西班牙在宗教上极度保守，全力维护天主教的正统性，残酷镇压异端，饱受诟病的宗教裁判所在西班牙最为盛行。

　　他们不但驱逐了摩尔人，还赶走了当初与穆斯林合作的犹太人。1492年3月31日，两位天主教国王签署了大审判官托尔克马达呈递的驱逐令，要求所有犹太人必须在四个月之内离开西班牙国境。许多犹太人和摩尔人改宗基督教，也有相当一部分人选择离开，不肯改宗也不肯逃亡的穆斯林和犹太人只好殉教。一些学者研究认为，这一时期，约有10万至20万犹太人逃出西班牙，他们主要

征服格拉纳达

　　1492年，伊莎贝拉女王与费尔南多二世接受格拉纳达守将阿卜杜勒献上的城门钥匙。至此，摩尔人在西班牙的统治正式宣告结束。

宗教裁判所

逃往北非、中东和北海地区。

这为西班牙未来的发展埋下了隐患，因为穆斯林和犹太人当时掌握了绝大多数先进的科学技术和高效的管理方式，赶走他们，就意味着国家在各方面的水平都会大幅降低。

这场对异教徒的迫害让西班牙国内的天主教势力占据了绝对的统治地位，国王也通过各项措施增强了自己的权力。之后，一个内部结构不够均衡、对宗教极度狂热的西班牙，开始了它的全球争霸之旅，而且它将很快通过大西洋贸易迎来国运的绽放。

所谓贸易，就是各地之间互通有无。经济活动的本质就是人的互动，没有贸易就谈不上经济发展。西班牙的地理位置在中世纪的欧洲来说并不算好，虽然它遏住了大西洋与地中海的通道，但相对于欧陆贸易来说，西班牙的地理位置还是相对偏僻的。欧陆贸易的主要线路，是从欧洲经过小亚细亚和中东，去往中亚与东亚。阿拉伯帝国之所以崛起，就在于掌控了欧亚非贸易路线的关键位置。

　　由于当时的国际贸易主要在欧亚之间展开，地中海周围的重要港口城市如热那亚、威尼斯、马赛等获益巨大。它们当中的佼佼者甚至能以一城之力对抗一国，如大名鼎鼎的威尼斯，在相当长的一段时间里，威尼斯人的舰队是横行于地中海的霸主。通过十字军东征，威尼斯赚得盆满钵满，来往的东征军都要借道威尼斯出海去耶路撒冷，威尼斯也因此而极度繁荣。

第2节
文艺复兴为什么首先在意大利发生

上一节讲到意大利的威尼斯、热那亚等重要城市，因为掌控了欧亚贸易的主要路线以及抓住十字军东征的机会，极大地繁荣起来。随着经济的发展、城市生活水平的提高，黑死病和教会的腐败堕落引发人们对天主教信仰的动摇，人们开始思考人的价值，追求世俗的乐趣，由此产生了人文主义思想。觉醒的人们虽然厌恶教会的堕落与虚伪，但当时并没有成熟的文化体系可以取代天主教的统治地位，因此，他们借助复兴古希腊、古罗马文化来表达自己的主张。就这样，在14—16世纪的欧洲，爆发了一场名为"文艺复兴"的思想文化运动。文艺复兴运动对整个欧洲乃至世界都产生了巨大的影响，以至于一些学者都把文艺复兴运动的兴起作为世界近代史的开端。

常到山泉的森林女神追寻于小丛林，

她那金黄色的鬈发随着阵阵风儿飘扬，

追寻什么？

哪颗心知道如此完善的形象？

……

　　这是14世纪意大利诗人彼特拉克（1304—1374年）十四行诗一部分，文字优美，意境深邃。彼特拉克与但丁（1265—1321年）、薄伽丘（1313—1375年）是文艺复兴初期的主要代表人物。虽然但丁比彼特拉克年龄大许多，但一般认为，彼特拉克才是"文艺复兴之父"。

　　之所以叫"文艺复兴"，是因为他们想复兴古希腊和古罗马的辉煌文明，人文主义者和新兴的资产阶级借复兴、古代希腊、罗马文化之名，破除天主教会的束缚。

　　正如我们所知，文艺复兴运动前期的重要人物如彼特拉克、但丁、薄伽丘都是意大利人。之所以如此，乃是因为意大利是文艺复兴运动的发源地。

彼特拉克　　　　但丁　　　　薄伽丘

　　大家都知道意大利是罗马帝国的中心，那些曾经在罗马帝国时代大放异彩的建筑、文学和法律等遗迹，最容易被这里的人们所接触，随着中世纪的黑暗逐渐被冲破，古希腊罗马文明的辉煌重新被人记起。

更重要的，当时的意大利是东西方贸易的交汇地，意大利北部的威尼斯、热那亚是掌控地中海贸易的霸主，这里的富裕程度远超欧洲其他任何地区，财富让这里的人们更重视物质上的享受。因为要进行贸易，这里有来自世界各地的商人、水手和冒险家。与此同时，伴随物质交流的是文化的交流，阿拉伯文明、中华文明、基督教文明在这里交融碰撞，尤其是阿拉伯人保存的古希腊罗马著作，都是通过意大利人翻译再回流至欧洲的。

1453年，奥斯曼土耳其人攻陷了君士坦丁堡，一部分拜占庭学者流亡到意大利，带去了与古典文明密切相关的希腊语书籍，这对意大利的文艺复兴产生了最直接的影响。

就这样，在各种有利因素的推动下，文艺复兴这朵绚丽的花朵率先在意大利北部绽放。

佛罗伦萨是文艺复兴的核心发源地。它在中世纪时期，是与威尼斯和热那亚并驾齐驱的贸易中心，因其出产的优质羊毛和遍布欧洲的银行家而举世闻名。贸易的繁荣，让这个城邦异常的富裕，这让佛罗伦萨人习惯于通过用绘画、雕塑和建筑装饰教堂，美化城市。出身于银行家的美第奇家族统治佛罗伦萨后，大力赞助艺术，对推动文艺复兴的发展起了关键性的作用。

美第奇家族的祖先在13世纪初就已经是佛罗伦萨的头面人物，经过数代经营，他们积累的财富已富可敌国。美第奇的家族产业不仅包括各种纺织品、染料、农产品的制造和贸易，甚至还涉足了银行业。美第奇家族中的不少成员，都担任过佛罗伦萨的重要管理职务。他们醉心于资助艺术家，那些光辉足以照耀千古的名字，但丁、达·芬奇（1452—1519年）、拉斐尔（1483—1520年）、米开朗琪罗（1475—1564年）、伽利略（1564—1642年）等，都跟这个家族联系密切。许多流传后世的画作和雕塑，都是由美第奇家族资助创作，并归于家族收藏。我们今天去意大利著名的乌菲齐美术馆参观，就会发现里面大部藏品都曾是美第奇家族收藏的。

达·芬奇　　　　米开朗琪罗　　　　拉斐尔

整整三百年间，佛罗伦萨都沉浸在对美的创造上，美第奇家族对此的贡献极大，以至于被称为"文艺复兴的教父"。

除了艺术，美第奇家族的科西莫·美第奇（1389—1464年）于1445年资助开办了一个旨在恢复希腊文化的"柏拉图学园"，专门研究柏拉图的思想。统治欧洲四百年的经院哲学裂开了一条缝，来自古老希腊人的智慧，开始在这里生根发芽。这些看不见的思想，或许比看得见的艺术品对欧洲的进步影响更大，因为没有这一思想准备，后世的启蒙运动就根本无从谈起。

文艺复兴运动强调的人文主义思想的威力是巨大的，从上层家族到中产阶层，从教皇的秘书到国王的顾问，他们都深深地被古希腊和古罗马的文明所折服，一时间，甚至称呼上帝的词都变成了古罗马神祇的名字朱庇特①。

15世纪的美第奇家族出了一位举足轻重的大人物，洛伦佐·美第奇（1449—1492年）。他是科西莫的孙子，在非常年轻的时候就接手了家族的生意和权力。然而洛伦佐当时面临着对立的帕齐家族、罗马教廷以及那不勒斯王国的内外夹攻，佛罗伦萨人都不相信这么年轻的人能够掌控如此复杂的局势，但是他的成就让后人都认为洛伦佐是美第奇家族历史上最出色的家主之一。

科西莫·美第奇　　　　洛伦佐·美第奇

正是在爱好艺术和文学的洛伦佐治下，佛罗伦萨达到了繁荣的巅峰。用威尔·杜兰特的话说，伟大的洛伦佐"他治理着一个城邦，管理着一笔财产，参加角力竞赛，写杰出的诗，慷慨地支持艺术家和作家，平易地与学者、哲学家、农夫和小丑厮混，在化装游行中前进，唱着淫歌，写作温和的颂诗，和情妇游戏，生出了一个

---

① 罗马十二主神之首，统治神域和凡间的神王，对应希腊神话中的宙斯。

教皇，而且被全欧洲尊为当时最伟大和最高贵的意大利人"。

同时代的米兰、威尼斯、罗马也发生着类似的事情，我们就不再赘述了。就这样，文艺复兴率先在意大利兴起。至于原因，总结起来有：繁荣的贸易使得这里的人民视野变得开阔；十字军东征虽然产生了不少破坏作用，但也促进了东西方文化的交流；黑死病使得人们对天主教信仰产生怀疑等。这些要素在亚平宁半岛融合，从而促进了文艺复兴运动的产生。

文艺复兴从14世纪初开始到16世纪结束，历时二百多年，从意大利萌发，进而向整个欧洲蔓延。毫不夸张地说，没有文艺复兴，就没有欧洲的启蒙运动和现代文明的诞生。

古希腊和古罗马都曾经达到很高的文明水准，蛮族灭亡西罗马帝国后，欧洲的文明水准经历了一次倒退。然而在漫长的中世纪，基督教文明和各种地方文明在战争和民族的迁徙过程中彼此影响渗透，等到14世纪的文艺复兴运动兴起后，又与人文主义者所发掘的古代希腊、罗马文明融合，形成了新式的欧洲文明。

值得一提的是，古希腊、古罗马典籍不仅来自继承了罗马帝国衣钵的拜占庭，还来自阿拉伯帝国的倭马亚王朝和阿拔斯王朝。早在公元8世纪，阿拉伯人就开始将他们能够收集到的古希腊、罗马、波斯、印度等国的学术典籍译为阿拉伯语，吸取先进的文化遗产。这个过程持续了大约二百年，史称"百年译经运动"。例如，他们重译了托勒密的《天文学大成》，翻译了毕达哥拉斯的《金言》和希波克拉底与格林的全部著作，还有柏拉图的《理想国》和《法律篇》，亚里士多德的《范畴篇》等。这些文化积淀在几百年后又反哺欧洲。这是一个很有趣的文化现象，证明了文明的进步和发展，在于开放的心态和包容的胸怀。

文艺复兴是如此重要，以至于有历史学家认为，地理大发现、宗教改革和民族主义的兴起都与文艺复兴有关。后来西班牙统治者开辟新航路的内在动力有一大部分就来自文艺复兴。就在这时，欧洲发生了一件惊天动地的大事，需要我们对其加以介绍。

第 3 节
君士坦丁堡陷落了

1453年，奥斯曼土耳其人攻陷君士坦丁堡，拜占庭帝国灭亡，这是欧洲中古时代重要事件之一。

拜占庭帝国不是中世纪欧洲那些封建邦国，封建邦国的起伏生灭通常只有地方性的意义，但拜占庭帝国作为世界性帝国，它的灭亡会带来世界性的影响。因此，拜占庭的灭亡也值得耗费笔墨，详细讲述。

在中古时代，君士坦丁堡是世界的中心之一。它位于欧洲和亚洲的交界之地，掌控从黑海前往爱琴海的唯一通道，是东西方商路的交会之地，是中古时期的世界级大都会；它地形险要，易守难攻，战略地位无与伦比；拜占庭帝国在西罗马帝国灭亡后，作为罗马帝国衣钵的继承者，地位更加举足轻重。像所有的大帝国一样，它强盛过，辉煌过，但也避免不了衰落的命运。15世纪中期，是它生命的终点，也是世界历史的一大转折点。

1071年的曼齐刻尔特战役后，拜占庭帝国失去了最重要的兵源地安纳托利亚，军区制也名存实亡。

拜占庭帝国面临着内忧外患，十字军东征不仅没有缓解帝国的困境，反而加剧了领土的分崩离析。来自西方的天主教和拜占庭所在的大希腊地区的东正教发生了严重的分裂。从11世纪到14世纪，宗教的分裂和外交决策上的各种错误，导致新崛起的奥斯曼人对拜占庭帝国步步紧逼。拜占庭不仅给对方开启战端的理由，而且还莫名其妙地得罪巴尔干半岛上本可以拉拢到己方的势力，让许多巴尔干人投向奥斯曼人的怀抱。

反观奥斯曼土耳其，则显现出新崛起帝国的优势，自信、大度且勇武。大量的突厥人都聚集到这个新崛起帝国的旗下，甚至东正教徒和天主教徒也乐于被奥斯曼苏丹所驱使。

从蚕食拜占庭领上到包围君士坦丁堡，奥斯曼人耐心地用了一百年的时间，终于等到时机成熟。此时，拜占庭的内部矛盾已经无法调解，憎恶西方天主教的派系居然喊出宁要穆斯林的统治，也不要天主教进入君士坦丁堡的口号。

公元1453年，原属拜占庭帝国的疆域基本被奥斯曼人蚕食殆尽，巴尔干和安纳托利亚都被奥斯曼人握在掌心，北非穆斯林团体也纷纷向奥斯曼人输诚，就连拜占庭帝国自身都满足于向奥斯曼帝国纳贡求得平安。

从国际形势看，曾经打败过奥斯曼帝国的中亚帖木儿帝国随着帖木儿的死亡土崩瓦解，奥斯曼帝国解除了来自东方的威胁，可以专心经略巴尔干以及气息奄奄的拜占庭了。可以说，如果不是中亚帖木儿帝国打断了奥斯曼帝国的崛起，拜占庭帝国的灭亡或许要提前半个世纪。

15世纪的教皇，已经不像乌尔班二世时代那样能够轻易凌驾于西方各国之上；十字军早已是历史的尘埃，不堪再提；波兰新败于奥斯曼，奥斯曼帝国在中欧与巴尔干皆无敌手；西欧的基督教力量已无力派出援军，君士坦丁堡已是四面楚歌。

在既定的命运到来之前，我们先考虑这样一个问题：基督教和伊斯兰教，到底谁的战斗力更强？在小亚细亚地区，穆斯林的塞尔柱或者奥斯曼，明显强于东正教的拜占庭；但在西班牙的卡斯蒂利亚，基督教战士又可以轻易战胜格拉纳达的穆斯林。孰强孰弱，似乎难以评定。

如果我们忽略宗教的影响，专注于政治和军事组织上的考量，就可以清晰地看到问题的所在。与奥斯曼相比，拜占庭中央集权时间过长，军区制也因为统治者与民众的分化衰弱无力，帝国靠官僚维持统治。奥斯曼作为新兴帝国，统治者与民众的利益相对一致，也容易达成妥协，他们在与欧洲基督徒的交战中，吸收了欧洲封建制的精髓，再与自身的部落制度相结合，创造了军事封建制的组织模式，就像拜占庭早期的军区制一样，使整个国家焕发出惊人的活力。西班牙的情况恰好相反，格拉纳达的穆斯林帝国采用官僚制度，卡斯蒂利亚则是军事封建制。

官僚制度和军事封建制的区别到底在哪儿？我们可以举个小例子加以解释。一个官员在治理地方的时候，他的一切利益都取决于中央。如果任所发生边境冲突或与外族的矛盾，他会倾向于隐瞒实情，并赶紧想办法调回中央，以期摆脱麻烦；地方人民的苦难并不在他的考量范围内。军事封建制的领主们则必须保卫自己领地内的人民，如果人民对他不满而大量逃亡，他自身的实力就会被削弱。官僚是中央代理人，就像分公司经理，公司经营状况与他本人无关，离开是非之地才是他的利益所在；军事封建领主就像子公司经理，他没机会也不需要上调中央，他在自己的地盘上就是土皇帝，因此他必须保卫自身利益不受侵犯。

这样一对比，事情发展的结果便可以一目了然了。如果边境双方一方是军事封建制，一方是官僚制度，毫无疑问，官僚制度这边的百姓一定会逃亡到封建领主那里寻求庇护。

这就是拜占庭基督徒的控制区越来越小，而西班牙基督徒的控制区越来越大的奥秘。

1453年，如朝阳般崛起的奥斯曼土耳其人在他们二十一岁的新苏丹穆罕默德二世的率领下，用10万军队包围了拜占庭帝国都城君士坦丁堡。新苏丹在博斯普鲁斯海峡设置了炮台，并检查来往船只，以防有人援助君士坦丁堡，同时率军猛攻城池。

双方的军力对比悬殊，奥斯曼方面有10万大军以及无数苦力，大炮有上百门，最大的大炮乌尔班大炮还是一个意大利工匠制造的，战船多达130艘。而拜占庭的防守力量只有8000多人、20多艘战船以及枪炮、连弩等武器。

但拜占庭人也不是毫无机会，君士坦丁堡经过数百年修建加固，早已固若金汤。城市正面是厚达10米、高达20米的数道城墙，上面摆满了大炮和连弩，朝向地中海一面也防守严密，只有内侧金角湾防守薄弱，而拜占庭人早早就用巨大的铁链封锁了金角湾，把仅剩的战船排在后方严阵以待。只要奥斯曼人不能破坏巨大的铁链，想要正面强攻，几乎不可能攻克这座罗马帝国最后的都城。

拜占庭末代皇帝君士坦丁十一世（1448—1453年在位）十分英

土耳其军队进攻君士坦丁堡

勇，他的军队虽然人少，但都誓死守护罗马帝国最后的光荣。因此，奥斯曼人正面攻击数次，除了留下一地尸体外，毫无进展。

在围城期间，教皇派来了援军——区区三艘热那亚战船和数百名雇佣兵，这与当年东征时数万十字军不可同日而语，然而他们还是给守军带来了希望。

穆罕默德二世看到正面强攻不成，突生奇计，他把地中海的战船通过陆地运进了金角湾。他先命人在陆地上铺设圆木滑行道，然后用大量的人力将战舰拖拽入金角湾。为了攻克这座坚城，奥斯曼人不惜动用了大量的人力。

金角湾出现奥斯曼战船，便意味着大势已去。因为奥斯曼人可以炮击城区内部，也可以选择任何地点登陆，君士坦丁堡的正面城墙失去了意义；而且攻守双方的力量平衡被打破了，拜占庭帝国必须分出本就不多的兵力去防守原本不用防守的金角湾一侧。拜占庭人请求和谈，被苏丹冷酷地拒绝了，他说了一句铭刻在历史中的话：

"我要与这个城市决一死战，或是我战胜它，或是它战胜我。"

残酷的攻城战开始了，无数的土耳其士兵涌上去，被击退，再涌上去，再被击退。善用希腊火①的拜占庭人让土耳其人在攻城战中尸横遍野。轰开的城墙被修补，城里几乎所有人都参与了防守。从僧侣到妇女，从老人到儿童。断臂残肢横飞，怒吼惨叫不断。千年古城下，是人间的修罗场。要结束这个千年世界帝国，血肉祭祀怎么能少得了！

拜占庭末世的软弱腐朽好像在这一战中全部消失了，上下同心，众志成城。如果这几百年来的拜占庭皇帝都像现在的君士坦丁十一世，战士也如此拼命，他们或许不用在自己的都城上演这么惨烈的守城战。

几十天过去了，城墙修补的速度越来越慢，防守的力量也越来越弱。

1453年5月28日晚，穆罕默德二世召开了盛大的晚会，他在晚会上宣布第二天发动总攻，一旦城破，全军将士可以抢劫三天。厮杀多日、疲惫不堪的土耳其人好像被打了鸡血，全军发出震天的呼号，所有围城营寨燃起火把，战船也点燃火炬，金角湾被照成了白昼。

第二天，君士坦丁堡里的人被惊醒了，所有人都知道最后的时刻即将到来。他们把圣母大教堂里的十字架搬出来游行，做了最后的弥撒。君士坦丁十一世也发表了最后的宣言：我们的敌人是

---

① "希腊火"是阿拉伯人对东罗马（拜占庭）帝国一种燃烧武器的称呼，是一种以石油为基本原料，可以在水上或水里燃烧的可怕液态燃烧剂，还可以由一根管道喷出，威力巨大。在拜占庭帝国抵御阿拉伯军队和十字军的进攻中发挥了极大的作用。

穆罕默德二世进入君士坦丁堡

用大炮、骑兵和步兵武装起来的，占尽了优势。但是，我们依靠……我们的双手和上帝全能之力赋予我们的力量……我要求和恳求你们每一个人，无论等级、军阶和职务如何，都要爱惜你们光荣的名誉并服从你们的长官。要知道，如果你们忠实地执行了我给你们的命令，那么，我相信在上帝的帮助下，我们将避开上帝正义的惩罚。

奥斯曼的总攻开始了，战斗异常惨烈。土耳其人悍不畏死，前面的人倒下了，后面的人立即补上来，猛烈地冲击拜占庭人的防线。筋疲力尽的守军先是失去了他们最重要的援军将领乔万尼，随后皇帝亲率卫队顶住了冲锋，但其他地方被突破了。土耳其人的弯月旗在皇帝本人失败前，已经插到了城里的制高点。君士坦丁十一世力战而亡，他的卫队也全部阵亡。

拜占庭帝国灭亡了。虽然还有残余势力，但不过是苟延残喘，不值一提。奥斯曼土耳其帝国走到了欧洲的门口，他们接下来还将不断尝试向欧洲内地进攻。这是后话。由于奥斯曼控制了地中海东岸，又与西方的基督教国家彼此仇视，因此，西方的商人便难以通过奥斯曼控制区，东西方之间的贸易几乎断绝了。

欧洲人必须找到另外一条去往东方的通路，否则东西方贸易断绝可能导致欧洲社会整体破产，进而有被奥斯曼人彻底征服的危险。

第八章

大航海开启近代大门

第1节
西班牙是命定之子

前面讲过基督教势力收复西班牙、建立君主集权制政体等内容，现在让我们再次把目光转回到西班牙。阿拉贡和卡斯蒂利亚还在男女双王的统治下继续着统一西班牙的大业。他们也获知了东方的消息，全欧洲都希望找到新的航路。

在哥伦布进行他的远洋大冒险之前，已有许多先驱进行过探索新航路的伟大航行。最早为我们所熟知的是葡萄牙人亨利王子（1394—1460年）。在伊比利亚半岛的统一进程中，葡萄牙人率先独立，建立国家。他们国家相对弱小，首要任务就是保卫国家安全，这就需要供养军队；但是贫瘠的土地产出不足，必须通过贸易互通有无。在过去的几个世纪里，欧洲与非洲西南部的贸易都要经过撒哈拉沙漠，但北非被葡萄牙人的宿敌摩尔人控制，所以，找到一条新航路便是全体葡萄牙人的愿望。

1415年左右，亨利王子的部下开始探索靠近非洲西北海岸的加那利群岛，之后又发现了位于西北部的马德拉群岛，葡萄牙人开始在这里建立殖民地。接着他们深入探索大西洋，发现了亚速尔群岛，这是个无人居住的群岛，葡萄牙人也开始在这个岛上殖民。

之后葡萄牙人不断向非洲南部探索，几十年里控制了西非海岸，并在掠夺黄金和开展奴隶贸易的过程中大发横财。探索世界的野心和利益的驱动，让整个欧

"航海家"亨利王子正在研究航海图

洲的冒险家们都渴望如亨利王子那样，指挥他人或者亲自参与到发现新航路的伟业中来。

在亨利王子叱咤风云的时代，1451年，地中海沿岸的大城市热那亚诞生了一个孩子，他的父亲给他取名哥伦布。这位父亲养育了四个孩子，而且极富家庭责任感，他所有的孩子都受到了良好的教育。哥伦布不仅接受了绘画和设计方面的教育，还精通几何学、地理学、天文学和航海学。这为他将来的航海大冒险奠定了坚实的知识基础。

在开始真正的冒险之前，哥伦布跟着他的叔叔在地中海进行过多次航行。他们顺着当年维京人入侵地中海的航线进行各种商业贸易活动以及作战。没错，在那个充满了暴力的时代，海上并没有任何秩序和规则可言，所有水手都是战士，他们可以进行贸易，也可以随时化身海盗对别的商船出手。

在当时已知的"世界"范围内，遍布着哥伦布航海的身影。他到过冰岛，听当地人讲述维京人大航海的故事；去过突尼斯，在那

里跟北非海盗发生过战斗；也探索过亨利王子发现的非洲西南海岸，在航海的过程中他计算出地球每一次自转需要24小时——这是一项伟大的发现！哥伦布在信件中说："四十年来，我一直在探寻大自然的奥秘。无论船去往何处，那里都会留下我追寻的身影。"

在长时间的航海实践中，以及从各渠道获得的信息使哥伦布意识到地球是圆的。① 根据这一推论，哥伦布认为去印度的道路未必要向东航行，或许一直向西也能够到达印度。这在当时是石破天惊、大胆至极的想法。在未知的浩瀚大洋上航行，跟沿着陆地海岸线航行相比完全是两码事，在他之前甚至无人敢想。当然，这种规模的冒险不是仅凭一帮水手就能完成的，他必须找到资助人。

哥伦布认为欧洲王室有足够的财力支持他的远航计划，而且他也需要欧洲王室的背书，获得率领船队前往未知之地所需要的权威。他先找到葡萄牙王室，毕竟葡萄牙是那个时代最热衷于航海的国度，然而国王若昂二世（1481—1495年在位）拒绝了他，认为一个穷船长不可能完成这样的伟业。

在拒绝哥伦布的同时，若昂二世却无法完全对哥伦布提出的设想无动于衷，于是偷偷派出一艘船向西航行。然而出发没多久，就因为大西洋恶劣的风暴返航了。看来，发现新大陆的荣誉不属于葡萄牙。

接着哥伦布回到家乡热那亚碰运气，同样受到了冷遇，"谁是

---

① 当时，意大利佛罗伦萨的数学家托斯卡内利（1397—1482年）曾给葡萄牙国王若昂二世寄去了一封信，信中表达了"地球是一个球体"，"从欧洲向西航行可以到达亚洲"等论断。哥伦布后来得到了这封信，信中的观点可能启发他去探寻新大陆。

哥伦布？"当时还默默无闻的他根本打动不了热那亚当局，于是，他决定去西班牙碰碰运气。

费尔南多和伊莎贝拉接见哥伦布

到了西班牙，他先去见了几位公爵，他们虽然对他的想法很感兴趣，却还是礼貌地拒绝了他。好在其中一位公爵为他写了推荐信，哥伦布拿着信去求见西班牙双王之一的费尔南多。费尔南多很谨慎，召集当时最有学问的人以及政治家、神学家开了一次会议。在会上，哥伦布给众人讲解了"地球是圆的"，但现场的人怎么都理解不了这一点。如果地球是圆的，那么地球反面的人难道是头朝下行走的？教会人士也不支持这一理论，会议否决了哥伦布的提议。

最终，伊莎贝拉女王的告解神父，作为哥伦布的朋友，为他写了一封推荐信。在信里，他阐述了哥伦布一旦发现新航线将带来的巨大财富，以及如果别的王室资助哥伦布将给国家带来的风险。恰好此时西班牙双王攻克了穆斯林最后的堡垒格拉纳达，于是他们在王宫里接见了哥伦布。

会见时,哥伦布说:"我只希望陛下能给我派几个水手并提供几艘远航船。我估计向西航行两三千英里就会到达印度,进而开辟通往印度的新航线。在这个过程中,我们还会发现迄今为止不为大家所知的富裕强大的国家。作为回报,我希望陛下任命我为新发现土地的总督,同时分得我航行所获财富的十分之一。"

这是把西班牙王室当作合作伙伴而不是老板。伊莎贝拉拒绝了哥伦布。他离开后,女王却陷入纠结之中。哥伦布的气度打动了她,她最终决定以自己卡斯蒂利亚王国的财富做担保,为哥伦布的远航提供资助。

1492年8月3日,三艘排水量100吨左右的帆船在肃穆的气氛中从巴罗斯港(今塞维利亚港)出发了,它们分别是"圣玛利亚号""尼雅号"和"平塔号"。有历史学者将这一天作为欧洲史甚至世界史的中古与近代的分界线。在古代,各地区之间虽然互有交集、有影响,但信息的传播极慢,不同地区的历史以不同的速率展开。公元1492年之后,世界逐渐成为一体,全球视野被打开了。

1492年10月12日,"平塔号"上的一名水手第一个看到了陆地。有人鸣枪示意发现了陆地。很快,所有人都看到了陆地的轮廓。当然他们发现的并不是印度,而是现在巴哈马群岛中的华特林岛,他们将其命名为"圣萨尔瓦多岛",新大陆的曙光就在眼前。1493年,简单探索后的哥伦布历经千难万苦回到了西班牙。西班牙轰动了,他所到之处,教堂的钟声都为他鸣响。伊莎贝拉和费尔南多在宫殿里款待了哥伦布并践行了诺言,封他为新发现地区的总督。

1492 年哥伦布在圣萨尔瓦多岛登陆

　　由于回程时遇到风暴，哥伦布一行忐忑不安地在葡萄牙上岸了。葡萄牙国王若昂二世的内心懊悔不已，他失去了资助发现新航线的荣耀，以及唾手可得的巨大财富。有些嫉妒哥伦布的人向他建议杀掉哥伦布，压下他们找到新航线的消息。若昂二世拒绝了这个卑劣的提议，放哥伦布等人回到了西班牙。若昂二世虽然魄力不如伊莎贝拉，但也表现出了贵族的荣誉感，不失为一位伟大的国王。

　　好运降临到西班牙头上。它与葡萄牙将作为第一代地理大发现的获益者，进而成为"新世界的主人"。新大陆的发现在当时引起了轰动，即使他们没有认识到这是一片新的大陆，认为那是印度，但是王室看到了财富，冒险家看到了机会，从某种程度上说，新大陆的发现改变了欧洲的命运。

　　随着社会的发展和人口的增加，一个国家或地区的资源压力会逐渐达到极限。在这种情况下，要么出现科技的大发展，要么有新的疆土可供开发。如果两者都不具备，社会就会陷入内卷的境地。以欧洲地域之狭小,人口之稠密,奥斯曼帝国阻挡了欧洲通往东方的陆上商路。再这样下去,欧洲就会进入无效益竞争状态,这种状态会让社会耗费大量的人力、物力和财力,而所得却寥寥无几。发现新大陆避免了这种不幸结果的发生,大批寻找机会的欧洲人,都可以去新大陆碰碰运气,而不用在旧世界中内耗。

随着新大陆被发现,西班牙逐渐成为第一个殖民国家,西班牙国王后来也成为神圣罗马帝国的皇帝。如果说发现新大陆开启了地理大发现的狂潮,贸易和海外殖民在欧洲蔚然成风,那么接下来神圣罗马帝国发生的宗教改革则为资本主义的产生做好了精神领域的准备。

第2节
宗教改革来了

在欧洲历史上，神权曾经凌驾于世俗王权之上，但王权也从未彻底认输过，神权与王权之争，几乎贯穿了中世纪的一千年。到16世纪时，黑死病动摇了欧洲人的宗教信仰，文艺复兴冲击了教会的思想禁锢，对天主教会垄断一切的做法，越来越多的人开始敢于表达对它的不满。

天主教会最让当时的人不满的是什一税。所谓什一税，就是信徒需要把收入的十分之一上缴教会。但实际税额往往超过纳税人收入的十分之一，成为民众的一项沉重的负担。再加上普通民众时常因为十字军东征而一次又一次地被征税时，教会高层却通过征收什一税中饱私囊，过着穷奢极欲的生活。就这样，民众对教会越来越不满。

罗马教廷在与法国王权的争斗中失败，被迫迁移到法国的阿维尼翁长达六十八年，史称"阿维尼翁之囚"（1309—1378年）。这导致向教廷和教皇的捐献急剧减少，教皇为弥补财政亏空，更加贪

神职人员兜售罗马教会的赎罪券

婪地向教区摊派赋税。每一个教士都需要向教廷交钱，哪怕新任地区主教，也必须缴纳昂贵的费用来购买上任仪式所用的圣带。每一位神职人员的遗产皆归教廷所有，教廷的荣誉和判决均可用金钱买到。一边是贪婪、富有的高级神职人员，一边是贫苦交加的底层天主教神父，这些底层神职人员对教廷的愤怒日甚一日，犹如地火在燃烧。

天主教对欧洲的影响并不均衡，在西班牙，天主教是统一国家的武器。但是法国在百年战争后的中央集权，让法王面对教皇时拥有充分的自信，在剿灭圣殿骑士团的时候，法王腓力四世甚至可以威胁教皇，阿维尼翁之囚便是法王对教皇的惩戒。欧洲大国中，只有神圣罗马帝国由于诸侯林立，各自为政，无力抵抗神权的侵蚀，受教皇的控制最深。哪里有压迫，哪里就有反抗，内心极度不满的世俗王侯们，在等待一个机会与教皇相抗争。

这个机会很快就到来了。16世纪初，教皇尤利乌斯二世决定重建毁于战乱的圣彼得大教堂①，然而耗费巨大，教廷为了支付工

---

① 圣彼得大教堂被视为天主教会最神圣的教堂。原址为耶稣大弟子、基督教早期领袖圣彼得的墓地。君士坦丁大帝于公元326年在其地修建了一座教堂，称老圣彼得大教堂，于公元333年落成。在此后的一千多年里，圣彼得大教堂经历了多次扩建和重建。1503年，圣彼得大教堂再次开始重建，重建工作持续了一百二十年之久，于1626年11月18日正式宣告落成。圣彼得大教堂现在是世界上最大的教堂，最多可容纳近6万人同时祈祷。

程费用，开始在德意志兜售所谓的"赎罪券"。[1]用现代人的眼光看，这东西与传销无异。当时，萨克森维滕贝格大学有位神学教授，名叫马丁·路德（1483—1546年），他痛斥了教廷出售赎罪券的行为。教会谴责了马丁·路德的说法，并且要求他更改观点。

教会低估了这位游历多国、见多识广、神学基础深厚的神学教授。马丁·路德很快把自己的一系列论文编辑成书，在书中他抨击了教廷出售赎罪券的行为，认为滥发和买卖赎罪券的行为，会让罪人在犯罪时更加理直气壮：既然罪行可以通过购买赎罪券来消除，那么为什么不多挣点钱来赎罪？他还认为，上帝的恩典是所有信徒都可以享受到的，即使没有教廷的赎罪券也可以。

1517年10月31日，马丁·路德把他的《九十五条论纲》张贴在维滕贝格教堂的大门上，并准备与所有前来者辩论。由于11月1日是这所教堂的年度聚会日，他的文章很快就传播开了。

马丁·路德并不想推翻教廷，只是想改变教廷那些令人不安的做法。为了让更多人看懂论文，他把《九十五条论纲》翻译成德文，送给了美

路德把《九十五条论纲》钉在维滕贝格教堂的大门上

---

[1] 根据基督教教义，人是生而有罪的，中世纪的教会宣扬人们可以通过为教会服务，如参加十字军东征、向教会捐赠财物等来赎罪。后来教廷发行了所谓的"赎罪券"，作为信徒生前赎完罪、死后上天堂的凭证，而这种赎罪券可以用钱来购买，成为教会敛财的工具。

因茨大主教，并将之印刷出来，广泛传播，宗教改革在不知不觉中开始了。

很快，那些不满教会拼命敛财的人，都在有意无意地推动文章的传播，那些贩卖赎罪券的人则赶忙为自己的行为辩护。反对赎罪券的一方与维护赎罪券的一方展开了论战，这场论战从教会高层传到各国王室，最后传到了教皇那里。

教皇利奥十世（1475—1521年）正在为财政的事发愁，马丁·路德的文章正好击中了他的痛处。他很想让马丁·路德闭嘴，然而德意志的王侯们一直以来都为必须向教廷缴纳大笔金钱而恼火，王室和议会中的贵族很多都在暗中支持马丁·路德，比如马丁·路德所在的萨克森公国，就一直在暗中保护着他。

1520年，在争论中逐渐落于下风的教廷颁布教令斥责马丁·路德，要求他放弃自己的观点，在被拒绝后教廷又发出绝罚令，开除了马丁·路德的教籍。马丁·路德则针锋相对，连续用德文写作文章抨击教皇的三项特权：拯救灵魂的权力、教皇解释《圣经》的权力和教皇召开全体教士会议的权力。

他的文章中写道：教士和凡俗之人并无不同，每一位基督徒受洗过就是教士，信徒可以通过上帝的恩典和自己对上帝的信仰来拯救自己的灵魂。由于每一位基督徒都是教士，他们都有权自行解读《圣经》，无需一切听从教皇；圣徒是教义的最终权威，《圣经》上没有一句话表明教皇有权掌控所有教士并召集会议。

除此之外，他还抨击了教廷的奢侈生活。他说，基督教世界的主教们，居然比世俗王侯活得还要舒适，这种可怕的情形一定要得到纠正。马丁·路德用德文写作的论文使得德语世界的人们对教会愤怒不已，宗教改革进入深水期。

　　然而，天主教会的反击也随之而来。神圣罗马帝国皇帝查理五世是一位虔诚的天主教信徒，他对马丁·路德掀起的宗教改革浪潮恐惧不已，生怕帝国的诸侯们由此获得与他对抗的工具，因而极力抵制宗教改革运动。罗马教廷除了组织教士批判路德宗的教义，组建宗教裁判所迫害路德宗的信徒，还对自身进行了一定的改革，促进了修会的复兴，其中最具影响力的便是耶稣会。虽然路德宗教义的传播让天主教丧失了不小的领地，但在其统治的领地里，势力却更加巩固。

　　宗教改革虽然使德意志突破了天主教的禁锢，但也加深了德意志的分裂。

　　为了跟皇帝对抗，德意志地区的世俗诸侯于1531年成立了施马尔卡尔登联盟。联盟最初只有神圣罗马帝国的两大诸侯国参与，它们分别是已经接受马丁·路德教义的黑森和萨克森，联盟规定它们必须一致对抗侵犯的敌人。由于有经济上的好处，新的教义让诸侯们有理由不再向罗马教廷贡献，因此不断有新的诸侯加入这一联盟。实际上，在德意志的土地上，已经形成了两大集团，遵守罗马教廷规则的皇帝一方以及认可路德宗①教义的另一方。

　　除了路德宗，其他不服从教皇的教派也在不断兴起，其中最有名的是加尔文宗。

　　加尔文（1509—1564年）出生于法国，年轻时参加了轰轰烈烈

――――――――

① 路德宗，马丁·路德1529年创立，因其核心教义"因信称义"，所以又被称为信义宗，它的创立标志着基督教新教的诞生。

约翰·加尔文

的宗教改革运动。由于法国的天主教势力极其强大，他被视为异端而被迫逃到了瑞士的日内瓦。瑞士虽然离罗马不算远，但山多人稀，民风剽悍，天主教的控制力并不是非常强大，加尔文来到日内瓦以前，这里的宗教改革已经展开。他以其深厚的神学造诣获得了前所未有的权力，从而开始了他的宗教改革试验。

加尔文试图把日内瓦改造成尘世上第一个上帝的王国。这里是一个没有污染、腐化、动乱、堕落或罪恶的公社，日内瓦将成为新的耶路撒冷，成为一个中心，对世界的拯救也将从这里辐射开来。

这种思想已经融入加尔文的生命里，使他变得愈发坚定。他不只是一位富于理想的理论家，更是一位拥有钢铁般坚强、寒冬般严酷意志的领导者，以最严肃、最神圣的态度对待他崇高的乌托邦。在对日内瓦施行精神统治的四分之一个世纪里，加尔文从来没有动摇过，他因此而被天主教势力称为"新教教皇"。

日内瓦的信徒们需要用一种极度简朴的方式生活，他们没有娱乐，也杜绝一切声色犬马，所有的工作都为了一个目的：荣耀上帝。加尔文在日内瓦建立了一个比天主教还要专制得多的政权，他甚至主持了一次对西班牙教士塞尔维特的审判并把他送上了火刑架，这也是加尔文最受诟病的地方。

然而他也做出了巨大的贡献，首先他通过改革让人们恢复了对基督教的信心。在腐朽的天主教区，人们早已对心口不一的主教大人们厌烦至极。宗教改革发生后，德意志境内爆发多次农民起义，这些起义多半是冲着教会去的。更重要的是，加尔文宗对金钱的态度成为日后资本主义发展的一种催化剂。之前的任何宗教包括天主教在内，都在意识形态上鄙视富人，赞美穷人。加尔文宗的教义对富人的看法则是，信徒是为上帝工作、挣钱，挣钱之后反馈社会即可。加尔文宗教义所鼓励的自我克制、敬业勤俭、勇于进取的精神，很快从瑞士传到法国，又从法国传到英格兰和苏格兰，并在当地引起巨大反响。天主教被撕开了一道又一道裂缝。虽然加尔文本人极度专制，但他的理论给欧洲带来了自由的光芒，这真是一个让人意想不到的结果。

英国的加尔文宗信徒又被称为清教徒，他们未来将在新大陆创造开天辟地般的伟业，现在距离那个时间，大约还有二百五十年左右。

在欧洲，宗教分裂的种子已经埋下，未来将在神圣罗马帝国的大地上结出血色的果实。酝酿需要时间，就在欧洲大地上的宗教改革浪潮激荡时，一位英格兰君主以离婚为由掀起了一场影响深远的改革。

第3节
英国的崛起

天主教不允许教徒离婚，这极大地困扰着英格兰的一位君主——亨利八世（1509—1547年在位）。

亨利八世是都铎王朝的第二位君主，他的妻子原本是他的嫂子，西班牙女王伊莎贝拉的女儿凯瑟琳公主。由于哥哥去世，亨利八世被父亲做主，娶了自己的嫂子，与西班牙继续联姻。凯瑟琳当上王后后多次流产，只生下一个女儿，即日后的"血腥玛丽"。亨

亨利八世

利八世以生不出男孩为理由，要求与凯瑟琳离婚。此举遭到西班牙与罗马教廷的坚决反对，英格兰因此与西班牙和教廷交恶。

亨利八世是一位意志极为坚定之人，同时他深受欧洲文艺复兴和宗教改革的影响。正在德意志上演的宗教改革的动因，与他决心与罗马教廷分

道扬镳的目的类似，都是教权和王权对国家权力的争夺。

于是他坚决要跟凯瑟琳离婚，并于1533年迎娶了凯瑟琳的侍女安妮·博林。可惜安妮·博林也没有生出儿子，只生下一个女儿，就是日后大名鼎鼎的"童贞女王"伊丽莎白一世。

在是否与罗马教廷翻脸的问题上，亨利八世有着财政上的顾虑。当时在英格兰，罗马教廷控制的土地和庄园达到了三分之一，英格兰的神父也需要向罗马教廷进献财物，而这一切都来自英格兰人民的供给。财政本身就是王国的基础，缺钱的国王将一事无成。

1534年，英国国会通过了《至尊法案》，规定国王是英国教会的最高首脑，教皇无权干涉英国教会事务；教会召开会议前须经国王批准；现行教规须经国王指定专人审查；教会法庭的职权转移到国王的法庭上。同时，该法案还保留了天主教的主教制度、基本教义和仪式等内容。从此，英国完全脱离了罗马教廷的控制，成为了一个新教国家。实际上，英国的国教并不想改变天主教教义、礼拜的形式或是仪式仪轨，亨利八世只希望脱离教皇的控制，独立出来的英国国教从此成为英王实施统治的好助手。

狂热的天主教徒、凯瑟琳的女儿玛丽女王（1553—1558年在位）上台后，曾短暂地打压了英国新教，处死了数百名新教人士，其中包括坎特伯雷大主教托马斯·克兰麦，她也因此被冠上"血腥玛丽"的称号。"血腥玛丽"在位只有短短的五年，玛丽女王不甘地把王位交给了同父异母的妹妹，即安妮·博林的女儿伊丽莎白（1558—1603年在位），英格兰就此开启了自己的黄金时代。

上位后的伊丽莎白一世重新颁布了曾被废除的《至尊法案》，于是在"血腥玛丽"时代逃往欧洲大陆的新教徒纷纷回国。伊丽莎白女王还修改了教义教规：反对罗马教会对各国教会的控制；反对教会占有土地、出售赎罪券；不承认教会有解释《圣经》的绝对权威；不承认教士沟通神与人的中介作用；认为《圣经》是信仰的最高准则，教徒能够与上帝直接相通；要求用民族语言英语举行宗教仪式，简化形式，主张教士可以婚娶。

与此同时，英国还出现了反对国教的"非国教徒"，他们主张依照加尔文宗的方式来"纯洁"教会，要求清除英国国教中的天主教教义和教规仪式，清教徒由此而得名。1570年，伊丽莎白一世被罗马教廷开除教籍，英国和罗马教廷之间的关系降到了最低点，同时英国和西班牙的关系也濒临破裂。

玛丽女王　　　　　　　伊丽莎白女王

与西班牙关系破裂，也就等于与神圣罗马帝国关系破裂，因为此时的西班牙国王也是神圣罗马帝国的皇帝。

西班牙是通过阿拉贡国王费尔南多二世与卡斯蒂利亚伊莎贝拉女王联姻而统一的，但是，他们仍是各自王国的国王。伊莎贝拉一世先于费尔南多二世去世，她去世后，卡斯蒂利亚的王位不是由费尔南多二世来继承，而是由他们的孩子来继承，费尔南多二世只有在他们的孩子无力治国时才能成为卡斯蒂利亚的统治者。就这样，伊莎贝拉女王和费尔南多二世之女胡安娜在其他继承人都夭折后成为卡斯蒂利亚女王。

在胡安娜继承卡斯蒂利亚王位之前，她已经与神圣罗马帝国皇帝马克西米连一世之子、勃艮第公爵腓力联姻，腓力作为胡安娜女王的丈夫成了卡斯蒂利亚的共治者——腓力一世。胡安娜是一个单纯、善良的女人，她的父亲和丈夫则野心勃勃，都想利用她独掌卡斯蒂利亚的王位。他们先是制造了胡安娜女王"重病"而不能理事的舆论，然后将其软禁，并剥夺了她的实际统治权。

在随后的斗争中，费尔南多二世遭到了卡斯蒂利亚贵族的反对，1506年，双方签订条约，费尔南多二世让出统治权，腓力一世独掌卡斯蒂利亚的大权。然而腓力一世三个月后突然去世。他与胡安娜的儿子查理继承了勃艮第。一年后，费尔南多二世夺取了卡斯蒂利亚的实际统治权，胡安娜继续被囚禁，此后便"疯了"。费尔南多二世去世后，他统治的阿拉贡、纳瓦拉、格拉纳达、那不勒斯、西西里、撒丁，以及整个西属美洲殖民地全部由查理继承。胡安娜去世后，查理又继承了卡斯蒂利亚王位。马克西米连一世去世后，他又继承了哈布斯堡家族奥地利的领地。后来，查理当选为神圣罗马帝国皇帝，就是赫赫有名的查理五世（1500—1558年）。

这个重大的地缘事件影响了之后的欧洲历史走向：一是西班牙王室成为哈布斯堡家族的一个分支，统治了几乎半个欧洲，使得英、法两国都对西班牙抱有潜在的敌意；二是西班牙获得了欧洲低地地区的统治权，这极大地刺激了英、法两国；三是西班牙一跃成为欧洲的霸主，其在中欧的领地奥地利受到奥斯曼土耳其的威胁，出身于哈布斯堡家族的西班牙国王必须起身保卫领地。在宗教改革时代，西班牙人认为自己的使命是尽最大的努力维护天主教信仰的统一，对新教的镇压不遗余力。

查理五世

当时欧洲最显赫的君主。

查理五世之子腓力二世（1527—1598年）是哈布斯堡家族西班牙一支的继承者，他的统治范围包括西班牙和意大利南部的王国、法国境内的勃艮第以及尼德兰地区等，他还在1580年兼并了葡萄牙，成为当时欧洲最有权势的君主。他一改其父大多数时间住在奥地利的习惯，把自己变成了一个真正的西班牙国王。他定都马德里，把这里变成庞大帝国的决策中心。西班牙帝国在腓力二世的统治下臻于极盛，而同时崛起的奥斯曼帝国仍在继续扩张，双方的势力在地中海相遇。一山不容二虎，地中海上只能有一个霸主，这个霸主到底是腓力二世，还是奥斯曼土耳其的苏丹？历史将给出答案。

第 4 节
西班牙海军，出击

  西班牙成为欧洲霸主，控制了地中海西部，便不可避免地要跟自称"黑白海之王"的奥斯曼苏丹发生冲突，所谓"黑白海"指的便是黑海和地中海。奥斯曼的传统是以战争立国，他们的苏丹如果在上位后没有战功，就会被视作软弱无能。新任苏丹塞利姆二世（1566—1574年在位）为了证明自己，必须获得一次军事上的大胜。

  奥斯曼土耳其可以选择从巴尔干进入中欧发起对欧洲的进攻，然而更快捷的方法则是建立一支庞大的海军，控制地中海，迫使意大利和教廷臣服。采取后一方法需要夺取属于威尼斯共和国的塞浦路斯——紧挨着奥斯曼帝国的岛屿，当时被基督徒所占据。该岛是东地中海最大的岛屿，与安纳托利亚半岛隔海相望，地处亚热带，日照充足，地形平坦，土壤肥沃，盛产粮食、棉花、葡萄酒、盐等商品。更重要的是，这里是威尼斯共和国的贸易中转站。但这些都不是奥斯曼人垂涎它的理由，实际上威尼斯人每年都要向奥斯曼帝国缴纳大量贡赋，以确保塞浦路斯的安全。之所以要对它动手，乃是因为这里属于东地中海，是奥斯曼帝国的势力范围，一个被基督教占领的大型岛屿的存在，令奥斯曼帝国的强硬派如鲠在喉。奥斯曼帝国内部也有分歧，获得好处的奥斯曼土耳其人并不想打仗，但强硬派却觉得这关乎尊严，不是金钱所能衡量的。

1569年，当时欧洲最大的兵工厂威尼斯火药厂突然发生爆炸，停泊在附近的威尼斯舰队受到波及，损失了几艘舰船。关于威尼斯舰队在这次爆炸中损失殆尽的谣言不胫而走，这让奥斯曼帝国的强硬派觉得机会来临，他们便可以乘威尼斯人虚弱之际拿下塞浦路斯。1570年，土耳其人开始进攻塞浦路斯，很快攻陷其首府尼科西亚，全歼守军，并把继续抵抗的威尼斯军队围困在法马古斯塔港。威尼斯人向欧洲求救，响应者只有教皇庇护五世（1504—1572年）。庇护五世对欧洲面临的异教徒威胁极为担心，除了自己掏钱组建了一支小舰队，还说服了另一个海上强国西班牙联合起来对穆斯林展开"圣战"。在教皇庇护五世的协调下，威尼斯人和西班牙人最终组建了一支联合舰队。

然而双方各怀鬼胎，腓力二世就曾秘令自己的海军指挥官，在战争中尽量不要让威尼斯人得利。而在一系列密室会议、妥协让步和利益交换后，教皇终于说服西班牙倾力打这一仗。最终，西班牙派出了国王的异母弟唐胡安（1547—1578年）为统帅的舰队，与威尼斯人的大型桨帆船队联合对敌。

1571年10月7日，平静的地中海海面波澜不惊，只有大型桨帆船的划水声划破淡淡的雾霭，西班牙-威尼斯联合舰队在勒班陀找到了奥斯曼帝国的舰队。勒班陀是位于分隔希腊本土与伯罗奔尼撒

半岛的帕特雷湾深处的一个港口，如
果继续向东前进，就会到达科林斯。

奥斯曼帝国海军的主力由96艘加
莱赛战舰组成，指挥官阿里帕夏所
乘的旗舰上有400名步战的精锐，他
们随时准备跳上敌舰厮杀。两军实
力相差无几，双方参战舰船都超过
200艘，船员均超过1万人，划桨手均
超过4万人，战士也超过4万人。只有
在大炮的数量上有所差异，联合舰
队装备了1800门大炮，而奥斯曼舰队
只有750门大炮。

指挥西班牙 - 威尼斯联合舰队的
唐胡安

桨手们奋力划桨，战士和炮手严阵以待，若俯视战场，帕特雷
湾里铺满了舰船，它们分为两边，彼此不断接近。这是地中海上桨
帆船之间的最后一次大规模决战。一千四百多年前，屋大维在附近
的普雷韦扎湾击败了安东尼，奠定了罗马帝国的基础。这一战又会
带来什么样的结果呢？

两军不断接近，炮声逐次响起，火药推动弹丸飞向敌阵，靠在
一起的舰船拼死厮杀。从午后到半夜，平静的海面仿佛沸腾起来一
般，血与火交织在一起。这是君士坦丁堡陷落后"十字世界"与
"新月世界"最大的一次海上争锋，也是伊斯兰势力最后一次在海
上以势均力敌的姿态向西方发起挑战。

炮战与撞击后的激战，从午后一直进行到黄昏，奥斯曼舰队
的主将阿里帕夏中箭身亡，大量的战舰被击沉，虽然战斗还在继

续，胜利的天平逐渐向威尼斯人和西班牙人倾斜。

勒班陀的海面上满是漂浮的残破船只和尸体，火炮的硝烟依然在空气里弥漫。但不管怎么说，战斗还是结束了，勒班陀一战又一次证明奥斯曼土耳其人在海上不占优势。在未来的百年里，他们还将以陆战为主，向欧洲进攻，而此次战役与732年的普瓦提埃一战，被誉为保卫基督教欧洲的两大圣战。这也是基督教世界最后一次联合起来对异教敌人发动战争了，之后西方再也没有以十字军为号召对异教徒开战。各国都将为自身的利益考虑。实际上，此战结束后，威尼斯就鉴于西班牙暧昧的态度，与奥斯曼帝国单独媾和了。法国一直跟奥斯曼帝国保持友好，甚至希望在海上共同夹击西班牙。因为对于法国而言，一个强大的哈布斯堡王室才是最大的威胁。

从这些战后的外交活动来看，宗教信仰作为站队的理由，已经快站不住脚了。战后的威尼斯和奥斯曼帝国，依旧在建造大型桨帆

勒班陀海战场面

船，但他们不知道的是地中海贸易的辉煌时代即将终结，大西洋贸易在哥伦布发现新大陆后正逐步取代地中海贸易，未来的海战将是大帆船在大洋上的战斗，跟地中海内的政治势力无关了。

大战的另外一个主角西班牙，还将辉煌一阵，因为它是地理大发现的引领者，通过新航路的开辟主导了欧洲及世界的新秩序。不过，它很快就要迎来一个强有力的挑战者，这个挑战者就是英格兰。

第 5 节
无敌舰队的覆灭

如果你是西班牙国王，一个横亘在你的王国和北大西洋中间的重要岛国，其国王一脉曾经跟你关系亲近，现在却变成了你的敌人，你是什么感受？你渴望和平并向对方提出联姻的请求，结果却被对方羞辱，你会不会感到被冒犯？更可恨的是，那个国家的女王不仅宗教上与你分道扬镳，还是你领地内闹分裂的尼德兰地区的背后支持者。更恶劣的是，它经常派出海盗船只抢劫你从南美返回的运宝船。就问你，要不要忍下去？

况且你是欧洲霸主，而且海外殖民地能源源不断地为你输送金银，还手握一支号称"无敌舰队"的强大海军；而对方的海军只不过是一群海盗率领的"乌合之众"，船只又小又少，并且整个国家没有常备陆军，只要能把陆军运上那个岛国，就能打倒他们。再问你，你会怎么办？

答案当然是摧毁他们的舰队，登上他们的岛屿，逮捕那个不尊重自己的女王。

这就是伊丽莎白一世时期英西战争发生的大背景。在这场大战爆发前，有一个英国人给西班牙国王带来了巨大的麻烦，他后面还会在"无敌舰队"的毁灭上起到重要的作用。

这个人便是英国海军将领德雷克（约1543—1596年）。德雷克与靠贩卖黑奴发家的霍金斯（1532—1595年）是表亲，他听闻贩卖黑奴获利丰厚，便倾尽家当参与到霍金斯的黑奴贸易中来。结果，他们的贩奴船在前往墨西哥时，遇到了大风暴，船只受损严

德雷克

重。他们要求到西班牙的殖民地港口修理船只，西班牙总督一开始同意，后来又反悔，更下令攻击霍金斯的船队，并将英国船员全部处死——当时西属美洲殖民地是西班牙的禁脔，霍金斯和德雷克历经艰险才逃脱厄运。作为新教徒对天主教的敌视、这次投资的损失以及西班牙人的残暴，让他立志与西班牙人势不两立。此后，他带领私掠船到处打劫西班牙人的运宝船。

1571年，德雷克得到了英国女王授予的私掠许可证，这意味着德雷克攻击或劫掠他国船只的勾当在英国成为合法行为，参与劫掠的船只通常被称为私掠船或武装民船，船长通常被称为私掠船长。这实际上是将海盗行为合法化。为了回报女王，德雷克把劫掠的财物与女王平分。自从获得伊丽莎白女王恩准的劫掠许可证之后，德雷克就率领自己的船队对西印度群岛和中南美洲的西班牙殖民地进行无休止的袭击和掠夺。

德雷克的私掠也是一种商业行为，他的私掠船接收英格兰商人

的投资，然后按照股份比例进行利润分配，而利润则来自打劫西班牙船只。德雷克这种带有商业性质的海盗行为，因为"利益均沾"，得到英格兰各界的广泛认可。

1580年，德雷克率领自己的"金鹿号"帆船，完成了英国人第一次环球航行的壮举。回到英国时，"金鹿号"满载着从西班牙运宝船上截获的黄金、珠宝、香料和丝绸等珍贵物品。股东从这次航海中分得高达4700%的红利，船长和女王获利更丰。

英国海盗不断劫掠西班牙的运宝船，这让西班牙极为愤怒，而英国女王对英国海盗的官方支持以及英、西在宗教、王位继承权方面的矛盾，让双方走向了战争的边缘。然而在当时，除了极度憎恶西班牙的德雷克，其他人包括西班牙国王腓力二世及英格兰女王伊丽莎白一世，都在尽力争取和平。

实际上，双方从1577年就开始断断续续地谈判，一直谈到1587年，尤其在最后这一年里，伊丽莎白一世展现了最大的诚意。然而西班牙人暗杀伊丽莎白女王而扶植苏格兰女王玛丽（信奉天主教，得到英国国内的天主教势力和腓力二世的支持，当时流亡英格兰）为英格兰国王的阴谋败露，玛丽女王随后被处死。这一事件以及英国海盗船攻击西班牙港口的行为，成为引发英西战争的导火索。

帕尔马公爵亚历山德罗·法尔内塞（1545—1592年）是腓力二世最信任的将领，他在1587年集结了4万大军。然而这个时代的战争因疾病导致的非战斗减员非常多，到了1588年，他的大军只剩2万人。但对于英格兰来说，这还是一个可怕的数字，一旦这2万人成功登陆，英格兰仍然难以保全。

在大战爆发前，西班牙经验丰富的海军司令官圣克鲁斯侯爵阿尔瓦罗·德·巴赞（1526—1588年）因劳累过度去世了，腓力二世马上安排了西多尼亚公爵接替他的职位。后世的许多历史学家和军事学者们认为，如果是经验老到的圣克鲁斯侯爵继续指挥西班牙海军，要远比西多尼亚公爵更具威胁性，毕竟圣克鲁斯侯爵曾经参加过多次海战，其中包括勒班陀之役。临阵之前大将身亡，对西班牙来说真是不祥之兆。

1588年6月，西班牙无敌舰队在海上航行了十三天后才从里斯本的罗卡角航行到菲尼斯特雷角附近距离海岸130多海里的海面。老天爷太不帮忙了，海面要么无风，要么暴风。西多尼亚公爵心里越来越没底，食物和水消耗得很快，但还没见到敌人的影子。西班牙人的计划是无敌舰队在海上摧毁英国舰队后，北上与帕尔马公爵的大军会合，然后在英格兰择地登陆，颠覆伊丽莎白政权。结果遇到了各种不利于航行的天气，在海上航行十多天后，西班牙人的信心就被耗光了。

英格兰舰队的情况也未见得好到哪里去。德雷克一直在西班牙海岸附近寻找无敌舰队的踪影，但他们都没发现对方。要知道，在16世纪没有卫星，没有雷达，没有电子导航设备，双方指挥员只能依靠人力传达信息，在茫茫大海上想要遭遇敌人也是需要一点运气的。

在相互捕捉两个月后，两支海军在7月底才在普利茅斯港附近发现彼此，又经过一天在海上的反复拉锯，终于接近到能够开火的范围。战争对将领的意志是极大的考验，西多尼亚公爵在海战方面明显不够果决，结果被迫跌入失败者的深渊。

这是人类历史上第一次大规模的大帆船海战。西班牙出动130

伊丽莎白女王授予德雷克爵位

艘舰船，装有1100门大炮，2.7万人；英国出动了197艘舰船，装有2000门火炮，1.6万人。可谓船帆如云，炮阵如山。西班牙舰队组成新月阵形，英格兰舰队选择排成两列战列线，双方都感到恐惧和震惊。英格兰人被西班牙海军的规模吓住了，西班牙人则震惊于英格兰舰队的灵活和超长的炮程。几十年来，英格兰人一直在研究海战技术，他们的九磅炮打得又远又快。战争并非常人想象的那样，一进入战场就热血沸腾，无所畏惧；刚进入战场，正常人都会感受到恐惧，谁能战胜恐惧并将其化作奋力拼杀的决然，谁就是无畏的勇士，取得战争的胜利。

一天的作战结束后，双方都没有取得令人满意的战果。西班牙人因为船上载着精锐的陆军，总是试图跳上对方的船上贴身肉搏，而英格兰人则希望拉开距离，用他们的长炮轰击。海上交锋与陆地不同，陆地上除了围城战，其他类型的战斗在很短的时间内就能分出胜负，但海战往往会持续比较长的时间。英格兰舰队和无敌舰队在英吉利海峡的海面上缠斗了一个多月，在此期间，因风暴和火药爆炸给西班牙人造成的舰船损失，比被英格兰舰队造成的还要大。

在战斗到第七天的时候，英格兰人放出的火船打乱了西班牙人的阵型。木船怕火，由于无敌舰队的船长们指挥自己的船只尽量避开火船冲击，舰队随之被冲散。当西多尼亚公爵艰难地把舰队重新收拢并准备再次进攻时，舰队所在的海面突然狂风大作，风暴撕碎了船帆，巨浪击沉了战舰。等大风平静后检查损失，西班牙人发现有40艘舰船沉没，至少有20艘船在多岩石的海岸触礁失事，舰队舰只和人员损失了一半。此时，西多尼亚公爵认为自己已经没有把握战胜英格兰人了。

　　英格兰女王在战后给德雷克颁发的勋章上，也刻着"万能的主一呼吸，敌人就抱头鼠窜"的字样，当时的人们认为不是英格兰舰队打败了无敌舰队，而是上帝让英格兰获得了胜利。

无敌舰队被击败

　　此战的胜负不足以说明西班牙的衰落和英格兰的崛起，但英格兰终于彻底解除了西班牙入侵本土的风险，在之后的一百多年里，英格兰还将为争夺海上霸权继续奋斗。

英格兰的安危取决于欧洲大陆会不会出现一个超级强国，如果出现了，她就会面临极大的危险。因此，英格兰需要在欧洲找一个国家作为其在欧洲大陆的代理人，以打压哈布斯堡家族和最可能崛起的法国人。

无论英格兰选中的是哪个国家，都需要铁与血的洗礼。文艺复兴、大航海、王朝争霸和民族崛起的大戏，在欧洲徐徐拉开幕布，战争也将改变形态，变得更为残酷。

宗教、经济、种族、家族的矛盾最彻底的解决方式就是战争。在16世纪末17世纪初，文明之光尚未普照，启蒙思想还在酝酿，民族意识初步萌动，加上宗教矛盾造成的分裂，残酷的牺牲是无法避免的。那么，在哪里解决这些矛盾最合适呢？命运女神指向了德意志地区，一场旷日持久的欧洲内战即将在此爆发。

第6节
三十年战争

　　本节讲三十年战争，这场战争的成因中有一个很重要的点，那就是经济因素，表现为德国世俗王侯希望将财富留在德意志，而不是送给意大利的神父们。英格兰宗教改革背后也离不开经济原因。此外，由于奥斯曼帝国对维也纳虎视眈眈，兼有奥地利和西班牙的哈布斯堡家族，必须集中所有精力应对奥斯曼帝国的威胁，因此在一定程度上放任了德意志境内新教的传教活动。16世纪20年代后，路德宗在半个德意志地区取得了正统地位，德意志的世俗王侯和商业城市都认为新教会保障他们的利益。

　　新教不仅能给民众提供一种简易的祈祷方式，同时还主张不向教廷纳贡，不受教廷管辖，甚至可以瓜分教廷的资产。除经济利益外，当然也有很多人虔诚地信仰上帝，相信他们能跟上帝直接进行心灵沟通，让他们能够以新的形态组织宗教活动。

　　德意志中南部城市奥格斯堡就是一座"狂热"的新教城市，当意大利的洛伦佐·坎佩吉奥以教皇特使身份来这里传达教皇诏令的时候，他被狂热的市民冠以"反基督"的恶号。但由于奥斯曼帝国的威胁，此时的天主教和新教阵营还能勉强和平共处。1529年，奥斯曼退兵后，欧洲的天主教和新教之间爆发了一场战争，结果新教势力打败了天主教势力。1555年，德意志各邦诸侯和神圣罗马帝国皇帝查理五世签订《奥格斯堡和约》，结束了天主教和新教各邦诸侯之间的战争，制定了"教随国定"的原则，承认了路德宗的合法地位，并规定各邦诸侯有权为其自身及其臣民选择宗教信仰（其他新教派别如加尔文宗不在其列）。

然而双方的矛盾并未彻底解决，特别是神圣罗马帝国境内的诸侯们，他们之间的矛盾往往会引入外来势力。因为这个时代并无明确的国家和民族概念，多为家族统治，因此各找亲朋好友加入战团是很正常的事情。

三十年战争，又称为"宗教战争"，是因宗教信仰和国际政治问题而爆发的一次欧洲大战。这场战争并不是一直打了三十年，而是指发生在1618至1648年德意志境内的一系列战争。战争原因错综复杂，不一而足。有人说这场旷日持久的战争是因一个耳光引发的，这也算严肃历史中的一段小插曲吧。

1609年，统治莱茵河畔于利希·克里维斯·贝格公爵约翰·威廉死后无嗣，与他有血缘关系的诺伊堡公爵和勃兰登堡选帝侯都有资格继承这片肥沃的土地。两位继承人竞争激烈，问题一时难以解决，就在这时，哈布斯堡家族想借调停之机把于利希公国收入囊中。诺伊堡和勃兰登堡的统治者也不傻，见有人也想分一杯羹，便立即妥协，约定诺伊堡公爵与勃兰登堡选帝侯的女儿联姻，共同统治领地，双方生出的后代就是这块土地的合法统治者。

1612年，双方举行订婚宴。老丈人勃兰登堡选帝侯其实对女婿诺伊堡公爵不满，清醒的时候还能将不满藏在心底，喝醉后却爆发了出来，他打了女婿一个嘴巴。这一嘴巴打完，婚事自然告吹了。诺伊堡为了对抗路德宗的勃兰登堡，居然改宗天主教，投靠了天主教阵营大佬巴伐利亚公爵。勃兰登堡为了获得援助，便改宗加尔文宗，与加尔文宗大佬普尔法茨选帝侯结盟。两个阵营形成，从而拉开了三十年战争的序幕。

然而，战争真正爆发的原因其实是波希米亚的归属问题，以及皇帝由谁来当的问题。神圣罗马帝国一般是先由选帝侯们选举皇帝，再由教皇加冕。此时已有四个世俗选帝侯投向新教阵营，但在一个宗教阵营的诸侯们，内部也矛盾重重。比如萨克森的韦廷家族，虽然信奉新教，政治上却支持天主教的哈布斯堡家族。总之，各诸侯彼此闹得不可开交，帝位归谁，波希米亚王国归谁，巴伐利亚和普尔法茨同一个家族的两个分支谁说了算？内部已经够乱了，他们还各有外部强援，这就导致局面更加难以收拾。

德意志的新教阵营有英格兰和瑞典的支持，天主教阵营则有西班牙作为外援。还有一个大国的态度很重要，那就是法国。法国是天主教国家，但它支持的是新教阵营。相比宗教上的分歧，法国更厌恶哈布斯堡家族。法国的枢机主教黎塞留（1585—1642年）认为国家利益高于一切，因此，他不惜全力资助新教阵营对天主教阵营开战。

在百年战争后的数百年里，法国一直试图建立一个拥有"绝对权力"的中央政府，以避免境内势力混杂导致国家虚弱，进而导致王朝倾覆。百年战争中的勃艮第公国是英格兰的盟友，此后又成了西班牙王室的领地。西班牙自统一后就跟法国争夺意大利一些领地的统治权，是法国的竞争对手，也是法国建立"绝对王权"的绊脚石；而且西班牙跟奥地利又同属哈布斯堡家族，法国反对西班牙就等于反对维也纳。

在三十年战争前期，神圣罗马帝国皇帝使用的雇佣军起了非常大的作用，击败了新教诸侯们的多次进攻。为了支付军费，皇帝给雇佣军以地方征税权，这不仅让新教诸侯们怨声载道，也让天主教阵营急剧分裂。信心满满的皇帝甚至想推翻1555年签订的《奥格斯堡和约》，把天主教失去的土地和财富重新收回。这不仅得罪了盟友，连对哈布斯堡家族最忠心的萨克森韦廷家族都开始动摇了。

好的政治家，都善于增加盟友而减少敌人。很明显，帝国宝座上的斐迪南二世（1619—1637年在位）不是个好政治家。法国看到时机成熟，立刻出钱怂恿瑞典人出兵。

三十年战争战场

瑞典是欧洲新教阵营的领导者，人口虽然不多，但军队战斗力极其强悍。瑞典国王古斯塔夫二世（1611—1632年在位）是一位军事天才，他将从波罗的海贸易中获得的大量财富用来建设一支欧洲从未有过的强大军队。

他在只有100万人口的小国，建立了一支10万人的强大武装。这支武装当然不可能全部是瑞典人，欧洲的新教徒们为了对抗天主教，纷纷加入他的军队，而且还为瑞典提供了巨额财富。也就是说，古斯塔夫二世的军队是集结了整个欧洲新教势力的军队，而不只是瑞典的国家军队。

古斯塔夫二世

古斯塔夫二世使瑞典成为波罗的海霸主，并跻身于欧洲一流强国之列。

新教徒们既然改变了过去的信仰方式，自然也勇于创新。他们把过去的攻城炮改装用来装备野战部队，让使用滑膛枪的步兵演练轮射法。滑膛枪每次开火前都要装填弹药，速度较慢，不能形成连续火力，古斯塔夫二世便将火枪兵分为四排，前两排开火完毕后退，后两排上前射击，这样轮流开火便形成连续打击的火力。骑兵也进行了重大改革，他认为拿着滑膛枪的骑兵瞄准敌人开火很难，不如放弃火枪直接改成用马刀冲击，在敌人正面部队被火枪兵打垮后，骑兵则从侧翼发动致命一击。他还减轻了炮身的重量，增加炮兵的机动性，使炮兵成为独立兵种，与步兵、骑兵协同作战。经过改革，瑞典军队已经具备现代军队的雏形，古斯塔夫二世因此被视为"欧洲近代战争之父"，也被新教徒们称为"北方雄狮"。

1630年，瑞典军队在古斯塔夫二世的率领下，打着解放新教徒的旗号进入德意志地区。为了团结更多的新教诸侯，他一直小心翼翼地避免给人以"侵略者"的感觉。神圣罗马帝国皇帝斐迪南二世却不断地犯下战略性错误，尤其是他让军队跑去进攻保持中立的萨克森领地莱比锡，并把这座城市夷为平地。这让本来想骑墙的萨克森韦廷家族再无其他选择，只能与古斯塔夫二世合兵一处，对皇帝开战。

1631年9月，古斯塔夫二世率领瑞典和萨克森联军，与帝国天主教势力的军队在布莱登菲尔德相遇。帝国军队的编组战斗方式，是一百多年前西班牙人开创的西班牙大方阵，以长枪步兵组成阵型，火枪兵游弋四周。这种阵型是西班牙人跟穆斯林在多年战争中总结出来对抗骑兵的阵型。瑞典军队则类似近代军队，火炮轰击，火枪轮射，骑兵收割溃兵。

对阵双方兵力相差无几，帝国军队占据了高地，拥有地利，而瑞典军队则拥有更高的军事素养。双方以炮击相互试探，在两个小时的炮战中，瑞典军队以三倍射速压倒了帝国军队。帝国军队反复冲锋，都被击退，虽然在之后的战斗中帝国军队也有过胜利的机会——新教军队左翼的萨克森军队一触即溃，然而瑞典军良好的军事素养扭转了这一不利形势，最终用劣势兵力打败了帝国军队。帝国老将蒂利伯爵（1559—1632年）身受重伤，只是由于瑞典军队也同样筋疲力尽，帝国军队才避免了全军覆没的下场。

这场战役意义深远，它是欧洲近代化部队在战场上的首次胜利，同时避免了德意志被天主教势力重新统治。后来，古斯塔夫二世在吕岑会战中击败了名将华伦斯坦（1583—1634年），但他

自己也中枪身亡。瑞典人在德意志土地上的
目标基本达到了，却付出了他们伟大国王的
生命。

黎塞留

瑞典人没有完成打败哈布斯堡家族势力
的使命，法国人只能亲自出手。1635年，在
黎塞留的策划下，法国正式加入三十年战
争，进攻哈布斯堡家族的势力。既然法国已
经行动，西班牙自然不能坐视不管。到这个
阶段，三十年战争已经不能用宗教战争来概括，因为法国与西班
牙、奥地利虽然都信仰天主教，双方却成为不同阵营的敌人，战争
的性质实际上已经变成了争霸战争。

自此，三十年战争从神圣罗马帝国的内战变成了全欧洲的大混
战，所有的新仇旧恨将要在这段时间里得到解决。西班牙首先要对
付的就是法国，战争全面展开。

从政治层面上看，法国人支持西班牙内部分裂势力，如加泰
罗尼亚①人的独立起义就是法国人资助的。葡萄牙在被西班牙兼
并后一直愤愤不平，加泰罗尼亚人大起义对西班牙造成了严重损
失，葡萄牙也趁机独立。法国人还支持荷兰彻底摆脱了西班牙人的
统治，这里曾经是哈布斯堡家族的领地。荷兰获得独立后，海军和
商业力量迅速崛起。荷兰要扩张自己的力量，不可避免地要与当时

---

① 加泰罗尼亚位于西班牙东北部，濒临地中海，与法国相邻，首府巴塞罗那。
加泰罗尼亚伯国1137年与阿拉贡王国合并，此后是阿拉贡王国中的一个公国。自
15世纪初开始，加泰罗尼亚多次试图脱离阿拉贡王国及统一后的西班牙王国的统
治，一直是西班牙境内分离主义倾向比较强烈的地区。

的海上霸主兼主要敌人西班牙发生冲突。虽然1588年无敌舰队几乎全军覆没，但实力强悍的西班牙并没有因此次战败而迅速衰落，真正导致西班牙海上霸权衰落的是唐斯海战。战争的双方是西班牙、葡萄牙和荷兰、法国，其中法国舰队并未直接参战，但在地中海地区牵制了一部分西班牙海军，使其未能倾全国之力讨伐荷兰。

此前荷兰争取独立的战争已经持续了数十年，英格兰人也支持荷兰人。1639年，西班牙人派出了一支庞大的西班牙和葡萄牙联合舰队征讨荷兰，还派出陆军登陆佛兰德斯收复叛乱行省——这个曾诱发英法百年战争的羊毛集散地。舰队的主要任务是控制英吉利海峡，阻止英格兰人援助荷兰。这支庞大的舰队由77艘战舰组成，由西班牙海军老将奥昆多指挥。

这支舰队虽然不能说是西班牙人的全部家底，但拿去攻打荷兰已经绰绰有余。荷兰议会不敢将全部家底压上，只派出了一支13艘战舰组成的分舰队去抵抗西班牙人。这支分舰队无论在数量上还是吨位上都远逊于对手，但荷兰人的海战技能却压了西班牙人一头，他们把西班牙舰队诱入浅海作战，让西班牙大型舰船的机动力受到了极大的限制。荷兰人也不跟西班牙人排成战列线对轰，而是发挥船小灵活的优势，切入西班牙人舰队中展开混战。硝烟弥漫的海上很难看清局势，混战最后发展成西班牙和葡萄牙的战舰对轰、荷兰人坐山观虎斗的离奇场面。最终，损失惨重的西班牙–葡萄牙联合舰队居然被荷兰人追着打，还被封锁在了英格兰的唐斯。

荷兰议会得到消息后欣喜若狂，立刻动员所有能战斗的船只前往围攻西班牙舰队，并最终用火船引爆了葡萄牙人的旗舰"圣特里萨号"，爆炸又伤及周围的西葡舰船，最后仅剩7艘西班牙战舰逃离战场，其余全部沉入海底。

此战之后，西班牙人的海上霸权时代彻底结束了。虽然之后的西班牙一直在努力重建海军，然而在荷兰人和英格兰人的持续打击下，实力一直没有恢复。祸不单行，西班牙在陆地上对法作战失败，彻底让西班牙沦为欧洲的二流国家。海上荷兰冉冉升起，陆地上法国则变成了超级强国。

战争进行到这里，除了法国人之外，所有人都感到疲惫。如果法国首相枢机主教黎塞留还在，那么法国会继续进攻西班牙的哈布斯堡家族，但他在1642年去世了。对于欧洲大陆的新教徒来说，他们也不想看到一个更强大的法国取代哈布斯堡家族。神圣罗马帝国经过无数次战争的摧残早已满目疮痍，战争的发动者们因为各种原因离世，下一代人不愿意再进行无望的战争，和平的契机终于到来。

荷兰与西班牙之间的海战

《威斯特伐利亚和约》是为结束三十年战争而签订的一系列和约，由于参战各方关系错综复杂，签订各项和约花费了近一年的时间。和约的签订者包括统治西班牙、神圣罗马帝国的奥地利哈布斯堡家族、法国、瑞典、荷兰以及神圣罗马帝国内的勃兰登堡选侯国、萨克森选侯国、巴伐利亚大公国、波希米亚王国等邦国。

这一和约基本奠定了现代欧洲政治的格局和基础，比如再次承认新教的合法权益；新教徒和天主教徒地位平等；法国获得洛林、图林根和凡尔登；荷兰从西班牙正式独立；新教诸侯拥有自主权，但不得对皇帝开战，等等。

值得一提的是，在会议之初各方为座次问题就争吵了很久。皇帝和国王谁更尊贵？法国国王和神圣罗马帝国的子爵怎么排座位？到底以爵位还是国土面积或者军队强弱来定座次？参与方如此之多，到底怎样才能让大家满意并获得平衡？

如果按照传统的方法来定义地位，这一系列争执就是无解的。因此，和约首先要解决的是谈判主体地位问题，最后只能规定：无论国土大小、爵位高低，参与各方一律平等。这个说法听起来是不是有些耳熟？现代国际上奉行的国家不分大小、一律平等的原则就源自威斯特伐利亚体系。

同时，三十年的外交纵横和战场厮杀不禁让所有人都在思考一个问题，这场战争应该以什么来划分阵营。

按照宗教来划分吗？好像不是这么回事。最重要的天主教国家法国不仅没有帮助天主教阵营，还是新教背后的最大支持者。丹麦挑战哈布斯堡家族是法国撺掇的；瑞典出兵，法国直接给钱；瑞典失败后，法国赤膊上阵，几乎打垮了哈布斯堡家族。

1648 年签订《威斯特伐利亚和约》

　　按照家族来划分吗？好像也不是。巴伐利亚和普尔法茨出自同一家族——维特尔斯巴赫家族，但他们一个是天主教阵营的代表性力量，一个是新教阵营最坚定的支持者。

　　那按是否忠君来划分吗？也不对。萨克森的韦廷家族是最忠于皇帝的，但他们最终也跟皇室翻脸并积极参与到反对皇帝的战争中。

　　还是黎塞留说得对，国家利益高于一切。国家与王朝不同，国家是一定范围内人民组成的共同体，而王朝不过是这个共同体的某个统治家族，王朝可以更迭，国家却可以在民族主义的支持下长久地存在下去。英国人、法国人、西班牙人、奥地利人的划分，逐渐取代斯图亚特王朝人、波旁王朝人、哈布斯堡王朝人。

　　《威斯特伐利亚和约》签订带来的另外一个影响是外交上的。三十年战争后期，法国直接参战后几乎灭掉了欧洲哈布斯堡家族。在西班牙、德意志境内，法军战无不胜，攻无不克，取代西班牙成为欧洲大陆最强大的国家。整个欧洲的均势和平衡被打破了，几乎所有的势力都不想看到欧洲出现一个超级强国。对于英格兰来说，欧洲出现一个超级强国，无论是奥地利还是法国或者西班牙，都是一个噩耗。

对于新教国家来说，虽然法国出于国家利益的考量一直在支持新教势力，但谁又能保证它成为欧洲霸主后，一定不会屠杀新教徒呢？哈布斯堡家族压迫过他们，但留着制衡法国也没有什么不好。也从这个时代开始，欧洲外交犹如中国战国时代策士们的纵横捭阖，外交家们逐渐形成自己的传统和外交原则。大航海打开了他们的视野，优秀的外交家代表国家利益，放眼全球，演绎出最波澜壮阔的欧洲大戏。这个时代欧洲的主角，毫无疑问是法兰西。

第九章

近代欧洲大国在形成

第1节
法国的绝对君主制度

百年战争后期，在圣女贞德的鼓舞下，法国人的民族意识率先觉醒。从路易十二开始，法国就试图建立一种"绝对君主制"。任何制度都是社会群体意识的体现，只有大部分人觉得原来那种制度不好，新制度才有施行的可能性。百年战争是典型的王朝战争，王朝战争中的阵营不以国家为界，因此，法国境内有许多亲英格兰的势力，后来哈布斯堡家族也把手伸进法国。时间长了，民众对这种连绵不断的混战感到厌倦，他们需要一个能统一国家的强权带给他们安定的生活。

法国地形以平原为主，这样的地理条件在欧洲算得上得天独厚，法王也容易集中资源进行集权统治。从12世纪开始，法国国王就不断地努力集中权力，到17世纪的路易十四时代达到君主专制之盛。

三十年战争的最大赢家就是法国，它在各方精疲力尽后出兵，切下了《威斯特伐利亚和约》中最大的一块蛋糕，获得了洛林、凡尔登等既富饶肥沃又在军事上处于控扼地位的战略要地。路易十三（1610—1643年在位）的时代是法国代替西班牙成为欧洲超级强国的开端。路易十三和枢机主教黎塞留死后，幼年登基的路易十四（1643—1715年在位）面临的是内有权臣贵族争权夺利，外有强敌虎视眈眈的艰难形势。

枢机主教马扎然

　　每个人都声称忠于王室，但每个人都各行其是，年幼的路易十四跟他的母亲曾两次被赶出巴黎。投石党人暴乱给他留下了深刻印象，亲政后的路易十四并不相信民众，在他心中，能被自己控制的民众才是好的民众。黎塞留的继任者马扎然（1602—1661年）是一个远比黎塞留温和得多的首相，1625年，路易十四母子重返巴黎后，又再次任命马扎然为首相直到其离世。黎塞留和马扎然的外交成果是路易十四获得的最佳礼物。

　　根据人口统计，1660年，法国有2000万人，西班牙与英国各有500万人，意大利为600万人，荷兰共和国为200万人。神圣罗马帝国，包括德意志、奥地利、波希米亚与匈牙利，总人口约为2100万。但这个帝国既不神圣，也不罗马，更不帝国，境内有400多个彼此或敌对或联合的政治主权

投石党起义

体，这些政治主权体最大的也不过200多万人口，各自拥有自己的政府、军队和货币。神圣罗马帝国根本算不上一个真正的帝国，皇帝只是其中比较大的贵族，哈布斯堡家族能真正行使主权的地区也不过只有奥地利，就连匈牙利的新教徒都宁可邀请奥斯曼前来对抗维也纳。

同时期的法国在黎塞留和马扎然连续的铁腕治理下，已经是一个具有中央集权特点的国家。马扎然死后，政府各部门主管曾询问路易十四，以后他们将听取谁的指示，路易十四回答说"听我的！"从1661年3月9日那天起，直到1715年9月1日去世，路易十四统治整个法国五十多年，将法国的王权推向了巅峰。

亲政后的路易十四撤下了被认为是马扎然继任者的财政大臣富凯，以后的法国不再需要首相，也不再需要分权，所有的国事由国王一言决断。然而，法国还有那么多贵族居住在自己的领地上，虽然他们在黎塞留和马扎然时代已经被中央王权驯服，但谁能保证他们永无二心？为了解决这个问题，路易十四用荣华富贵或个人的享

路易十四在凡尔赛宫

受解除臣下的实权。他建造了一座举世瞩目的宫殿，并让全国的大贵族都住进这所宫殿——凡尔赛宫。

凡尔赛宫自1661年开始兴建，直到1689年才彻底竣工。凡尔赛宫占地总面积达111万平方米，建筑面积为11万平方米，园林面积为100万平方米。这片地方原本是一处贫瘠的荒地，路易十四硬是通过强大的国力将其改造为人工的奇观。宫殿华丽壮观，讲究对称协调。园林由法国一流的园艺师加以装扮，处处体现出了人力创造的优美与别致。别墅、运河、花园、草木小径、喷泉、雕塑等的点缀，让整座宫殿园林熠熠生辉。

全国的大贵族都被路易十四集中到这里居住，他们在这里的日常生活就是舞会和各种高谈阔论，当然最重要的是讨好他们的国王。可以说，离开了领地的贵族，永远失去了反叛的能力。他们的领地由"管家"或政府派去的官员照看，他们可以获得土地上的收益，但对领地的实际统治权则逐步丧失。

法国变成了一个由官僚治理的国家，就像当年罗马变成帝国后的黄金一百年一样，法国也进入了它最强盛的时期。国王在全国修建道路和港口，大力发展手工业，巴黎集中了全国大部分手工业者，日益繁荣。无所事事的贵族在宫殿里研究艺术和文学，法国就此成为欧洲的文化中心，法国王室和贵族们的时尚和品味成为欧洲其他王室效仿的对象。

自罗马帝国的奥古斯都以来，没有一个王朝像路易十四时代那样拥有如此多伟大的作家、画家、雕刻家和建筑家，并在礼仪、时尚、思想、艺术上被他国艳羡模仿。外国人视巴黎为心智修养与教

育的中心，许多意大利人、德意志人甚至英国人，都认为巴黎较其故乡更可爱。（威尔·杜兰特《文明的故事》）

　　路易十四通过上述手段加强了君主权力和中央集权，削弱了地方贵族的权力，实现了他"朕即国家"的目标。虽然这个目标的实现是以牺牲臣民的自由和主动性为代价的，但他确实把法国推至权力的巅峰。

　　一个通过中央集权能调动全国巨大资源的法国，与它的那些邻居们比起来就是庞然大物。衰落的哈布斯堡家族已经不足为虑，欧洲其他国家要制衡的对象变成了波旁王朝。

　　路易十四在打破欧洲均势，引起其他国家不安的同时，还因为打压胡格诺教徒（法国新教徒）引起了新教国家的不满与敌意。他认为统一的王朝只需要一种意识形态，一改之前君王对新教徒的宽容态度，取消了旨在平衡新旧教徒关系、给予新教徒平等地位的《南特敕令》，这导致曾经关系良好的新教国家瑞典和普鲁士对法国冷眼相看。

　　法国胡格诺教徒被迫流亡，人数多达几十万，这些坚持自己信仰拒不改宗的流亡者拥有知识、财富和意志。他们中的大多数流亡到了普鲁士和瑞典，此举极大地增强了法国的对手的力量。当然，此时的路易十四不用品尝苦果。这个时候，他正忙于对荷兰动手。

　　要对付荷兰的原因，是法国之前进攻西属尼德兰（今比利时）时被荷兰人搅了好事。荷兰人的动机很简单，唇亡齿寒，西属尼德兰地区一旦被法国占领，接下来就会轮到自己了。荷兰人为了对抗法国，与瑞典和英格兰组成了三角同盟。但脆弱的同盟抵挡不住法国的金钱攻势，很快瓦解，法国联合英格兰对荷兰下手。

英格兰选择在此时对荷兰下手的理由也很简单，大洋上只能有一个霸主，荷兰是英国称霸海洋的障碍。英格兰在两次英荷战争中都没有占到便宜，它很乐意借机打击一下荷兰。

战争的过程毋庸赘述，强大的法军让荷兰险些亡国，出于均势考虑，欧洲其他势力纷纷援救荷兰，但仍无法抵挡法国的攻势。而英国则被这次战争影响了内政，甚至爆发了光荣革命，荷兰亲王变成了英国国王，英格兰转而加入到对抗法国的阵营。路易十四也见好就收，在占领了大量土地后迫使各方坐到谈判桌上。

最后，法荷战争双方于1678年签订了《奈梅亨条约》，结束了战争，荷兰国土得以恢复并得到法国降低关税的优惠，法国则获得了巨大胜利，确认了对弗朗什-孔泰、佛兰德斯和埃诺地区部分城市的占领，这些地区原来一直是西班牙的领土。原本和约还规定法国归还洛林公国给德意志的洛林公爵（法国保留驻军权），但洛林公爵不愿让法军扎根其领地，拒绝在和约上签字，所以洛林继续被法国占领，直到1697年的《里斯维克和约》签订后才归还给洛林公爵。至此，六角形的法国领土初步形成。

此战之后，路易十四得到了"太阳王"的称号，成为欧洲最具权势的国王。而荷兰的执政奥兰治亲王威廉则成为法国的死敌，在他当上英国国王后，极力确保英荷联盟，以对抗大陆霸主法国。

第 2 节
英国绅士式的革命——光荣革命

自从1588年击败无敌舰队后，英国离开我们的视线已经很久了，现在回头看下这一百年里英国发生了什么。把一生献给英格兰的"童贞女王"伊丽莎白一世死后无嗣，她的王位由来自苏格兰斯图亚特王室的詹姆斯一世（1603—1625年在位）继承。这位詹姆斯一世习惯于苏格兰的统治传统和宗教风俗，对英格兰的议会指手画脚，并在宗教上有复辟天主教的企图，这使得英格兰内部纷乱不止。而且他的个人道德也广受批评，粗鲁、贪婪且不尊重任何美德。

当然他的统治也并非乏善可陈，比如他成功地派人在北美殖民，完成了伊丽莎白的遗愿。此外，虽然国内纷乱不断，但总体上保持了和平，对外也没有开启大战。相对于战火纷飞的欧陆，英格兰享受了二十年的和平时光，国力也在吵吵嚷嚷中不断上升。

詹姆斯一世的儿子查理一世（1625—1649年在位）上台后，却没有他父亲的智慧和手腕，他与议会的矛盾愈演愈烈。尤其是，由于他在与西班牙的外交中采取了错误的策略，导致他必须为这些错误政策征收额外的税收，又为了征收这些额外的税收采取了过激措施。总之，查理一世认为如果能解散议会，那么一切问题都将迎刃而解。于是，代表国王的军队和代表议会的军队展开了内战。

很难说内战具体是何时爆发的，从1642年开始，英格兰、苏格兰和爱尔兰都卷入了这场内战。国王的军队训练有素、目标明确，在开始的几仗中打得议会军队抬不起头。然而议会一方拥有长期优势：伦敦巨大的人力和物力资源，商人们的支持，更易筹措的军费——毕竟议会代表大多数的民众。

更容易筹措军费成为议会军制胜的重要因素。打仗需要花钱，没有钱的国王打不起任何仗。从这一点看来，查理一世注定要失败。在清教徒克伦威尔（1599—1658年）训练出一支近代化的军队后，国王封建时代的军队犹如冰雪遇沸水，一触即溃。在1644年的马斯顿荒原战役和1645年的纳西比战役中，克伦威尔率领的议会军大败保皇党军队。查理一世最终被议会囚禁。1649年，查理一世被议会判处叛国罪，执行了死刑，这是欧洲历史上第一个被自己人民合法处决的国王。

詹姆斯一世

查理一世

奥利弗·克伦威尔

随后，克伦威尔建立了一个清教徒式的军政府，自任"护国主"。他是一个狂热的加尔文宗信徒，要在英格兰建立一个清廉的清教徒国家。他的实际权势要远远高于国王，比如他可以未经审判而逮捕任何人。议会想节制他的权力，给他奉上王冠并要求他像国王一样被限制权力，但克伦威尔拒绝了。

克伦威尔是乡村绅士和职业军人、宗教激进分子和社会保守派、政治远见者和宪政倡导者，是个人魅力十足和令人难以忍受的独特结合体。他一方面促进了政权的稳定，一方面又破坏了政权的平衡。如果他活得足够久，或是没有那么迫切地想要建立一个人间天国，或许他的军政府能找到一条既有合法性又能进行有效治理的道路。但这一切都没能实现，随着他的去世，军政府轰然坍塌。其子查理·克伦威尔缺乏能力，不得不屈服于军官团，而军官团也无法获得足够的士兵效忠。在一次全国性的大罢工后，军人统治失败了，议会迎回了查理一世的长子查理二世（1660—1685年在位）。

查理二世的性格比较随和，登上王位后，他兑现了先前与蒙克将军达成的《布雷达宣言》①，承诺：给予所有基督徒"良心上

---

① 克伦威尔死后，国会中不满军官会议独揽大权的长老派议员和新贵族，密谋迎回在流亡法国的查理王子，复辟王政。1660年2月，他们利用驻防苏格兰的蒙克将军控制了局势，并派蒙克与查理王子谈判。4月4日，蒙克与查理王子达成协议，查理王子在荷兰发表了《布雷达宣言》，提出三项承诺：1.对于在革命期间所发生的土地和财产变动予以保障；2.大赦一切革命的参加者；3.保证实行宗教信仰自由。5月8日，国会宣布查理王子为英国国王，就是查理二世。

的自由"，允许他们自由信仰天主教、安立甘宗或是加尔文宗，并废除了克伦威尔时期"清教徒般的禁欲制度"。查理二世与武力解散议会进行独裁统治的克伦威尔不同，他主动表示愿同议会一起共同管理国家。为表诚心，他废除了过去专属于国王的常备军，仅保留少量的王宫禁卫军；同时宣布放弃追回革命时期被拍卖的王室土地，并同意以后每年的王室开支由议会进行拨款。对于英国广大底层百姓而

查理二世

言，查理二世的所作所为既解除了清教的道德禁欲制度，也带回了他们盼望的美好生活。查理二世之后出台的一系列仁慈政策，使他获得社会各阶层的真心爱戴。

查理二世被称为"快活王"，有一大堆私生子，可惜他的王后并未生下合法继承人，王位最终由他的弟弟詹姆斯继承。詹姆斯二世（1685—1688年在位）远远没有他的爷爷詹姆斯一世灵活，在宗教问题上总是跟议会对着干。英国人已经经历了多轮宗教斗争，对此早已厌倦，议会索性邀请詹姆斯二世的女儿玛丽和女婿，法国人的死敌荷兰执政奥伦治亲王威廉来担任英国国王。詹姆斯二世拒绝了路易十四的援军，认为自己的军队足以抵挡荷兰人，结果荷兰人的舰队一靠岸，他军队中的新教徒纷纷哗变，詹姆斯二世逃亡法国，威廉放走了他。威廉不想让自己的老丈人重蹈查理一世的覆辙，不想让自己的手沾上一位国王的血。

威廉三世

1689年1月，伦敦召开议会会议，会上宣布詹姆斯二世退位，由詹姆斯二世之女玛丽和女婿威廉共同统治英国，分别称为玛丽二世和威廉三世（1689—1702年在位）。为避免重蹈覆辙，议会向威廉三世提出了一个"权利宣言"。宣言谴责詹姆斯二世破坏法律的行为；明确提出国王以后未经议会同意，不能停止任何法律的效力；未经议会同意，不能征税；天主教徒不能担任国王，国王也不能与天主教徒结婚等。威廉三世接受宣言提出的要求。宣言于当年10月经议会批准正式成为法律，即著名的《权利法案》。因为在政变的过程中，没有流血冲突，所以这场革命被称为"光荣革命"。

在玛丽和威廉继位之初，英国议会通过了一系列法案，严格限制国王的权力，使其成为名义上的国家元首，而议会则成为国家权力的中心。议员由各地贵族和工商界推举产生并掌握实权。光荣革命后，英格兰才真正成为一个君主立宪的国家，虽然英国没有成文的宪法，但却有宪政之实。

威廉当英格兰国王的时候曾提出一个条件，就是英格兰要给他提供对抗法国人的军费。英格兰因此而对财政和金融进行了彻底的改革，这也奠定了英国称霸世界二百年的基础。

打仗要花钱，而这个钱又不能简单地通过征税获得。之前斯图亚特王朝就是因为横征暴敛而得罪了议会，进而引发了英国内战，导致查理一世上了断头台，威廉三世当然不能再走这样的老路。不征税还要弄到钱，怎么办？有人建议通过发行债券来借款，而借款就需要担保，国会不同意担保，最终只能通过建立银行和公司的方式来筹款。银行就是英格兰银行，公司就是南海公司和东印度公司。南海公司和东印度公司都是向外殖民的公司，获取的高额收益可以作为抵押和担保，给国王借款。

英国人的信用就是这样一步步建立起来的。威廉、玛丽夫妇最初的信用也不坚挺，借旧还新总不是办法，于是成立了英格兰银行进行长期借款。甚至把过去的债务拿给债权人选择：是变成长期贷款，以后与英格兰保持良好关系；还是现在拿钱走人，以后再不会跟你做任何买卖？当时英国的实力已经很强大了，在海外也有了不少殖民地，大多数债权人便选择把短期借款变成长期贷款，甚至变成永续债，跟着英国的殖民军队分红。这样，英国把几乎全欧洲的银行家和英格兰的中产家庭都绑进了这个体系。

英格兰银行成立后，它筹到的钱首先以长期债券的形式借给政府。长期债券的还款期限一般来说是二十到三十年，从当时政府的角度来看，二三十年再还，基本就等于"不还了"。有了这笔长期贷款，战争就可以打下去，以后的事情则由英格兰银行自己想办法解决。向东印度公司借的长期贷款是用贸易特许权作担保的，贸易特许权就是把远东、印度和南洋一带的贸易托付给你，赚到的钱全部归你，别人不能做这项生意。想要做东方贸易的商人认为这种垄断肯定是有利可图的，而且不加入东印度公司的话，就没有办法到东方去做买卖了。南海公司同样得到了特许权。

如此一来，王室的债务体系起到了一个作用，就是把英格兰居民划分为两大阶级：一个阶级就是把钱借给政府的人，他们是极少数的、只有几万人的伦敦商人和世界各国投资者；另一个阶级就是债务人，各地的地主，伦敦的手艺人、店主，诸如此类的，这些人全都是地地道道的英国人。威廉和他的政府，把宝押在这两个阶级的和平上面。最支持政府的人，就是那些借钱给政府的伦敦商人，因为威廉一旦像詹姆斯二世一样倒台的话，他们就血本无归。

1694年以后，一个新的、以融资公司为主的国债体系逐步在英国建立起来。战争的主要开支依靠国债，战争开支在国债中占比达到三分之一。这三分之一是政府可以灵活运用的开支，比起那些有固定用途的收入，可以灵活运用的开支好处明显。英格兰在建立这一套体系后，虽然在硬实力上与路易十四治下的法国还有些差距，但两国真正能够调动的资源已相差无几。

经过光荣革命和财政改革，英国已经具备与法国争霸的条件，但它还需要在大陆上找一个帮手以制约哈布斯堡家族，同时从东边牵制法国，那么这个国家会是谁呢？

英格兰银行的建立

第3节
普鲁士走上历史舞台

普鲁士位于波罗的海东南岸，本是一群蛮族出没的地方。这些蛮族经常对波兰王国进行劫掠，波兰人被骚扰得苦不堪言，于是他们邀请参加过十字军东征的条顿骑士团讨伐这些蛮族，并约定将普鲁士作为条顿骑士团的封地。

条顿骑士团花了六十年的时间征服了普鲁士，并将这里彻底基督教化，将骑士团的宗教性和军事性深深地刻在普鲁士的文化基因里。

波兰和立陶宛等国一直想要征服普鲁士，这样它们就可以把领土扩张到波罗的海沿岸，控制维斯瓦河入海口，因此与普鲁士战争不断。

后来普鲁士逐渐衰落，发展势头被中欧大国波兰遏制，在波罗的海沿岸沉寂下来，直到16世纪勃兰登堡选帝侯当选条顿骑士团大团长，勃兰登堡和条顿、普鲁士才永远连接在一起。

三十年战争时期，神圣罗马帝国境内战火纷飞，民众极度困苦，民族情绪不断上升。勃兰登堡①处于战争的中心地带，瑞典人在这里征粮征兵，短短十年间，勃兰登堡的人口就从60万下降到20万，三分之二的人口死于战乱。1640年上位的勃兰登堡选帝侯弗里德里希·威廉（1640—1688年在位）——常被称为"大选帝侯"——面对国家残破的现状与国外强权和国内分离主义势力，下定决心要把勃兰登堡–普鲁士打造成为一个强国。

此后，勃兰登堡–普鲁士走上了军国主义道路，也就是以强大的武装力量保障国民安全和自主的建国之路。

条顿骑士团攻城略地

普鲁士学习当时的军事强国瑞典，建立起一支全新的军队。军队从新兵开始就对选帝侯效忠，他们组成一个个军团驻扎在各地并

---

① 勃兰登堡位于神圣罗马帝国东北部，易北河和奥德河之间。1356年成为神圣罗马帝国选侯国，1415年成为霍亨索伦家族领地。作为新教的主要邦国，是三十年战争的主要发生地之一。

长期服役，成为职业军人。军官团则来自容克地主阶层，许多地主就是从军队退役得到土地的军官。这样就形成了一个新的统治阶级——容克地主，即普鲁士军官团。他们绝对效忠国家和君主，荣誉感让他们舍生忘死地投入战斗。经过几十年的发展，普鲁士最终成为欧洲大陆上一个具有重大影响力的国家，但要成为一个真正的强国，还需要有利的国际环境加以成全，这个时机没过多久就来了。

在前文讲述宗教战争时我们提过，瑞典能以100万人口供养10万大军，是因为有全欧洲新教徒的支持。如果瑞典一直能维持其在欧洲北部的影响力，普鲁士或许很难出头，但瑞典很快就衰落了，就像南边的西班牙一样。瑞典被打垮后，普鲁士成为全欧洲清教徒的新希望。理解了这一点，才能理解普鲁士崛起的原因。

1685年，法王路易十四废除了《南特敕令》，使至少20万法国胡格诺教徒离开了法国。其中富裕者多数去了英国和荷兰，手工业者和中产阶级至少2万人去了普鲁士。来的人虽然不算多，然而普鲁士却抓住了这次机会，颁布了宗教史上有名的《波兹坦敕令》，其中心思想总结起来只有一条，那就是宗教宽容。

大选帝侯弗里德里希·威廉的诏书一共十四条，简要摘录如下：

1.命令下属官员采购利于法国难民前往德国的船只、马车等装备；

2.你们到法兰克福或者科隆后，可以找到具体的人员为你们办理移民手续；

3.只要你们能落脚，我们的地方你们随便挑，我们提供最大限度的便利和帮助；

4.难民随身携带的个人财产，包括各种商品与器皿应完全免除税款与许可证，并不得以任何方式将其扣留；

5.如果你们发现有无人居住的房屋，就请你们住下，住下后修缮费由普鲁士补贴，而且免税六年，如果原主人找上门，国家负责赔；

6.那些无人的草场和农田，也归难民所有，而且还能免税；

7.宗教难民一落户，我们就完全把你们当作本国国民对待；

8.有特殊技能的难民，比如裁缝等有开业的困难，我们尽力帮助；

9.对种地的难民，有困难我们也会帮助；

10.定居点有矛盾，你们可以内部解决，如果是跟德意志人有矛盾，那么就找两边接受的法庭来仲裁；

11.宗教难民可以拥有自己的牧师；

12.法国难民可以进入政府、军队等机构，普鲁士一视同仁；

13.这些优惠不仅针对法国难民，也针对一切被迫害的人，无信仰者除外；

14.我们在每个行省都会派专门的官员来负责处理这些事，确保落实到位。

如此宽容的政策为大选帝侯赢得了巨大的声望，不难想象这对欧洲受迫害的各种宗教信徒具有多么大的吸引力。从另外一个角度看，普鲁士立国时，对所谓的民族主义并不十分地在意，统治者要建立的是一个理性主导的国家，在这个国家里，每个人享受的权利和担负义务都比较对等。这种实际上的平等政策，必然要求一个高

效的行政体系、具有现代特征的
金融机构、对制造业和农业的补
贴政策。这些政策哪怕在现在看
来都是相当进步的，在当时的欧
洲更是石破天惊，柏林因此成为
当时欧洲最开明的地方。到1700
年左右，柏林有三分之一的居民
会说法语。对宗教难民无条件地
接纳和包容，是普鲁士理性政策
的象征。这种精神，甚至激励了
早期移民北美的欧洲人，他们的

大选帝侯弗里德里希·威廉

目标就是在新大陆建立一个普鲁士式的国家。

　　只有理解了这一点，才能对普鲁士，今天德国的前身的发展
历程有个总体的把握和了解。当时的欧洲形势就是你方唱罢我登
场，除了普鲁士，还有一个新兴的大国俄罗斯，将在历史的进程中
产生巨大影响。

第 4 节
俄罗斯的崛起

历史学家倾向于把基辅和罗斯诸公国时代称为"中世纪俄罗斯",在这个时期最重要的事,恐怕是基辅罗斯人逐渐分化为三个不同的民族,分别是俄罗斯人、乌克兰人和白俄罗斯人。他们之间的区别,取决于在多大程度上受到波罗的海沿岸国家或者更西边一点的波兰的影响。也就是说,越是靠近西边,基辅罗斯人就越像波兰人或者立陶宛人,东边的俄罗斯人,当时很少受西边国家的影响。而1240年确立的蒙古人的统治,则彻底改变了罗斯人的政治环境。

在拔都摧毁梁赞的故事中,有这样的描述:他们摧毁了上帝的教堂,他们在圣坛里倒入大量的鲜血。全城无人幸免于难,所有人都一样地死去,同饮一杯死亡的酒浆。无人呻吟,无人痛哭,无论是父母对子女,还是子女对父母;无论是兄弟对兄弟,还是亲戚对亲戚。所有的人都死了,所有这些都是因为我们的罪孽才发生的。

拔都生于1208年,是成吉思汗长子术赤的嫡次子,这是他率领大军进攻罗斯诸公国之一的梁赞大公国都城梁赞后的记载。他秉持蒙古人一贯的作风，将抵抗者屠杀殆尽。此后，罗斯诸公国之间一盘散沙，被蒙古人各个击破。拔都征服了苏兹达尔公国、基辅大公国等一系列罗斯人邦国。

蒙古人在13世纪是不可抵挡的存在。蒙古人是唯一一个在冬季进攻俄罗斯而大获全胜的民族。其他侵略者，只要在冬季进攻俄罗斯，无一不遭遇惨败。哪怕蒙古人的内斗让他们的进攻不能持续，但仅仅数年的征服，就让几乎所有罗斯人地区全部臣服于蒙古人，也被称为"鞑靼人"的统治之下。

蒙古人的统治方式是粗放的。在罗斯诸公国承认蒙古是他们的宗主后，蒙古人一开始通过代理人，后来则直接通过罗斯王公们征收贡赋。只要贡赋到位，蒙古人就很少干涉各公国的内部事务。除了一般性的贡赋，蒙古人还要求罗斯人提供一些兵源。所以在13、

蒙古首领出征途中的流动蒙古包

14世纪，我们能看到一些罗斯人在蒙古人的军队里任职。为了满足蒙古人的胃口，罗斯各公国只能对内采取高压专制的手法来尽力搜刮财富，假如蒙古人的要求得不到满足，他们的报复将如同火山喷发一般，寸草不留。

蒙古人对该地的统治长达二百四十年，虽然在1380年蒙古人就被莫斯科大公在库尔科沃击败，丧失了实际统治权，但直到1480年，莫斯科大公伊凡三世（1462—1505年在位）才正式宣布不再是金帐汗国的附庸。

蒙古人的统治对罗斯的影响是巨大且深远的。他们对城镇的破坏、对贵族共和的破坏加强了罗斯各公国统治阶层的暴力和专制。蒙古人二百多年的统治隔断了俄罗斯跟西方的联系，令俄罗斯与文艺复兴失之交臂。这也使俄罗斯在之后的几百年一直处在定位不清的困惑之中，自身到底是欧洲国家，还是草原国家？

蒙古人的横征暴敛也导致在最初统治的几十年里，罗斯人的技术水平和文明水平同步下降。在文化上，被蒙古人统治的俄罗斯与未被蒙古人统治的立陶宛、波兰等西斯拉夫人的差别越来越大。从16世纪开始，相对于俄罗斯的高度集权，立陶宛却出现了君主权力变弱的趋势。前者能够汲取所有的力量，而后者却受制于分封的诸侯。俄罗斯最终由莫斯科大公国建立而非立陶宛，也使得它们在文化和政治上渐行渐远。虽然它们由于地缘的原因一直纠缠在一起，但是它们的关系却再也无法像基辅罗斯时代，同属一个文明圈了。

带有蒙古式扩张特点的莫斯科公国，在摆脱蒙古人的统治后不久，就反过来向东征服了曾经的主人——金帐汗国的继承者们：

1552年吞并了喀山汗国，1556年吞并了
阿斯特拉罕汗国，1783年又吞并了克里
米亚汗国。逐渐升级成为俄罗斯帝国。

伊凡三世

1453年君士坦丁堡被奥斯曼土耳
其人攻克之后，末代拜占庭公主索菲
娅·帕列奥罗格嫁给了伊凡三世。君士
坦丁堡的大牧首把东正教独立主教区也
移到了莫斯科。当此之时，莫斯科成
为东正教在世俗世界最大的堡垒。

伊凡三世无疑是俄罗斯历史上最成功的统治者之一，因为他将
俄罗斯东北部各独立公国汇集到莫斯科周围。在位期间，雅罗斯拉
夫尔和罗斯托夫公国、维亚特卡、大彼尔姆、特维尔、诺夫哥罗德
等地最终合并为统一的国家。在攻克靠近波罗的海的城市诺夫哥罗
德后，他宣称："在我的领地上，包括诺夫哥罗德，不得再悬市政
会议的钟，不得再设市政官之职，全国统归我一人治理。"1493年
他采用了"全罗斯大君主"的头衔，统一的俄罗斯国家形成了。虽
然伊凡三世首先使用了"沙皇"这个称号，但并未把它当作正式
的头衔，真正将"沙皇"作为正式头衔的是他的孙子，历史上赫
赫有名的伊凡四世——"血腥的伊凡"或伊凡雷帝（1547—1584年
在位）。

伊凡三世所奠定的俄罗斯帝国雏形，在伊凡四世手上用了相当
残酷的特辖制将帝国熔铸成功。他招了一群对他绝对忠心的贵族
组建成军队，完全听命于他，四处消灭不听话的贵族。他简化字
母，建立农奴制，牢牢地把农民绑在土地上面，让俄罗斯帝国在他

手上成型。农奴制迫使农民彻底变成土地的奴隶，他们不能随便离开自己居住的土地，即便是放弃土地也不行。

在被金帐汗国统治期间，俄罗斯的经济彻底崩溃，商业贸易停滞，罗斯人沦为农奴，后来的伊凡雷帝不过是强化了这一传统。罗斯国家被草原帝国的制度和文化习俗深深影响着，蒙古人的统治嫁接在拜占庭的传统之上，罗斯人也与西欧的自由主义传统隔绝了，他们越来越鞑靼化。有欧洲人这样评价俄罗斯："剥开俄国人的皮，里面是个鞑靼。"如果他们不是有一个伟人推行改革的话，他们很可能被西方甩得越来越远，结局不会好于中亚的那些汗国。

这个伟人就是彼得大帝（1682—1725年在位）。俄国社会主义之父赫尔岑是这样评价彼得大帝的："彼得一世用一种欧洲官职的政体替代了陈旧的地主统治，凡是能够从瑞典和德国法典复制的事物……都运送进来了。但那个没有写出来的部分——在道义上抑制权力，天然承认个人的权利、思想的权利、真理的权利——

彼得大帝

却不能运进来也没有运进来……这个国家在发展，在改进，但个人却一无所获。"

这一评价可谓恰如其分，彼得大帝用尽全力从西方拿来了他所学习到的一切，除了制衡权力的那部分。

俄罗斯的历史可以分为两个部分，即彼得大帝前的俄罗斯和彼得大帝后的俄罗斯。前者是一个地方性国家，后者则是一个世界性帝国。两者的差别不仅在于彼得大帝在波罗的海沿岸建造了新的国都圣彼得堡，而且在他的统治下，俄罗斯发生了翻天覆地的变化。

一方面，俄罗斯取得了前所未有的进步，在经济和文化上都向欧洲靠近了一大步；另一方面，彼得大帝运用专制手腕更加娴熟，俄罗斯经历了更加严厉的专制。有人说他是俄罗斯英雄，也有人说他背叛了俄罗斯人的传统，吸收了太多的西方文明，这就是充满争议的彼得大帝。

彼得大帝即位前，俄罗斯由他的姐姐索菲亚公主掌控。他能够得到俄罗斯贵族的支持战胜姐姐索菲亚，一个很大的原因是那些老派贵族觉得他姐姐在西化的道路上走得太远了。然而他们没有想到的是，彼得大帝亲政后，比索菲亚公主走得更远。他建立的射击军既是他笼络新贵族的工具，也是镇压老贵族的利器。

为了掌控权力，彼得大帝跟所有的绝对君主一样，任用寒门出身的官僚。这些寒门出身的官僚命运系于彼得一人，他们成为专制帝国最忠心的拥护者。一般来说，专制君主如果保守而封闭，帝国也将走向封闭，俄罗斯的幸运在于，彼得大帝非常向往当时拥有先进文化的西方。

彼得大帝深感俄罗斯太过落后，于1697年派遣使团前往西欧学习先进技术和文化，而他本人则化名彼得·米哈伊洛夫下士随团出访，先后在荷兰的赞丹、阿姆斯特丹和英国的伦敦等地学习造船和航海技术，并聘请大批技术人员到俄罗斯工作。回国后，他积极兴办工厂，发展贸易、文化、教育和科研事业，同时改革军事制度，建立欧洲化的陆海军。之后他向瑞典发动战争，以争夺波罗的

彼得大帝在荷兰学习造船技术

海出海口。

这就是历史上的"大北方战争",此战过程复杂且漫长,各方势力分分合合,这里不再赘述。战争结束时,瑞典人丢掉了几乎所有海外领地和波罗的海东岸土地,俄罗斯成为最大赢家。

当然,德意志境内的诸侯也分得了一杯羹,把瑞典在宗教战争中抢去的地盘拿了回来。俄罗斯在大北方战争后一跃成为欧洲举足轻重的力量,瑞典则像西班牙一样沦为二三流国家,退出了大国争霸的舞台。

彼得大帝成了欧洲最强大的绝对君主,他在国内拥有的权力之大,太阳王路易十四看到后也会自愧不如。

按照古希腊人提出的亚欧分界线,俄罗斯最早的地盘,其实被划入了亚洲。后来俄罗斯扩张到了顿河以西,但很多西欧国家并不愿意接纳俄罗斯,随即有人提出了以俄罗斯西部国界线作为亚欧分界线,就是要把俄罗斯排除在欧洲以外。而且从18世纪开始,俄国的边界不断向东移动,如果按照旧时代的亚欧界线划分,俄罗斯毫无疑问就是一个亚洲国家。而俄罗斯地理学家瓦西里塔季谢夫,提出了乌拉尔山、乌拉尔河、大高加索山、土耳其海峡一线的划分方式,改变了西方传统的亚欧分界线的提法。俄罗斯还在乌拉尔山、乌拉尔河一带竖立了亚欧界碑,用实际行动来确定这条分界线。最终,欧洲地理学界在19世纪初基本接受并确定了土耳其海峡、高加索山脉、里海、乌拉尔河、乌拉尔山脉作为亚欧两洲的分界线。俄罗斯也如愿以偿地成为欧洲国家。

在彼得大帝和叶卡捷琳娜大帝之间，俄罗斯经历了六任沙皇，分别是叶卡捷琳娜一世、彼得二世、安娜、伊凡六世、伊丽莎白和彼得三世。关于这三十七年中出现的俄罗斯统治者，有些尖酸的评论家是如此评价的：在这三十七年里，俄国出了六位专制君主，其中有三个女人、一个十二岁的男孩、一个婴儿及一个低能的蠢货。

帝王专制和宫廷斗争是紧密相连的，我们没有必要对其逐一叙述，只需要知道在俄罗斯的这些专制岁月里，帝国的西化进程并没有停滞。与此同时，大家可能注意到一个有趣的现象：为什么俄罗斯有如此多的女沙皇？

这是因为俄罗斯秉承了蛮族的传统和习惯，并不歧视女性，女性也可以成为沙皇。然而如此频繁地出现女性帝王，在世界历史上是不多见的。每位女沙皇上位的原因都各不相同，如彼得大帝的皇后叶卡捷琳娜一世的上位，就是圣彼得堡军事贵族为了维护自身利益的结果。叶卡捷琳娜二世（1762—1796年在位）则是因为俄罗斯在明显落后于欧洲大陆时仍被国内的保守势力牢牢控制住，俄罗斯的改革集团选择这位德意志女人当女沙皇以推

女沙皇伊丽莎白

行改革。无论是伊丽莎白（1741—1762年在位）还是叶卡捷琳娜二世，都是身体强健且能够指挥禁卫军的女中豪杰。

彼得三世（1762年1月5日—7月9日在位）虽然执政时间很短，但他的统治却改变了整个欧洲的历史。在他执政前，伊丽莎白女沙皇正全力指挥俄罗斯军队跟普鲁士军队大战，然而彼得三世却是普鲁士国王腓特烈大帝的狂热粉丝，他上台后便立刻与普鲁士讲和，让身处绝境的普鲁士逃过一劫。某些时候，命运确实起着重要作用，如果伊丽莎白再多活一年，普鲁士或许就要被从地图上抹去了。这种在绝境中突然发生奇迹的经历，也给了后世的希特勒坚守柏林的信心，直到最后，他都在等待类似伊丽莎白去世，继任的沙皇立刻和谈的奇迹的出现。尤其在他听到美国总统罗斯福去世的消息时，他认为奇迹再次发生了，可惜的是继任的杜鲁门总统并不是彼得三世。

彼得大帝之后，俄罗斯的战略是清晰的。俄罗斯外交家、战略家别斯图热夫·留明准确地指出，俄罗斯在欧洲的盟友是奥地利和英格兰，因为他们之间并无任何冲突，敌人则是法国和新崛起的普鲁士，以及永远的敌人土耳其。在18世纪的几次大战中，我们能够看到俄罗斯的立场，当然彼得三世是一个异数，他之后的叶卡捷琳娜二世立刻回归了俄罗斯的传统战略。

现在，我们能够看到一个若隐若现的欧洲地缘战略形态。英法是天然的敌人，西班牙与法国也难成盟友，因此能够对抗西班牙的奥斯曼反而成为了法国的盟友。虽然法国跟奥地利同属天主教阵营，但为了打击奥地利，法国也不吝与新教阵营的瑞典结盟，从而成为俄罗斯的双重敌人。敌人的敌人就是朋友，所以俄罗斯跟英国之间没有化解不开的矛盾和冲突。这一准则至少在18世纪是完全成立的,只是19世纪发生的一系列不可预料的事件,比如英俄中亚大博弈和奥地利的无耻背叛,才让这样的地缘战略形态发生了部分偏移。在波兰王位战争、西班牙王位战争、七年战争和之后的拿破仑战争乃至克里米亚战争中,我们都能看到这一地缘战略形态隐隐发挥着作用。

彼得三世执政时间极短,但他的作用不可忽视,一是前面提到的他与普鲁士无条件媾和事件,二是他迎娶了一位德意志公主,也就是与彼得大帝同样享有大帝称号的叶卡捷琳娜二世。

彼得三世　　　　　　　　　叶卡捷琳娜二世

叶卡捷琳娜二世坐上女沙皇宝座的时候已经三十三岁。这位来自德意志小公国的公主具有极强的政治天赋,在发动一场宫廷政变并处死了自己的丈夫后,叶卡捷琳娜二世开始了一位女沙皇的冒险旅程。

叶卡捷琳娜二世上台后开展了一系列改革活动,比如重新划分行省，制定贵族参政的规程等，这些都令她的权势更加稳固。但大帝的称号必须有战功来支撑，研究俄罗斯的历史学者们都认为俄罗斯当时面临三大问题，分别是瑞典问题、土耳其问题和波兰问题。彼得大帝通过大北方战争解决了瑞典问题，从此瑞典不再是俄罗斯的主要敌人。叶卡捷琳娜二世则解决了土耳其问题和波兰问题。

凭借她麾下那些善战的将军和善辩的外交家，俄罗斯对土耳其及其属国发动了多次战争，把克里米亚地区从土耳其的统治中分离出来，并在黑海获得了俄罗斯的要塞塞瓦斯托波尔。1792年，土耳其承认了俄罗斯对克里米亚的占领，俄罗斯的扩张延伸到南部的自然边界，并可以由此将势力伸展到高加索地区和中亚腹地。

如果说对土耳其，叶卡捷琳娜二世采取的手段类似割肉，那么对波兰，她则将其瓜分肢解。

波兰立陶宛联邦，是一个内部松散的联邦性政体，波兰人自豪于他们的自由和非专制体制，然而这样的体制对于周边那些汲取资源能力极强的大国来说，显得波兰太过软弱。普鲁士的腓特烈大帝从"七年战争"中缓过气后，为了与俄罗斯维持良好的关系，并补偿奥地利在"七年战争"中的损失，提议三国瓜分波兰。

通过先后三次的瓜分①，三个国家肢解了波兰。一个古老的

---

① 1772年8月，俄罗斯、普鲁士、奥地利三国第一次瓜分波兰，波兰失去21.7万平方千米的领土（30%的领土）和超过400万人口（三分之一的人口）。1793年，俄、普两国第二次瓜分波兰，波兰失去30.8万平方千米的领土（约42.6%的领土）和400万人口。波兰被两次瓜分后，面临着亡国的危险，1794年，柯斯丘什科领导波兰人民举行民族起义，结果遭到俄、普、奥三国的联合镇压，起义失败。1795年，俄、普、奥三国将波兰剩余的领土和人口全部瓜分。此后，波兰从欧洲地图上消失了一百二十三年之久，直到第一次世界大战后才得以复国。

欧洲强国消失了，三个国家则得到了大片土地和人口，而且这三次瓜分让普鲁士、奥地利和俄罗斯三国能够更紧密地勾结在一起。对于俄罗斯来说，瓜分波兰的得与失一言难尽，因为俄罗斯获得了一群跟他离心离德的人民，无论是立陶宛人、乌克兰人还是波兰人，都不承认俄罗斯是自己的祖国，经过二百多年的发展，这些国家最终都获得了独立。

瓜分波兰的讽刺画

但无论如何，叶卡捷琳娜二世之后的俄罗斯，以欧洲大国的姿态出现在历史的舞台上。此时欧洲的主要大国有英国、法国、奥地利、俄罗斯，还缺一位就齐全了，而这个国家已经做好了所有的准备。

第 5 节
七年战争——普鲁士时代来临

普鲁士的时代即将到来，1640年后的改革令它逐步具备了大国素质，尤其是拥有优秀的士兵、清廉的公务人员。更重要的是国际局势对其非常有利，瑞典失败后，普鲁士变成了欧洲新教徒新的希望，他们逃出母国来到普鲁士，如同来到了新大陆。

普鲁士成为王国是1708年的事，这时神圣罗马帝国皇帝正与强大的法王路易十四打西班牙王位继承战争。普鲁士士兵此时已经有了非常好的声誉，他们服从命令、作战勇猛、吃苦耐劳，普鲁士向神圣罗马帝国皇帝借出8000名训练有素的士兵，皇帝一方面付出高额雇佣金，另一方面允许普鲁士升级成"王国"。人民和容克贵族欢欣鼓舞，他们终于有了自己的国家，然而这个国家在成为欧洲大国之前，还要不断地流血牺牲。

普鲁士的崛起当然有其自身因素，人民吃苦耐劳，士兵勇猛善战，容克军官团荣誉感极强，军人战斗水平很高，连续出现优秀的君主。但只有这些内因还不够，前文提到的有利国际环境，正是助

腓特烈一世

力普鲁士崛起的最大外因。

当时的英国需要在欧陆扶持一个大国来牵制奥地利和法国，新教徒需要一个希望之地实践他们的理想，普鲁士本身的素质又正好符合这些要求。但这些都需要通过战争来实现。

普鲁士参与的第一场大战，就是被誉为第一次真正意义上的世界性大战的"七年战争"，这场战争基本塑造了当今欧洲的格局。

这场战争爆发的背景是：神圣罗马帝国实际上是由各种王国、公国、侯国和伯国及更小的主权领地组成的集合体，帝国财政主要依靠各主权领地上缴赋税，既然税收由邦国自行收取，那么向中央拖欠税款也是无法避免的了。18世纪的神圣罗马帝国已经摇摇欲坠，就连哈布斯堡王室自己都怀疑，为什么还要维持帝国的存在。

同时，欧洲封建制度的继承关系非常复杂，有时一个国家的继承问题会跟全欧洲的王侯有着千丝万缕的关系。神圣罗马帝国作为一个影响力极大的政治体，它的继承人问题，也可以说是全欧洲的问题。1740年，皇帝查理六世（1711—1740年在位）晏驾，长女特蕾莎（1740—1780年在位）继承了王位。因没有男性继承人查理六世在世时，为了确保女儿特蕾莎顺利继位而颁布了《国事诏书》，获得了欧洲各国王室的认可，特蕾莎上位本无可厚非。但查理六世一死，各国相继发难。

神圣罗马帝国皇帝查理六世

特蕾莎女王

厉兵秣马的普鲁士国王腓特烈二世（1740—1786年在位）首先发难，以特蕾莎女王没有继承资格为名，出兵入侵哈布斯堡家族最富饶的西里西亚地区，奥地利王位继承战争爆发。1741年，普奥两军在莫尔维茨发生激战，奥军战败，特蕾莎被迫同腓特烈二世签订城下之盟，割让整个西里西亚。

大国们各自怀抱不同目的选择阵营，是这个时代欧洲国际政治的显著标志。国王们和他们的军队，以及外交家们都在竭力实现本国利益最大化。

对于普鲁士来说，德意志土地上的哈布斯堡家族早已腐朽，却还执德语民族之牛耳，这让人不服。对于英国来说，与法国在全世界进行争霸，从印度到北美，当然在对抗中也有合作，这需要灵活地选择盟友。对于哈布斯堡家族来说，保住既有的权位和利益是他们最迫切的需求。对于俄罗斯来说，要把触角伸入欧洲腹地，成为欧洲有影响力的大国。对于西班牙来说，他们和哈布斯堡家族一样，实力已经不足以保住他们在全世界的利益，也需要大国作为依靠。

简而言之，新兴的大国要求打破原有的利益体系，而原来的大国则想保住既得利益体系，教廷也在风雨飘摇中努力维系自己在欧洲的地位。想要打破僵局，只有靠战争。

特蕾莎女王通过割地与普鲁士讲和后，便集中力量向当时主要的敌人巴伐利亚和法国发起反攻。这时，维特尔斯巴赫家族的巴伐利亚选帝侯卡尔·阿尔布雷希特获得了法国和多数德意志诸侯的支持，1742年在法兰克福登基为神圣罗马帝国皇帝。但第二天，他的巴伐利亚大本营慕尼黑就被哈布斯堡家族的军队占领。1745年，巴伐利亚选帝侯放弃了皇位，哈布斯堡家族保住了皇位。

与此同时，英、法在新大陆围绕殖民地也展开了激战。双方在当地拉拢不同的印第安人部落为他们的利益服务，缺乏政治实体的印第安人只能以部落形式参与到这种本与他们毫无关联的血肉战争中。

获得西里西亚的普鲁士，人口几乎翻了一番，西里西亚发达的工业基础和肥沃的土地大大增强了普鲁士的经济实力。得到西里西亚的普鲁士才真正拥有了成为欧洲大国的硬资本，进而有了被英国当作新盟友的资格。

英国和法国在海外的战争如火如荼,在加拿大、密西西比河流域、加勒比地区、印度等,双方都在彼此绞杀。这个时代的欧洲列强,谁能掌控海外巨大的市场,谁才有未来。因此,由奥地利王位继承战争引发的一系列战争,是某种意义上的"第一次世界大战"。

七年战争中的腓特烈大帝

特蕾莎女王虽然保住了哈布斯堡家族的皇位,却丢掉了西里西亚。这对于哈布斯堡家族来说,是不可承受的损失,因此她接受了首相考尼茨的建议,撕毁了与普鲁士的协议,转头跟百年宿敌法国合作。

在此之前,哈布斯堡家族的盟友本是俄罗斯和英国,而普鲁士的伙伴则是哈布斯堡家族几百年的老对头法国。英国政治家判断，欧洲大陆的四个强国，奥地利和俄罗斯已经与英国结成同盟，如果普鲁士也变成英国在欧陆的打手，不仅可以制衡法国，还能制约哈布斯堡家族的扩张。另一方面，普鲁士也在考虑，它当前的敌人是奥地利，但东边的俄罗斯对它也有潜在威胁，如果英国支持普鲁士，俄罗斯就会因为英国的关系与普鲁士交好，普鲁士就能集中精力对付奥地利。

1756年，英国和普鲁士签订《英普协定》，没想到此举极大地刺激了奥地利和俄罗斯。特蕾莎于是采用考尼茨的建议，正式提出与法国结盟；法国看到普鲁士的举动，也决定与普鲁士决裂。就这样，原先的盟友变成了敌人，原先的敌人变成了盟友，这就是所谓的"逆转同盟"。

普鲁士的腓特烈二世是一名铁血军人，但也是一位开明君主。他以法国启蒙巨匠伏尔泰为师，在陈腐的欧洲大陆君主中算是一个异类。在他还是王子的时候，就写过《驳马基雅维利》一书，在这本书里充满这样的词句："为赢得民众和伟人的爱戴"，"王子必须集人道和宽容于一身"，"做正直与美德的源泉"，"以智慧激励信心"。

对腐朽的奥地利、法国和俄罗斯，内心极度鄙视它们的腓特烈二世讽刺这三个国家是"三条裙子"，因为奥、俄、法三国的执政者皆为女性，即奥地利女大公特蕾莎、俄罗斯女沙皇伊丽莎白和法王路易十五的情妇蓬帕杜夫人（1721—1764年），此话极具侮辱性。逆转同盟建立后，奥地利、俄罗斯和法国同时对阵普鲁士，英国则在背后支持普鲁士。

蓬帕杜夫人

战火在欧洲和新大陆同时燃起。只有600万人口的普鲁士要单独对阵三个欧陆强国,这对英国极为有利,英国只需要出钱,普鲁士负责流血卖命,即使普鲁士失败,英国也不会有致命损失。被普鲁士牵制住的法国,则会在争霸中落于下风。后来战争的结果也正是如此,法国在1756年到1763年的七年战争中,几乎丢光了所有的海外殖民地。

海洋国家相比大陆国家有天然的优势。海洋国家有大海作为屏障,英国参与欧陆争霸时没有亡国之忧,还可以利用源源不断的海外资源来支持战争。欧陆国家只有本国资源可资利用,一旦失败,就有国家倾覆的危险。唯一能摆脱大陆国家命运的只有俄罗斯,它在西方的失利可以在东方获得补偿。从18世纪开始的这种欧陆格局,持续了一百多年。而此时,无论是奥地利还是普鲁士,抑或法国,对此都没有深刻的体会。

普鲁士面临生死存亡,在绝望中奋起的腓特烈二世只能先发制人。1756年8月，普鲁士突袭萨克森，迫使萨克森投降。1757年11月，腓特烈二世在罗斯巴赫用斜线战术大破法奥联军，战斗进程很短促，普鲁士战胜了两倍于己的敌人，取得大胜。由此，英国看到了普鲁士的战争潜力，决定大幅增加对普鲁士的援助，支援的军费从16万英镑涨到115万英镑。

洛伊滕会战

接下来的洛伊滕会战是普鲁士历史上最辉煌的胜利之一。1758年12月，会战爆发。战斗双方是由洛林亲王和名将道恩元帅指挥的6.5万奥军与腓特烈二世率领的3.5万普军。普鲁士军队虽然人数比对手少了近一半，但普军对当地的地形更加熟悉，也提前做了完善的准备。在战斗中，奥军左翼被普军击溃，道恩元帅将右翼军队调动到左翼时，腓特烈二世抓住了调兵混乱中的机会，普鲁士掷弹兵团奋勇突进，主力绕后包抄，一举击溃了奥军。此役普军以伤亡6000人的代价换取了奥军2万人的损失，其中1.2万人被俘。战后普军骑兵穷追不舍，又俘虏了2000人。腓特烈二世重新夺回西里西亚（1757年11月，奥地利军队攻占了西里西亚首府布雷斯劳，西里西亚大部分地区重归奥地利治下），他在战斗中所表现出的勇气和才能，使整个欧洲为之惊叹。拿破仑称洛伊滕战役是"动机和决心的杰作"，仅此一役就足以使腓特烈二世跻身于伟大军事统帅之列，并让他获得了"大帝"的称号。

洛伊滕战役后，普鲁士人大打运动战，以少数兵力快速机动，几乎阻挡住了几路强敌的围攻。但法国、奥地利和俄罗斯作为老牌欧洲强国，与普鲁士之间的巨大实力差距并非战术胜利可以弥补的，哪怕有全欧洲的新教徒支持也不够。1759年在奥得河一战中，俄奥联军给普军主力以毁灭性打击，几乎使其全军覆没，腓特烈二世也险些丧命。他在给一位朋友的信中说道："两匹马在我身下被打死了，而我还活着，这是我的不幸。我的一支4.8万人的军队只剩下3000人。实话告诉你吧，我认为一切都完蛋了，再也不能收复我父亲的土地。再见吧！永别了！"随即，俄军攻占柏林。普鲁士山河破碎，亡国在即。雪上加霜的是，英国看到普鲁士的惨状后认为支持普鲁士不再符合自身利益，也不想被普鲁士绑架在欧陆战场上，各路英军也开始打退堂鼓。

就在普鲁士濒临绝境的时候，奇迹发生了，极度憎恶腓特烈二世的俄罗斯女沙皇伊丽莎白突然去世，狂热崇拜腓特烈二世的彼得三世继位。彼得三世一上台，立刻宣布退出反普同盟，将俄军所占土地全部归还普鲁士，并与普鲁士结盟。这种莫名其妙的举动使普鲁士绝处逢生，并导致法俄奥同盟瞬间瓦解。在俄罗斯退出战争后，1762年7月，普军在布克斯多夫击败奥军，奥军几乎全军覆没。最终在英国的调停下双方决定议和，结果是普鲁士放弃萨克森保留西里西亚。从此，在德意志的土地上，普、奥将长期展开争夺德意志民族前途主导权的斗争，直到普鲁士彻底获得胜利。

由于法国深陷欧陆战场，投入到海外争夺的资源严重不足，除了在地中海梅诺卡岛海战中击败英国舰队外，其他的海外战场都惨遭失败。1757年，英军攻占孟加拉，将其归于英国治下。1759年，英国舰队先后在拉古什和基伯龙湾击败法国舰队。1760年，英国占领法属加拿大、路易斯安那部分地区和西班牙殖民地佛罗里达。1761年，英国占领法国在印度的主要据点本地治里等地，法国势力几乎被赶出印度。1763年，英、法两国签订《巴黎条约》，法国将其在北美、西印度群岛、非洲和印度的大片属地割让给英国。

至此，法国几乎丢光了海外殖民地，只保留了南美洲的圭亚那，纽芬兰沿海无足轻重的圣皮埃尔和密克隆群岛，以及少数西印度群岛岛屿，就连西班牙也因为帮助法国人而不得不放弃北美的佛罗里达半岛。英国由此成为世界殖民霸主，成为真正的"日不落帝国"。

在金融市场上，英国政府建立了良好的财税债务体制，法国有钱人宁可拿钱去购买英国发行的债券，也不愿意借给路易十五。法国政府自1307年的"黑色星期五"事情以来，对待债主的方式实在过分，赖账和找借口杀死债主的行为发生过多次。可以说，面对英国的全球攻势，法国能依靠的只有巴黎城里的手工业者和城外的农民，路易十五和他的一小撮宠臣在这些可怜人的身上再怎么搜刮，也没法拿出与英国相当的军费。法国人的失败印证了一句俗语：出来混，迟早要还的。

　　英国独占印度使英国真正走上了全球殖民帝国的道路，由于统治印度的微小成本和巨大收益，使英国对欧陆其他大国逐渐呈现碾压态势。之前的欧洲是大陆强国主导的欧洲，1763年之后的欧洲，则是受海洋强国摆布的欧洲。

第十章

科技和人文的力量

迄今为止，我们都埋首于政治和经济的分析中，对科技人文的力量介绍不够，将在这一章补足。

从17世纪到18世纪，欧洲的战争从未间断。这一方面要归因于工业革命，让火枪和火炮技术不断提升，任何国家只要发现别国在军事科技上有所进步就会立刻模仿，让自己的军队也能早日用上最先进的武器。不断提升的军事科学技术也让欧洲的社会形态有了天翻地覆的变化。以前的封建领主依靠石头城堡就能抵挡来自敌人的进攻，但大威力火炮的出现，让曾经坚固的一座座城堡在火炮下呻吟、陷落。16世纪初的意大利战争中，法兰西的大炮就让意大利各小邦领主吃够了苦头。既然城堡不再可靠，随着野战规模的不断扩大，所需要的人力也不断增加，封建王朝战争逐渐消失，全民战争就此登上了历史舞台。

中世纪骑士比武

　　大规模军事战争的需求反过来又促进了科技在工业中的运用，机械制造、生物学、医学等都在蓬勃发展。欧洲的军事力量也随着工业技术的发展而突飞猛进，在1689年还让整个欧洲战栗的奥斯曼人，一百年内就成为欧洲的"鱼腩"，任何一个大国只要愿意并能腾出手，就能轻松收拾它。

　　曾经的王朝战争与百姓没有太大关系，只是封建骑士之间的战争，到了这个时代，战争的模式已经改变。驱使平民上战场有两种方式，一种是奥斯曼式的用鞭子和严苛的军法来强迫民众参与战斗，另一种是普鲁士式，国家让渡一部分权利来换取民众上战场作战。

　　普鲁士是后起之国，处于四战之地，国家根底薄弱，因此，该国最早给全民让渡权利。18世纪初的普鲁士就颁布了义务教育法令，由国家为百姓提供义务教育，这种体制一直延续到现在并被所有国家采纳。普鲁士还建立了退伍兵福利制度，退役军官的安排则更加妥帖，他们一般都能获得土地成为地主，地主中再产生军官，普鲁士军官团就是普鲁士容克地主，两者是同源同构，从而组成了普鲁士的脊梁。

　　科技进步和军队组成的变化，加速了欧洲国家近代化的进程，同时期的人文思想也在这些国家生根发芽。宗教改革之后，以法国为中心诞生了启蒙运动。这是文艺复兴之后，欧洲第二场思想解放运动。它宣扬理性，提倡天赋人权，以及思想、宗教和言论的自由，反对专制、愚昧及贵族特权。这一时期的启蒙运动，覆盖了各个知识领域，如自然科学、哲学、伦理学、政治学、经济学、历史学、文学、教育学等。

伏尔泰与腓特烈大帝

前文讲过普鲁士国王腓特烈二世本人就是思想启蒙巨匠伏尔泰（1694—1778年）的弟子。1736年，他写信给伏尔泰表达了仰慕之意，"假如我有朝一日到了法国，第一个要求就是得知伏尔泰先生住在何处"。伏尔泰也对他赞誉有加，十分赞赏腓特烈二世的名言"国王应是国家的第一仆人"，并高度评价了后者使用的诸如"公道、仁慈、博爱"之类的语言。这说明即使在欧洲腹地，启蒙思想也开始萌动。相比哈布斯堡王室和波旁王室，普鲁士的霍亨索伦王室绝对算得上欧洲的开明派，普鲁士也是所有渴望自由的人民向往之地。

我们在讲述希腊历史时，曾用了大量篇幅介绍希腊哲学，因为没有这些哲学思想，就不可能有古希腊和古罗马璀璨的文明。欧洲启蒙运动同样具有重要意义，没有17—18世纪的启蒙思想，就不会有之后的美国革命和法国大革命。

启蒙运动最早的代表人物是英国思想家托马斯·霍布斯（1588—1679年），他认为人的本性是自私自利的，当这种本性处于自然状态时，便会导致人与人之间的冲突乃至战争。这样的社会是一种丛林社会，人生活于其间，充满了混乱、危险和痛苦。为了改变这种状态，人们需要让渡自己的一部分权力，由国家来建立和维持一种秩序，以获得一种更好的生活。另外一位英国哲学家洛克（1632—1704年）坚决反对他的这种看法，洛克认为自发的秩序如果是专制的话，那还不如没有国家权力。人类的理性会让人类自己组成一个个小的组织，而在这些组织之内，有约定俗成的习惯法。

　　法国几乎全盘接收了文艺复兴的遗产。路易十四统治时期，法国称霸欧陆，文化上也是欧洲的引领者。巴黎是当时欧洲的哲学、艺术和文化中心，大量的人才聚集于此。哲学家的代表人物是笛卡尔（1596—1659年），他的观念是"我思故我在"。一切事物都是因为我在思考，或者是以我为中心，我在观察、思考这个世界，所以"我"这个本体才存在。他还发明了两个概念，一个是主观，一个是客观。笛卡尔是西方现代哲学的奠基人之一。他深信二元论，认为肉体和精神是分开的。有人问他，你的精神在哪里呢？是飘在身体里的哪一部分呢？你是在什么地方进行结合的呢？他说肉体和精神结合的地方就在松果体。

　　斯宾诺莎（1632—1677年）弥补了笛卡尔理论的缺陷，他认为万物皆有灵，肉体也好，精神也罢，都在灵的范畴内。将两人的说法综合起来的是哲学家莱布尼茨（1646—1716年）。他想用科学来解释神学，提出了"单子论"，认为单子是构成事物的基础和最后单位，也是能动的、不能分割的精神实体。单子之间相互独立、相互封闭，通过神相互作用，相互作用的每个单子都能反映并代表着整个世界。

　　法国伟大的启蒙思想家卢梭（1712—1778年）提出过很多观点，比如"人生而平等"。他认为人心是善的，既然人心都是善的，就应该结成一个共同体，把所有的权力让渡给这个共同体或集

马基雅维利　　　　　　笛卡尔　　　　　　卢梭

体，然后由这个共同体来保障大家的自由。卢梭认为一切罪恶的根源都来自私有财产，因为有了私有财产，所以才有种种不公平发生。但他并没完全否定私有制，而是主张国家加以调节。他还认为为了获得自由，就要把一切推翻，把所有的自然权利移交给新的共同体。卢梭这种人生而平等、自由的理论，对法国大革命产生巨大的影响，并具体化为"自由、平等、博爱"的政治口号。

同时代的孟德斯鸠（1689—1755年）认为，"法"应该是广义上的法律精神，而不是狭义的条文、法律，为了不让狭义的人为的法律限制人类本身，权力必须被限制。

科技的力量使得封建堡垒一个个地垮塌，人文思想的进步，又让古老的王权遇到前所未有的挑战，很快这种挑战就将形成飓风，横扫欧洲大陆。

第十一章

法国大革命和拿破仑的崛起

第 1 节
烈火般的法国大革命

　　法国大革命是西方历史上第一次真正意义的革命。之前的王朝更迭或暴动起义，要么只是推翻前朝取而代之，要么就有具体的诉求，只要诉求被满足就结束了。法国大革命与前述所有的革命都不同，它不仅要求推翻一个王朝，还要建立一种完全不同于以往的统治模式。这样一种全新的革命，我们需要对其追根溯源，进而了解其全貌。

　　百年战争之后，法国就走上了君主专制之路。它的地理形势适合王权一统。法兰西大平原是欧洲少有的大片平原，富饶而肥沃，足以支撑一支庞大的中央常备军，法国四面环敌，早早萌发的民族主义也利于法国成为欧洲最早实行中央集权制的民族国家。

　　在路易十四时代，法国的君主专制达到了顶峰。以凡尔赛宫的建立为标志，大封建贵族变成了宫廷贵族，他们离开了领地，也因此被削弱了地方治理权。国王以沙龙、舞会等浮华事物来消耗他们的财富，消磨他们的斗志，捎带着产生了这一时期的法国文人群体。后者活跃在宫廷、沙龙内外，穿梭于上流贵妇的衣香鬓影之间。他们靠近宫廷，自认已窥得治国的奥秘，如果有机会，他们觉得自己能够比国王的官员更好地治理国家。

实际上他们距离政治甚远，并始终被排除在国家管理圈之外，这常使文人把剧场栏杆拍遍，为满腔热忱不能宣泄而愤懑。管理国家的是国王派出的司法官吏、警察和税务官，国家大事由国王一言断决。英国国王从来没有得到过这样的权力，在英国，国王、贵族和新兴资产阶级以议会为基地进行斗争，政党政治已然萌发，各阶层的利益在各政党纲领中体现出来，能够做到斗而不破，让政策大致符合帝国总体利益。法国虽然拥有无数精英，却空有满腔热血而毫无用武之地。

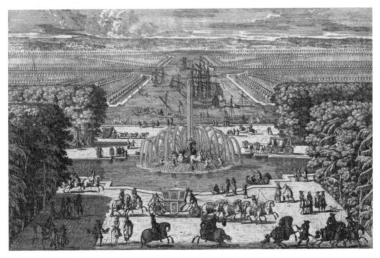

凡尔赛宫的繁华场面

七年战争后，法国几乎失去了所有的海外殖民地，国王的尊严和民众的感情都受到严重挫伤,对英国的憎恶也达到了顶点。1776年北美爆发革命,法国人不仅从理念上支持北美人民争取自由的斗争,还在行动上给予了大力支持。

以约克镇战役为例,据史料记载,1781年夏,英军北美洲总司令克林顿(1730—1795年)率领1.6万名英军退守纽约,副总司令康沃利斯(1738—1805年)率领7000余名英军撤到沿海城市约克镇。这两个据点相互孤立,背靠大海,极易被分割围歼。美军统帅华盛顿(1732—1799年)意识到决战时机已经成熟,只要法国海军能掌握制海权,切断纽约和约克镇之间的海上联系,就可以集中力量围而歼之。因纽约城英国守军较多,华盛顿决定以一部兵力牵制纽约之敌,集中力量攻击约克镇的英军。

8月21日,华盛顿派3000人从北路对克林顿的英军实施佯攻,另以6000名美法联军迂回到纽约南面,发起牵制性攻击,自己则亲率美法联军主力强行军秘密向约克镇进发。8月30日,法国海军舰队到达切萨皮克湾。9月上旬,法国舰队与英军舰队展开战斗,成功驱逐了从纽约赶来增援约克镇的19艘英舰,并掌握了附近海域的制海权,切断了约克镇英军的海上补给线和退路。当英军投降时,在投降书上签字的代表除了华盛顿将军和英军副总司令康沃利斯外,另外两个都是法国将领,罗尚博伯爵(1725—1807年)和格拉斯伯爵(1722—1788年)。

纵观美国独立战争,法国人是幕后的资助者,梳理一下法国人的行动,便可知晓:

1779年,法国占领塞内加尔的圣路易斯和西印度群岛的几个岛屿;法国和西班牙组成联合舰队威胁进攻英国本土,迫使英国主力

英军在约克镇投降

集中防守本土，其间法、英多次发生海战。

1780年，英军攻占南卡罗来纳重要城市查尔斯顿；英、法在西印度群岛多次发生海战；7月，罗尚博伯爵率领的法国特别远征军在北美登陆。

1781年，法国格拉斯舰队来到北美，获得了切萨皮克湾的绝对制海权。随后，法美联军在格拉斯舰队的策应下迫使英国约克镇守军投降，北美大陆的大规模战斗至此结束。

1782年，在直布罗陀海峡，法西联军3.3万人对英国守军展开总攻，被击退。1783年，法英在印度库德罗尔展开海陆拉锯战，英国战败。

1783年9月3日，美英双方在凡尔赛官中签订了和约，美国在法国的大力帮助下最终获得了独立。

法国著名的拉法耶特将军（1757—1834年）秉持自由、平等的理念远赴重洋参加美国的独立战争并获得赫赫战功，至今美国很多地名都是以这位法国将领的名字命名的。

　　美国革命发生在法国革命之前，为什么不说美国革命是西方历史上第一次真正意义上的革命呢？因为美国的独立战争只是作为殖民地摆脱了宗主国的控制而成为独立国家，并没有在殖民地搞出天翻地覆的阶级革命。在摆脱英国之前，北美各殖民地就按照英国的传统在各地组建了市政自治当局，权力也掌控在地方乡绅手里。美国的开国元勋们，本来就是殖民地社会的精英和中坚，独立后的美国与英国相比只是没有国王，治理方式本质上没有太大差别。

　　支援美国独立以打击英国，对于法国来说只是出了一口气，却在法国国内形成了极其严重的影响。

　　第一个重大影响是法国的财政破产了。富饶而强大的法国，从路易十四开始就连番大战，却从没得到什么切实的好处。法荷战争的得益者是英国；西班牙王位继承战争算是得偿所愿，把西班牙的王位从哈布斯堡王室手中抢归波旁王室所有；波兰王位继承战争和奥地利王位继承战争中法国都一无所获；七年战争更是丢掉了几乎所有的海外领地，还造就了一个远比奥地利凶猛的敌人普鲁士。大量财富被虚耗，国家和百姓越来越贫困，资助美国独立战争虽然在道义上大获全胜，却缺乏真金白银的收益，刚成立的美国政府无力支付法国人的军费开支，这一切负担最终都要落到法国人民头上。

　　第二个重大影响没有即刻显现出来，即独立之后的美国，将不断壮大并吞并北美大陆上其他国家的殖民地。如果美国不独立而只作为英国的殖民地存在，英国是不可能放任其壮大的，也不会全力征讨其他国家的殖民地。也就是说英、法虽然敌对，但完全可以在北美大陆达成协议，将各国在北美的殖民地最大限度地保留下来。但独立后的美国会变大变强，北美的欧洲殖民地将被崛起的美国蚕食。日后的历史也证实了这一点，19世纪法国和西班牙丢光了北美殖民地，就连俄罗斯的阿拉斯加也被美国买走。美国最终成长为世界级大国，欧洲大国在北美洲的利益几乎被全部夺取。

从现实利益看，法国支援美国革命是亏本的买卖。财政的崩溃迫使法王路易十六（1774—1792年在位）不得不重新召开百年未开的三级会议。三级会议是法国中世纪的等级代表会议，参加者有主教（第一等级）、贵族（第二等级）和平民（第三等级）三个等级的代表。

我们需要知道，欧洲的王权与奥斯曼所代表的专制君主不可同日而语。欧洲的封建制度遗留问题较多，各阶层都拥有相应的权利和自由，国王要征税，获得各等级的支持就显得更具合法性。法国在百年战争之后创造了三级会议体制，17世纪初因集权需要又将其取消，到路易十六的时代，三级会议已经停办了一百七十五年。现在国王要增税，路易十六显然没有路易十四那种对国家的绝对掌控力，他需要各级支持才有勇气加税。

可是在法国，已经无人懂得三级议会应该如何召开。于是枢机主教布里达提出一个建议，让全社会的知识分子们讨论三级议会应如何召开、采取何种形式召开。法国的贵族和知识分子已经很多年不参与政治决策了，他们的参政热情已经被压抑得太久，每个人都觉得自己是治国之才，却又毫无治理国家的经验。让大家发表意见的邀请一经公布，路易十六——这个热爱修锁事业的青年马上被各种谏言书淹没了，总计2万多份谏言书堆满了国王的办公室，里面充斥着各种不切实际的治国方案。法国人的政治热情被点燃了。

伟大的政治学者托克维尔在他的《旧制度与大革命》中提

到，那些平时被法律所压制的人们，很快就通过文学表露出政治热情，那些因为本性或者在社会中的位置而缺乏抽象思维的人，也被这样的热情占据了头脑。被不合理兵役税所侵害的人，都受到了"人人平等"观点的鼓舞。那些因为贵族邻居养的兔子而受到损失的小资产者，都为那种所有特权都该被打倒的观点而兴奋。大众的热情都被伪装成了各种哲学，舆论界所有的导向都被文人控制了，他们在那些时代里取代了政治首脑的位置，再没有人能从他们手里抢走这个位置。

更有意思的是，贵族们放弃了对思想的统治，由于他们已经失去了对领地的管理权，他们成为悬在虚空中的贵族。这些贵族赞同文人的说法，旧体制中的上等人，毫不犹豫地把将要毁灭自己阶层的理论大肆宣扬。他们为什么感受不到危险来临？因为他们已经失去政治权力太久了，对实际政治已经毫无感知能力。

三级会议召开

三级议会的召开敲响了国王和贵族的丧钟。会议不仅没有通过国王要求增税的法案，反而自行设立国民议会，准备以制宪的方式来改造法国。国王和王后从未面对过这样的局势，他们举措失当，导致巴黎流言四起，甚至有传言说国王将要调兵屠城。

愤怒、恐惧以及人群的聚集效应很快在巴黎点燃革命的大火。1789年7月14号这一天，已经控制了全城的巴黎市民对象征着专制王权的封建堡垒巴士底狱发起了进攻。守军很快投降，巴士底狱中并无几名犯人，更无真正意义上的政治犯，这个时代的专制王权远不如路易十四时代，然而人民在得到了更多自由后，反而比不自由的时候更加反对专制统治了。

法国陷入一片混乱之中，外省是农民攻打地主的庄园，巴黎则是乱哄哄的革命群众到处聚集。革命群众终于有机会实现他们的梦想，他们召开了制宪议会，制定并颁布了《人权宣言》。法国版的《人权宣言》宣布法国人民"人身自由，权利平等"。紧接着制宪议会废除了原有的贵族阶级的划分而设立高等法院等民主政治机构。在制定了三权分立的宪法后，制宪议会便宣告解散，次日法国正式成为君主立宪制国家。

周边国家为此感到深深的不安，人民集体反抗，进而打破王权的桎梏在欧洲历史上还是第一次。上一次英格兰的内战，只是议会与国王之间的矛盾爆发，法国爆发的革命不仅反对国王，还反对所有贵族阶级，普鲁士、奥地利立刻组成联军干涉法国大革命。法国面临外敌入侵的危险，内部的统治者却软弱无能，战场上法军接连失败，加上有传言说王后玛丽·安托瓦内特（1755—1793年）给外国军队通风报信才导致法国军队失败，巴黎民众愤而再次掀起革命高潮。

8月10日这一天，巴黎民众再次发动起义，攻占了杜伊勒里官，逮捕了国王和王后，持温和立场、赞成建立共和国的吉伦特派上台执政。在吉伦特派掌权期间，巴黎国民大会审判路易十六夫妇并判处他们死刑。这一幕是法国王权彻底倒台的标志，留在各种文学作品和人们的记忆中。

平心而论，路易十六和他的妻子奥地利公主玛丽·安托瓦内特只是一对平庸的国王和王后，他们没能有效地治理法国，但也谈不上多么邪恶，但王室多年累积下的弊病已深入骨髓，这些弊病对他们进行了反噬。然而，国王和王后的死，并不能填满革命对流血的渴望。吉伦特派已经满足不了人民的愿望了，很快，更加激进的雅各宾派出场了。革命的狂热就是这样，必须更加激进才会得到更广泛的支持。

由罗伯斯庇尔领导的雅各宾派上台后，在巴黎刮起了恐怖飓风，断头台每天都有人被砍头。先是贵族，再是一切不同意激进革命的人，哪怕是以前的同志也一样会被送上断头台，如吉伦特派中的著名人物布里索、罗兰夫人、科黛等，一时间，巴黎陷入白色恐怖之中。据事后统计，在雅各宾派掌权的短短一年时间里，至少有数万人被砍头。

革命的恐怖也蔓延到雅各宾派内部，与罗伯斯庇尔、丹东并称为雅各宾派"三巨头"的马拉首先被暗杀在浴缸中；再是丹东在政治斗争中失败，被罗伯斯庇尔送上断头台。几个月后，已经厌倦了恐怖革命的巴黎人民重新发动革命，把罗伯斯庇尔也送上了断头台。大革命这架"绞肉机"，不仅能够搅碎一切敌人和不合作的人，也会搅碎革命者。罗伯斯庇尔的墓志铭也极具黑色幽默感："过往的行人啊，不要为我哀伤，如果我活着，你们谁也活不了！"

从1789年到1794年，革命的洪流席卷法国，积攒已久的愤怒得到抒发，贵族们一个接一个地被送上了断头台，庄园土地被没收重新分配。在这个过程中，混乱一直在蔓延。国外的武装干涉持续不断，不仅周边的君主国，就连遥远的俄罗斯都听说了法国的革命，沙皇和贵族都被吓坏了，他们下定决心一定要扼杀掉法国的革命，让波旁王室复辟。他们能如愿吗？

"恐怖统治"时期的断头台

第2节
拿破仑的横空出世

前文说到欧洲的君主国想要扼杀法国大革命。早在1791年8月，法国王后玛丽·安托瓦内特的哥哥奥地利君主利奥波德二世就联合普鲁士国王腓特烈·威廉二世，准备干涉法国大革命。1792年，奥普联军曾攻入法国境内，后被打退。1793年，法兰西第一共和国处死法国国王路易十六和王后，普鲁士、奥地利、西班牙、荷兰、萨丁尼亚、汉诺威、英国便成立了反法同盟，对法国进行武装干涉。反法联军多次从陆地和海上入侵法国，新建立的法兰西第一共和国岌岌可危。谁能率领法国人民打破包围，让欧洲所有君主俯首帖耳呢？他就是出生于科西嘉岛的波拿巴·拿破仑（1769—1821年）。

科西嘉岛位于地中海中心位置，早先也是希腊人的殖民地。之后，该岛先后被迦太基人、汪达尔人、伦巴第人、阿拉伯人，以及意大利半岛上的比萨人、热那亚人、阿拉贡人所统治，教皇国和东罗马帝国也曾经是该岛的宗主国。

　　科西嘉的历史上，统治者来来去去，岛民们实际上并无从属于哪个国家的观念。1768年，被凶猛岛民搞得疲惫不堪的热那亚人把科西嘉卖给了法国。1769年，科西嘉跟法国达成协议，签署了投降协定，一个叫做卡洛·波拿巴的岛民领袖签署了协议，后来他成为法国的贵族。同年，他的二儿子出生，这个孩子就是日后让整个欧洲都为之颤抖的拿破仑。

　　作为科西嘉贵族之子，少年时期的拿破仑获得了去法国军校学习的机会。

　　法国大革命让拿破仑脱颖而出。作为一个科西嘉人，平定法国内乱对于拿破仑来说不存在任何为难之处。雅各宾派执政时期，拿破仑率军攻克了保皇党人占据的土伦，这一战让他从炮兵少校晋升至准将。正是因为跟雅各宾派走得很近，也给他带来一些麻烦。热月党人取代雅各宾派后的整个1794年，他都被闲置在一旁，一度有过自杀的念头，还想过作为法国军官去为奥斯曼苏丹服务，但他的请求没被批准。

军校时期的拿破仑（右）

　　1795年7月，整个法国都处于一片混乱之中。路易十六的弟弟被保皇党人推举出来担任法国国王，号称"路易十八"，巴黎城中也有大量保皇党人聚集，准备推翻督政府。巴黎新任卫戍司令巴拉斯是热月党政客，并不是职业军人出身，此时他想起了那个落魄潦倒的前炮兵准将，于是把拿破仑提拔成他的副手，主持巴黎防务。

炮兵出身的拿破仑从军械库里拖出了几十门大炮，在保皇党人向督政府所在地冲击的时候毫不犹豫地开炮轰击，并很快就平定了叛乱。拿破仑瞬间由一个不名一文的穷军人，变成了督政府的主心骨，很快被任命为巴黎卫戍司令，不久后担任了意大利和埃及方面军的司令，与法国的敌人战斗。

1798年，第二次反法同盟建立，法国外部的形势极度危急。巴黎城内的保皇党人也在蠢蠢欲动，准备再次暴动，软弱的热月党督政府则几乎丧尽民心。人民开始厌倦无休止的革命、暴动与权力争斗，他们亟需一个救星，来解决所有问题。

拿破仑在巴黎的情报系统把各种信息汇集给他，1799年10月，敏锐的拿破仑抛下在埃及的军队，率少数心腹星夜兼程赶回巴黎。

拿破仑回到巴黎的消息一传开，巴黎就沸腾了，拿破仑本人都没想到人民如此支持他。实际上人民支持的并非他本人，而是一种能够带领人民走出动乱泥潭的希望。毕竟大多数人虽然不喜欢督政府，但也不想让波旁王室复辟，那样的话，法国人民此前的所有革命成果都将化为乌有，所以，拿破仑·波拿巴这个科西嘉小个子，成了法国人的希望。

11月9日，看到民众对他的支持，本就准备夺权的拿破仑便趁势发动了雾月政变。一切都顺理成章，军队立刻抛弃了督政府转而效忠于他，拿破仑立刻解散了议会并成立执政府，自己出任第一执政。不久后，拿破仑颁布了法兰西《共和国八年宪法》，彻底废除封建等级制度，规定了第一执政的权限：有权制定和公布法律，并可随意任免参政院成员、各部部长、大使和其他高级外交官员、陆海军军官。所谓的第一执政，即罗马帝国的"第一公民"，除了没有皇帝头衔，拿破仑已是无冕之王。

　　1804年3月，拿破仑下令制定的《民法典》（1807年被命名为《拿破仑法典》）正式颁布施行，它确认了革命所取得的一系列成果，其中的许多条文一直沿用至今，并对周边国家产生了巨大影响。

　　当上第一执政的拿破仑很快就解决了外患。1800年，拿破仑击溃奥地利军队，并进逼奥地利南部地区，迫使奥皇签订和约。1802年，以俄罗斯为首的第二次反法同盟又被拿破仑击败，解除了俄罗斯对法国的威胁。1802年，在取得一系列成就后，拿破仑修改了《共和八年宪法》，成为终身执政，获得指定继承人和修改宪法的大权。

拿破仑加冕称帝

　　很快，拿破仑又不满足于终身执政这一头衔，1804年11月6日，他操控公民投票通过了《共和十二年宪法》，将法兰西共和国变成了法兰西帝国，拿破仑成为法兰西人的皇帝，称拿破仑一世。至此，皇权实际上已经复辟，但法国人民已经没有力气再发动革命反对一个新皇帝了。而且在革命多年后，激进派中坚分子已死亡殆尽；长期的混乱与斗争，已经耗尽了法国人民的革命热情，他们现在只希望这位新皇帝能带领他们走上金光灿烂的康庄大道。

通过革命当上皇帝的拿破仑，无法被欧洲各国君主所接受，其中对拿破仑最为憎恨的是俄罗斯。俄罗斯皇室曾长期与波旁王室保持盟友关系，现在更不能容忍下位者僭夺皇权，因为这种行为一旦被鼓励，对各国的王室都是灭顶之灾。

1805年8月，奥地利、英国、俄罗斯等国组成了第三次反法同盟。拿破仑率军挥师东进，在奥斯特里茨一战中大破俄奥联军，在世界战争史上又留下了重重一笔，这与罗马坎尼之战一样名垂青史。在这次战役中，法皇、俄皇和奥皇都亲自参战，史称"三皇会战"。

在战役之初，拿破仑示敌以弱，让对方认为自己不敢开战，俄皇中计，主动求战，在法军事先规划好的战场开战。拿破仑用左翼少数兵力加上坚固要塞牵制敌方主力，在俄罗斯把中央军团投入左翼战斗后，法军集中力量从中央突破，占领了中央阵地制高点并把俄奥军队分割开，击垮敌人右翼后与左翼坚守阵地的部队形成前后夹击，俄奥大军崩溃，两位皇帝仅以身免。在奥斯特里茨战役中，俄奥联军损失达到3.6万人，其中阵亡超过1.6万人，2万人被俘，此外损失了186门大炮、45面团旗。法军仅阵亡1305人，伤6940人，损失1面团旗。

恩格斯在《奥斯特里茨》一文中曾这样评价奥斯特里茨战役和

拿破仑的军事才能，他写道："奥斯特里茨被公正地认为是拿破仑最伟大的胜利之一，它最为有力地证明了拿破仑无与伦比的军事天才。因为，尽管指挥失误无疑是同盟国失败的首要原因，但是他用以发现同盟国过失的洞察力、等待过失形成的忍耐力、实施歼灭性打击的决断能力和迅速摆脱失败困境的应变能力——这一切是用任何赞美之词来形容都不为过的。奥斯特里茨是战略上的奇迹，只要还存在战争，它就不会被忘记。"

为纪念1805年打败俄奥联军的胜利，拿破仑于1806年下令修建"一座伟大的雕塑"，以迎接凯旋的法军将士，这便是巴黎的凯旋门。

奥斯特里茨战役

奥斯特里茨战役之后，法国成为欧洲至高无上的存在。在拿破仑的命令下，神圣罗马帝国宣告灭亡，帝国皇帝变成了奥地利皇帝，中欧德意志地区成立了受法国保护的莱茵联邦。普鲁士被压制得大气喘不上一口。次年，英国、俄罗斯和普鲁士等国组建了第四次反法同盟。普鲁士此时还在为他们在七年战争中取得的辉煌战绩感到自豪，但他们已经有数十年未进行大的战争，曾经令人景仰的容克军官团老迈不堪，高效的官僚体系腐朽没落。

以高级军官为例，1806年，普军142名将军中有4名超过八十岁，13名超过七十岁，62名超过六十岁。在885名参谋军官中，12名超过七十岁，163名超过六十岁，328名超过五十岁。而法军则朝气蓬勃，拿破仑麾下的26名元帅平均年龄只有四十五岁左右，年龄最长的七十一岁，年龄最小的才三十六岁。每个法兰西士兵都可能因战功升为将军，用拿破仑本人的话来说："不想当将军的士兵不是好士兵。"

结果，普鲁士军队在耶拿-奥尔施泰特两战中几乎全军覆灭。之后，反法同盟的主力俄军又在波兰埃劳和弗里德兰地区被拿破仑打败，拿破仑与俄罗斯沙皇亚历山大一世（1801—1825年在位）会面，双方签订了和平条约，双方同意建立华沙大公国作为缓冲国。在这之后，法国成为欧洲大陆唯一霸主，除英国外，所有欧洲大国皆仰其鼻息。

英国也是法国唯一没有打败过的欧洲大国，因为法国人始终无法突破英国的制海权。虽然拿破仑以皇帝之威重建了一支庞大的海军，但法国的海陆双线战略注定无法在陆上和海上都取得优势。只要法国还在陆地上有大量的敌人，就不可能把全部资源投到海军建设上。1805年，英国舰队与法国-西班牙联合舰队在特拉法尔加进行的海上决战，是有史以来英国海军取得的最辉煌胜利。此战如果英国不能取胜，则必被法军登陆本土。单从表面上看，英国舰队的实力似乎稍逊一筹，它拥有27艘战列舰，4艘巡洋舰和几艘辅助船，火炮2148门，参战官兵16820人；法西联合舰队却拥有33艘战列舰，13艘各类巡洋舰，光战列舰侧舷火炮就有2626门，参战官兵21580名。然而，英国海军名将霍雷肖·纳尔逊（1758—1805年）高超的指挥艺术和更具战斗力的海军士兵抵消了法西联合舰队数量上的优势，并给予敌人以毁灭性的打击。法国海军精锐丧失殆尽，英国就此掌握了海上霸权。虽然赢得了辉煌的胜利，但对于英国来说，也有一件不幸的事，他们英勇的海军中将纳尔逊在即将获胜的时刻中弹身亡。

纳尔逊之死

　　特拉法尔加海战的失败虽然让法国的海上霸主梦破灭，但拿破仑仍然牢牢地掌控着欧洲大陆的霸权。法国陆军的战斗力仍然碾压同侪，这是为何？至少有两个原因：一是法国民族意识觉醒较早，路易十三之后，法国逐步成为欧洲的文化、哲学、艺术中心，激发了法国人的民族自豪感，民族意识愈发强固，其凝聚力和向心力是大部分欧洲国家难以比拟的；二是大革命催生了法国人"自由民主"的理念，他们对旧的君主专制的憎恨促使他们团结在拿破仑周围，在这位天才军事家的率领下爆发出惊人的战斗力。即使在督政府时代面临多国围攻，法国人也一批批唱着《马赛曲》走上战场为民族奋战。

拿破仑虽然征服了西欧和中欧，但他对英国的海洋霸权却无可奈何。为了切断英国对反法同盟的经济支持，拿破仑分别于1806年签署《柏林敕令》，于1807年11月和12月两次签署《米兰敕令》，于1810年签署《枫丹白露敕令》，对英国实施了大陆封锁政策，严禁英国及其殖民地的产品进入欧洲大陆，以图在经济上拖垮、在政治上孤立英国。然而这项政策随着1812年拿破仑入侵俄罗斯失败，宣告彻底破产。

拿破仑本质上是一位军事将领，但遗憾的是，他没有能力开创一个全新的时代。他在战场上战无不胜、攻无不克，但随着胜利次数的增加，法国的敌人也越打越多。他的军队对欧洲各国来说不是解放者，而是侵略者。法国民族主义的觉醒同步激发了其他国家的民族主义。拿破仑在欧洲各征服地区建立的依然是封建体制的王国，并派遣自己的家人及亲信出任国王，比如西班牙和荷兰，甚至生造了一个威斯特伐利亚王国，国王由他那个不成器的弟弟担任。欧洲各国人民实在无法支持他废除自己国家的国王，再派人来管理本国的行径。如果拿破仑是以解放者的姿态帮助这些国家建立共和国，那情形就可能完全不同了。

拿破仑建立的波拿巴王朝，一方面没有得到欧洲各国君主的认同和接受，另一方面又无法得到被征服的各国人民的认可，乃是一个彻头彻尾的军事帝国。因此，哪怕第四次反法同盟再次失败，欧洲大地上反对拿破仑的潜流依然涌动不息。

奥、普两国已被彻底打败，英国孤悬海外，拿破仑也奈何它不得，只有俄罗斯还不肯臣服，几乎每次反法同盟，俄罗斯人都是主要发起者之一。1812年5月，拿破仑集结起他的征俄大军。这是一支由20万法军和40万附庸国军队组成的军队，附庸军包括奥地利、普鲁士、西班牙、荷兰、瑞士、波兰等国的军队，大军经过普鲁士时犹如蝗虫过境，令普鲁士人愤怒不已。普鲁士国王却耐住性子，拒绝了几乎所有大臣与法国立刻撕破脸的动议，做出对拿破仑俯首帖耳的模样。

普鲁士军官团中的许多人甚至离职来到俄罗斯，帮助沙皇对抗拿破仑，其中一位军事家格奈森瑙向沙皇提议用最坚决的手段坚壁清野："使敌人走向失败的最保险的办法是将准备放弃地区的所有生活用品都带走，丝毫不留给敌人……把所有的粮食和牲畜都转移到内地，毁掉所有乡村酒店、大型牲畜棚、磨坊、磨面机，居民撤入森林地和沼泽地，宣布所有与敌来往和供敌给养的居民犯有叛国罪，所有官员必须随军队撤走……通过这些措施——不管这些措施看起来有多么冷酷无情——便会使敌人的行动陷入瘫痪。"

沙皇接受了格奈森瑙的建议。尽管拿破仑的大军在9月份攻占了莫斯科，但他们并未找到俄罗斯军队主力进行决战，最终在粮食、燃料都匮乏的状态下，被俄罗斯的酷寒所击败。60万大军几乎灰飞烟灭，拿破仑的法国核心部队也只带回了2万余人，几十万士兵就这样葬身在俄罗斯的冰雪之中。

不久，第六次反法同盟成立，曾经恭顺的欧洲各国纷纷反叛。莱比锡战役中，拿破仑战败，巴黎也被联军占领，波旁王室就此复辟。拿破仑被流放到地中海的厄尔巴岛。但拿破仑不甘心失败，当他得知法国人对波旁王朝的统治非常不满的时候，决心召集部下，东山再起，法国人民依旧对他抱有极大的信任。他兵不血刃地进入巴黎，路易十八（1755—1824年）仓皇逃走。欧洲各国马上组建起第七次反法同盟，最终在滑铁卢一役将拿破仑彻底击败，拿破仑再次被流放，这一次是遥远的大西洋中的圣赫勒拿岛，直到去世。拿破仑的失败也是法兰西民族的失败，经过法国大革命、拿破仑帝国的东征西讨后，法兰西就像一个用尽了激情的民族，接下来的法国依然是欧洲主要大国，但它已经丧失了锐气，只能充当普鲁士崛起的垫脚石了。

欧洲原本有英、法、普、奥、俄五个大国，现在法、奥两国都元气大伤，未来的欧洲，就看英、普、俄之间的博弈了。

第十二章

欧洲列强之争

第 1 节
英俄大博弈

几次反法同盟中，英、俄在大部分时间里都是盟友，二者的关系在拿破仑时代非常亲密。对于英国来说，最大威胁当然是能威胁其本土和海外殖民地印度的法国。失去北美领地后，印度对于英国来说实在太重要了，但凡有列强觊觎印度，都会遭到英国的猛烈反击。

拿破仑曾经威胁过英国本土和印度，远征埃及的目的，也是为打通由北非通往印度的道路，这也是为什么英国是反对拿破仑最坚定的国家。18世纪初俄罗斯非但不是英国的敌人，还是共同对抗拿破仑的朋友。但在拿破仑彻底失败后，解决心腹之患的英国人，隐隐察觉到一个更大的对手出现了。1814年的维也纳会议上，俄国人的野心得到了遏制，但在东方，则完全没有能够制约俄国人的力量。

与此同时，俄罗斯的"怪兽"形象在西方世界逐渐流传开来，其始作俑者是英国将军罗伯特·威尔逊（1777—1849年）。

　　1807年，俄罗斯沙皇亚历山大一世在提尔西特的驳船上对拿破仑说："我跟你一样痛恨英国人，我随时准备协助你采取行动对付他们。"这句话被威尔逊将军的间谍报告给了伦敦方面。但即便如此，此时的威尔逊还是很矛盾。当拿破仑和俄罗斯反目成仇时，威尔逊作为军事观察员加入了俄罗斯军队。勇猛的威尔逊还频频参加战斗对抗法国人，他的刚毅赢得了俄国人的友谊，沙皇甚至加封他为俄罗斯爵士。

　　但威尔逊将军在目睹了俄罗斯鞑靼式的残暴——虐杀法国战俘后，从归国的那一刻起，他就成为坚定的反俄主义者。或许刺激到他的不仅是残暴，还有沙皇不加掩饰的野心和俄罗斯将军们的无能。他在日记里写道："如果让我来指挥俄罗斯1万人的军队，拿破仑绝对逃不掉。"威尔逊认为俄罗斯正在努力实现彼得大帝的遗愿——征服世界，而他们的首要目标就是曾经作为东罗马帝国首都的君士坦丁堡，然后是中东和中亚，最后则是英国人的心头肉——

拿破仑与亚历山大一世在提尔西特河会晤

印度。

威尔逊向议会展示了他绘制的地图，在地图上，他分别用红色和绿色标示出俄罗斯曾经和现在的地图轮廓。地图显示沙皇亚历山大的军队已经离欧洲和君士坦丁堡如此之近了，而君士坦丁堡则是通向中亚，最终抵达印度的重要枢纽。

威尔逊还声称，俄罗斯无穷的人力资源是军事行动的后盾。更重要的是，相比于西欧人，俄国人能在极度困苦的条件下作战。沙皇对英国的威胁，比拿破仑还大，拿破仑或许只想称霸欧洲，俄国人的夙愿则是征服世界。

因为威尔逊在俄罗斯问题上的权威性，因其是俄罗斯帝国的爵士，他的言论引起了巨大的反响，当然支持他这一观点的人和反对他这一观点的人的数量同样庞大。但敌视俄罗斯的种子已经种下，在之后一百年的时间里，随着在中亚的争夺日益激烈，俄罗斯的印象逐渐在英国人的心中扎根：庞大、坚硬、野心勃勃。同时具备东西方特点的俄罗斯的"怪兽"形象，终于成形了。

英国和俄罗斯在中亚的博弈持续了一百年，其间他们各显其能，各自扶持代理势力甚至赤膊上阵，波斯沙阿、喀布尔的酋长在两个大国之间不断摇摆。英国人在阿富汗吃尽了苦头，由英国军官率领的印度士兵组成数万大军，都葬送在这座帝国坟场。为了争夺通往印度的要道——中亚地区，英、俄两国派出了无数精英深入不毛之地，俄罗斯甚至灭掉了横亘在通道上的几个古老汗国。英、俄想要解决问题，还是要看国际局势的发展，不久一个欧洲新兴大国崛起，英、俄两国最终放下他们的矛盾，握手言和。当然这已经是后话了。

　　拿破仑之后的欧洲秩序，由奥地利的天才外交家梅特涅主持创建的维也纳体系支撑，这一体系保障了欧洲数十年的和平，直到普鲁士再次崛起。

第 2 节
维也纳体系到底是什么

　　拿破仑大军给欧洲封建体制以沉重打击，法国的启蒙思想也随着法军的征伐在欧洲四处传播，欧洲君主的敌人也变得更加多元化，除了对抗同阶层的他国君主，还要加上本国的民众。

　　在此之前，拿破仑帝国的建立打破了欧洲旧有的统治秩序和权

维也纳会议

力平衡。除了法国，拿破仑家族还占据了西班牙、那不勒斯、荷兰、威斯特伐利亚、意大利等国的王位，削弱了普鲁士、奥地利的势力，剥夺了许多中小诸侯的统治权。现在拿破仑失败了，他的家族也被赶下台，原先大大小小的统治者都回来了，他们要夺回自己的头衔和领地。而辛辛苦苦才打败拿破仑的欧洲强国也需要重新分配自己的权力，构建新的均势。

维也纳会议便是一场由复辟的法国波旁王室以及奥、俄、普、英等欧洲主要大国参与分配权力的盛宴，也是重新建立在革命狂潮中四分五裂的权力结构的会议。奥地利凭借自身的实力根本不足以主导这样的会议，然而它的首相梅特涅（1773—1859年）却能利用各大国之间的矛盾，成功将会议拉入对奥地利极为有利的议程中。

在欧洲五大国里，除了英国有海峡作为屏障处于相对超然的位置以外，其他大国都有很强的危机感，尤其是法国、奥地利和普鲁士。法国外交家塔列朗（1754—1838年）就是法国乱世的象征，他先是路易十六的奥顿主教，然后退出教会加入革命，后又背弃革命投奔拿破仑，再抛弃拿破仑当了路易十八的外交大臣。

法国这个战败国和奥地利这个实力严重缩水的国家，在外交家的纵横术中反而变成获益最大的一方。占领他国领土本身并非目的，重新取得均势才是外交的最高准则。法国保住了战前边界，甚至在没有损失太多领土的情况下，拿回了西班牙和西西里的控制权；奥地利则通过几项条约保住了自己在德语世界的主导权；普鲁士也有收获，有实在的土地作为失去波兰的补偿，得到了波兰公国的但泽，并取得五分之二的萨克森王国领土、莱茵－威斯特伐利亚

奥地利首相梅特涅

以及原属于瑞典的波美拉尼亚，普鲁士的边界历史性地与法国相接。

俄罗斯沙皇亚历山大一世呢？他的土地已经够多了，便如他所愿建立了"神圣同盟"。由俄罗斯、普鲁士和奥地利组成的"神圣同盟"，是为了阻止任何对王权合法性有威胁之力量的产物。亚历山大一世不在乎土地，因为土地可以从东方轻易获得，他需要一个保证，将革命的浪潮阻止在俄罗斯以外。正好普鲁士和奥地利也有这样的诉求。

神圣同盟是欧洲封建君主因对法国大革命的恐惧而建立起来的，其目的就是欧洲的反动势力联合起来，一起绞杀革命运动。神圣同盟建立后，先后镇压了意大利和西班牙的革命运动，并因希腊的独立而逐渐瓦解。1830年法国的七月革命，推翻了法国波旁王朝的统治，开启了欧洲革命的浪潮，促成了"神圣同盟"的垮台。

为了防止大国间的可怕战争再次爆发，维也纳体系还确定了大国一致原则，即在欧洲出现重大危机时，先由大国之间事先沟通，以免由于误解而爆发大战。

总之，维也纳体系在威斯特伐利亚体系之后，让欧洲又重新进入均势和平的状态，英国对此表示满意，只要欧洲不产生一个令人生畏的霸主，它就可以继续置身事外。

英国所在乎的国家安全，除了建立在欧洲均势的基础上，还需要荷兰、丹麦和1830年刚独立的比利时不受其他国家的侵犯和控制作为保证。为此，欧洲大国们在1831年伦敦会议上做出决定，保证从尼德兰独立出来的比利时为中立国，在此之前除了瑞士，中立国的概念只能单方面提出，而比利时作为中立国得到了欧洲诸大国的同意，之后所有大国不得武装侵略比利时，比利时也不得与任何大国结盟。如果有人进攻比利时，那么担保国就有出兵义务。欧洲历史上饱受各方蹂躏的低地三国，终于有了一丝喘息之机，能够和平安稳些时日了。然而，被大国担保的和平，一旦被某些大国破坏，将会引发全面战争。

第3节
普鲁士化身帝国（上）

　　普鲁士自三十年战争崛起后，就一直与奥地利争夺德语世界的主导权。相比老朽昏聩的奥地利，普鲁士显得清新刚健、开明自由。虽然拿破仑战争让他们暴露了官僚体制涣散的一面，却也间接促进了普鲁士的改革。从拿破仑战争开始到1848年欧洲革命，普鲁士的有识之士一直与国王、贵族争夺权力。虽然1848年普鲁士的革命归于失败，但国王看到了时代的大趋势，取消了很多封建特权，使普鲁士的经济获得了一定的发展空间。相对于英国，革命后的普鲁士更加保守，也更具有国家资本主义的形态。

　　同时，整个德意志地区又被无数大大小小的政治实体所分割，那里使用的货币种类达到几千种。邦国之间还设立了重重关卡，收取繁重的关税。有时在几百公里的运输距离中，沿途缴纳的关税甚至超过了货物本身的价值。在欧洲激烈竞争的环境下，如果德语世界还处于这样的分裂状态，就不可能与其他大国竞争。德语世界的有识之士无一不以统一德意志为目标，问题在于由谁来统一，奥地利，还是普鲁士？

1834年，由普鲁士主导的德意志关税同盟正式建立，同盟内关税全免，同盟外其他国家缴纳的关税，在同盟内部按商定比例分配。到1836年法兰克福加入时，德意志除奥地利外的大多数地区，都已经加入了这个同盟。经济的力量是巨大的，在财政收入面前，无论国王还是公爵都必须低头。以普鲁士为核心的关税同盟的建立，是普鲁士与奥地利争夺德语世界主导权最有力的武器。

奥地利并非没有看到威胁，但其应对措施是，设立贸易保护计划。在中欧世界，普鲁士是自由贸易的代表，关税同盟与荷兰、法国等都签订了贸易协定，并把奥地利排除在外，就连最反对普鲁士的萨克森，都不得不加入普法贸易协定。用贸易打破原有的利益格局，普鲁士跟英国人学习得很到位。英国正是用这样的利器打开了世界各国的大门，此时的普鲁士，只是在中欧复制一遍英国的经验罢了。

打通任督二脉的普鲁士，又以丰富悠久的文化教育传统做基础，让自己立刻迸发出惊人的生产力。作为后发国家的普鲁士，从工业奠基时就使用了蒸汽机，他们无需承担改造原有机器的成本，直接对当时世界上最先进的科技采取拿来主义。

普鲁士，1830年时拥有245台蒸汽机，1843年有863台，1852年有2832台，1861年有8669台，主要分布在莱茵、威斯特伐利亚、西里西亚和柏林。普鲁士与英国工业发展的路径不同，国家的力量从一开始就介入工业领域，军国主义传统深厚让普鲁士的工业生产紧紧围绕着军事工业，钢铁、铁路、造船和煤炭工业都具有相当程度的计划经济特征。对外采用自由贸易的措施，对内则采用计划经济色彩浓厚的举措，这让普鲁士在19世纪60年代之后就已经做好大规模战争的准备。

早在1813年，被称为"西方兵圣"的普鲁士军事家克劳塞维茨（1780—1831年）就写道："德意志实现政治统一的道路只有一条，就是通过剑，由普鲁士支配其余各邦。"经过几十年的发展，普鲁士呈现出一片生机勃勃的景象，而拒绝一切新思想的奥地利却显得格外老态龙钟。在文化上，德意志统一的呼声越来越大，全德意志的知识分子都渴望着德国的统一。1861年，信奉铁血政策的俾斯麦（1815—1898年）出任普鲁士首相，在关税同盟的基础上，他推行的铁血政策加快了普鲁士统一的步伐。

德意志的统一并非东方式的统一战争模式，而是由各政治实体组成邦联，每个邦派出议员组成议事机构。在这个问题上，奥地利和普鲁士都提出了自己的方案，谁的方案会被德意志民族接受，就要靠战争来解决了。

与15世纪就摘取神圣罗马帝国皇冠的奥地利相比，普鲁士的崛起是三十年战争之后的事了。然而后起之秀有新优势，有新教背景，开放性和包容性更强的普鲁士在竞争中已经走在前列。1864年的普丹战争中，普鲁士拉着奥地利一起攻打丹麦，迫使丹麦交出了托管地，石勒苏益格归普鲁士，荷尔斯泰因归奥地利。然而，奥地利与丹麦相隔甚远，荷尔斯泰因根本就是被普鲁士领土包围的一块飞地，普鲁士随时可以在这里找到开战的理由。通过普丹战争，已经完成军事改革的普鲁士还窥见了奥地利的虚实，发现昔日大国奥地利，已经是徒有其表。

1866年，处心积虑的普鲁士果然以共同占有石勒苏益格、荷尔斯泰因为由诱使奥地利拒绝了这一要求，普鲁士找到了开战借口。从6月15日到7月3日的短短半个月中，普鲁士军队一举打垮了奥地利军队。8月23日，双方签订了《布拉格和约》，普鲁士不仅获得了荷尔斯泰因等领土，更迫使奥地利退出了德意志联邦，德意志地区向着统一又迈进了一大步。

俾斯麦

军事上的胜利并不稀罕，曾经的拿破仑打遍欧洲无敌手，取得的却是类似"皮洛士式的胜利"。俾斯麦的可贵之处就在于他是一个老练的政治家，他最难得的品质，不是知道从何开始，而是知道在哪里结束。

从军事上打击奥地利对于普鲁士来说很容易，但取得周边大国的谅解绝非易事。普鲁士首先要取得俄罗斯的谅解。因为奥地利在几年前克里米亚战争中对俄罗斯忘恩负义，深深伤害了沙皇的感情，因此普鲁士取得俄罗斯的谅解相对容易。再就是要让法国袖手旁观，欧洲大国之间有微妙平衡，虽然法国历史上一向与奥地利处于敌对状态，但并不意味法国就会支持另外一个国家踩着奥地利的肩膀成为中欧强国，因此俾斯麦利用拿破仑三世的民族主义情绪，向法国隐晦地表达了支持他对比利时的野心。之所以隐晦，是因为俾斯麦不想触动英国敏感的神经。

速战速决是此战的关键。法国支持普鲁士对奥地利开战的打算是：如果普奥陷入旷日持久的战争，那么法国就能找到获利的机会。正因为如此，俾斯麦在普军击败奥军后，阻止了军队占领维也纳的请求，而是快速与奥地利议和，让周边大国无机可乘。

可以说，俾斯麦的外交艺术在19世纪欧洲外交家中几乎无人企及，此前只有法国的塔列朗和奥地利的梅特涅才有这样的手腕，这实际上体现了他们对局势深刻而有分寸的把握。

虽然普鲁士已经夺得德语民族的主导权，但它想要最终统一德意志，还有一道门槛要越过，那就是法国。

法国是欧洲的主要大国之一，其陆军自路易十三以后就取代西班牙陆军成为欧洲最强者，其海军也是唯一能在大海上与英国争锋的存在。当法国大军横扫整个欧洲，几乎所有君主都在拿破仑的马靴下战栗，集整个欧洲之力连续组成七次反法同盟才算把拿破仑彻底打败。拿破仑战败后，法国却没有遭受太大损失，这样的一个强国如果出手阻挠，普鲁士就不可能在政治上整合德语世界。

在这个时代，民族主义国家是绝对主流，如果不能打败法国，普鲁士便很难获得全德地区的认同及拥戴。为了打败法国，俾斯麦费尽了心机。

普鲁士统一德意志的事业，其实就是对1814—1815年维也纳会议确立的欧洲秩序的反动。维也纳会议上确立的均势由三根支柱保证：一是四国同盟①，反对一切对现有领土秩序发出挑战的国

---

① 神圣同盟建立后，梅特涅感觉这个同盟的内容相对空泛，需要一个实质性的保证；而且强大的英国并未加入神圣同盟，如果缺乏英国的参与，欧洲战后的协调机制是很难发挥效力的；故而梅特涅又在维也纳会议上拉拢英国，建立了英、俄、普、奥组成的四国同盟。四国同盟是一个军事同盟，主要目的是防止法国东山再起，镇压革命运动，实际上是神圣同盟的补充。1818年，四国同盟的军队撤出法国后，法国也加入同盟。

家；二是神圣同盟，保卫君主神圣权力不被革命威胁；三是大国一致，防止大国间爆发战争。这三根支柱分别被三个事件影响而濒临破碎，即民族主义的流行、1848年欧洲革命浪潮和克里米亚战争。

所谓民族主义是指同一语言、同一文化生活和彼此认同的族群为同一民族，以及他们应该拥有自己的国家的理论。实际上，现在的欧洲原先并无那么多民族群体，早先的欧洲人从属于部落或部族，后来他们从属于各领主。很难说生活在德意志土地上的原先都是德意志人，因为里面包括了波兰人、保加利亚人、立陶宛人或者瑞典人，甚至法国逃亡来的新教徒。但是只要他们现在说德语，认同自己德国人的身份，他们就是德国人。其他地区也是如此，波兰几次被瓜分，由于俄罗斯吞并波兰部分地区后并没有给予他们平等的待遇，使他们的民族意识觉醒，就会用"波兰人"的身份反对俄罗斯的统治。

维也纳体系极力维护欧洲的封建君主制、镇压革命运动，但工业革命的发展，让资产阶级和民众的力量不断壮大，欧洲最终爆发了1848年革命。1848年1月，革命首先于意大利西西里爆发。随后，法国发生了二月革命，推翻了七月革命后建立的奥尔良王朝，建立了法兰西第二共和国。之后，革命浪潮几乎波及全欧洲，普鲁士、巴伐利亚、奥地利、丹麦、瑞士等国家都发生了革命，仅俄国、西班牙及北欧少数国家未受影响。然而在反动君主的镇压下，这波轰轰烈烈的革命浪潮最终偃旗息鼓。尽管如此，1848年革命还是沉重打击了欧洲君主及贵族的反动势力，拿破仑战争后建立的维也纳体系最终崩溃，反动势力的代表奥地利首相梅特涅被迫下台，逃往英国。这场革命后，民主、自由逐渐成为时代的潮流，君主贵族制日渐没落。民族主义力量在这次革命中有了极大的发展，间接导致了德意志统一及意大利统一。

克里米亚战争，只证明了一件事，在彼时的欧洲，所有的神圣盟约都可以被推翻，这一切只取决于现实利益的需要。

普鲁士在萨多瓦战役中一举击溃奥地利军队

第4节
克里米亚战争及俄罗斯对远东的侵略

　　维也纳体系基本上保证了欧洲几十年的大体和平，与18世纪接连不断的血战相比，19世纪中叶对于欧洲来说是一段美好时光。欧洲的科学、技术、文化和艺术飞速发展，并在海外不断开拓殖民地，先进的军事技术和组织形态，让欧洲人在面对落后地区时很容易就实施"降维打击"，用很少的人力和代价就能夺取最大的利益。

　　俄罗斯没有强大的海上力量，他们的殖民目标是向东向东再向东，当然相比于东边广阔的西伯利亚冻土，他们更想得到小亚细亚地区，除了战略和经济上的考虑，民族宗教情感也是重要因素。对于信奉东正教的俄罗斯人来说，夺回君士坦丁堡（伊斯坦布尔）是每位沙皇的终极梦想，因为俄罗斯一直以东罗马帝国的继承者自诩，只有君士坦丁堡才是东罗马帝国理所当然的首都。

　　从彼得大帝开始，俄罗斯不断向他们的西方邻居学习，也勉强步入了近代国家行列，他们要恢复曾经斯拉夫人占据的地盘，就不

俄土战争

可避免地与奥斯曼土耳其发生冲突。

俄土战争从17世纪开始,断断续续进行了二百四十年之久,平均19年爆发一场大战。最初两国旗鼓相当,到了19世纪,土耳其已经衰落,面对俄军的攻势节节败退。原本辽阔的奥斯曼土耳其在多年战争中逐渐丢掉了东欧、巴尔干和希腊、高加索等地的统治权和主导权,俄罗斯得到了南乌克兰、克里米亚、比萨拉比亚及高加索的部分领土,并在黑海沿岸牢固地树立了自己的地位。

原先,俄罗斯和奥地利对奥斯曼土耳其作战时还是盟友,他们多次联合打击土耳其人,但随着土耳其人退出东欧和巴尔干,奥地利和俄罗斯都认为自己应有这块土地的控制权。大国关系就是如此微妙,永远以利益至上。因此,对俄罗斯进攻克里米亚并意图占领君士坦丁堡,奥地利非常矛盾。

19世纪的奥斯曼土耳其处于缓慢崩溃的过程中,欧洲列强各有算盘,也都不想由一国尽享奥斯曼土耳其崩溃后的红利。我们只要认真分析一下当时的局势,就能理解为什么英、法这对老冤家会站在一起反对俄罗斯。

英国和俄罗斯在中亚的矛盾极深，对俄罗斯进攻奥斯曼帝国之举，英国人是极度警惕的，不仅因为俄罗斯会因此在中亚之争中占据上风，而且俄罗斯人的黑海舰队一旦自由出入地中海，就会对英国地中海舰队产生直接威胁。

对于法国来说，神圣同盟的防范对象就是它，因此，拆散神圣同盟十分必要。俄奥交恶对于奥地利来说是坏消息，对于法国却是好消息。而且法国与俄罗斯之间隔着数个欧洲国家，即使开战也可以让战场远离本土。另外，法国人也有自信在军事力量上打败俄罗斯。

奥地利在失去梅特涅这位老谋深算的政治家后，对国际形势的把握大不如前。实际上，奥地利的实力已经不足以掌控庞大的领地，但依然怀揣大帝国的梦想和野心，对俄罗斯进入东欧极不满意，因此也反对俄罗斯进攻奥斯曼帝国。

1853年克里米亚战争爆发，这年底俄土在黑海进行的锡诺普海战是风帆战列舰最后的辉煌时刻，此战中俄军大获全胜，全歼了奥斯曼黑海舰队，活捉舰队司令奥斯曼帕夏。英、法两国海军于1854年将舰队驶入黑海为奥斯曼土耳其的运输船队护航，此举等同于向俄罗斯开战。沙皇尼古拉一世（1825—1855年在位）对英国特使讲："你们不要以战争威胁我，我可以依仗柏林和维也纳。"可沙皇不知道的是，普鲁士本来就对俄罗斯在普、奥之间倾向于奥地利已经很不满，而奥地利压根不打算对俄罗斯伸出援手。甚至奥地利还乘着俄罗斯被英、法压制的时机，出兵要求俄罗斯撤出瓦拉几亚和摩尔达维亚。这种墙头草般的背信弃义之举，彻底葬送了两国

1815年以来建立的友谊。

俄军与英法联军在克里米亚地区鏖战三年，至1855年联军攻克俄罗斯黑海重镇塞瓦斯托波尔，俄军几乎丧失了1829年以后获得的全部利益。战争期间，沙皇尼古拉一世去世，新沙皇亚历山大二世在奥地利提出最后通牒后，同意和谈。

法国达到了自己的目的，拆散了奥俄同盟。普鲁士压根没有参战，只是作壁上观。英国也达到了自己的目的，即阻止俄国人的舰队进入地中海。这次战争，俄罗斯是最大的输家，另外一个输家是奥地利，因为它失去了俄罗斯的友谊，将在与普鲁士的竞争中丧失传统盟友的支持。

1856年3月30日，各方代表在《巴黎和约》上签字，和约主要内容包括：列强要共同保证奥斯曼土耳其的"独立与完整"，此举意在阻止任何一个强国，尤其是俄罗斯再次侵略奥斯曼土耳其；同

克里米亚战争

时作为基督教国家，各国要求奥斯曼土耳其保证不分种族与信仰改善境内人民的状况，保证境内的基督徒不受迫害；俄罗斯则收复克里米亚半岛的被占领土，将多瑙河口和比萨拉比亚南部割让给摩尔达维亚，高加索的卡尔斯归还给奥斯曼土耳其，放弃奥斯曼土耳其境内东正教徒的宗主权和保护权；塞尔维亚、瓦拉几亚和摩尔达维亚的宗主权仍归奥斯曼土耳其；黑海中立化，禁止俄罗斯在黑海沿岸建立或保有兵工厂；多瑙河航行自由。

19世纪的欧洲，各主要大国不仅在欧洲大陆争夺霸权，也放眼全球，展开世界范围内的大竞争。俄罗斯虽然在克里米亚半岛吃了英、法的大亏，但它在远东得到了所谓的"补偿"。1856年，英国以"亚罗号事件"为借口，联合法国对中国发动了第二次鸦片战争。1858年，英法联军攻陷了大沽口，迫使清政府与俄、英、法、美四国签订了《天津条约》。同年，俄罗斯还以武力迫使黑龙江将军奕山签订了中俄《瑷珲条约》，企图割占中国黑龙江以北、外兴安岭以南约60万平方千米的领土，清政府对此很不满，一度拒绝批准该条约。

因《天津条约》的主要条款中有"外国公使常驻北京""增开……汉口、九江、南京、镇江为通商口岸""外人得以入内地游历、通商"等内容，咸丰帝对此感到忧恐，要求大学士桂良与英、法、美代表谈判签订通商章程时，取消公使驻京、内地游历、内江通商等条款。英、法拒绝，并坚持要在北京换约，双方为此发生了激烈的冲突，一时间，战争的阴云再次笼罩在北京这座古老帝都的上空。

这让俄国人非常忧恐，害怕英法联军在中国占着不走，并在北京城取得据点，这对于俄罗斯来说将是一场噩梦。一位俄罗斯的年轻军官伊格纳季耶夫（1832—1908年）于1859年从莫斯科穿越西伯利亚来到中国。他的任务很简单，就是要让俄罗斯通过非法手段侵占的中国领土变得合法，这是19世纪大博弈中一次典型的行动。

抵达北京后，伊格纳季耶夫与清朝政府交涉，表示他可以代表俄罗斯出面调停中国与英法之间的矛盾，但清廷并不傻，知道前门驱虎后门进狼的道理，拒绝了伊格纳季耶夫。同时清廷也担心俄罗斯与英法沆瀣一气，后来的事态表明，清廷的担心不无道理。

伊格纳季耶夫果然两面三刀，俄罗斯虽然刚跟英法在克里米亚打得你死我活，但在清政府面前，它自认为属于文明世界，与英法属于同一阵营。于是伊格纳季耶夫来到英法联军大营，向英法提供了北京的城防图和情报，同时他又竭尽全力地阻止清廷跟英法达成协议，不断在两者之间挑拨离间，煽动英法向北京进攻。等到英法兵临紫禁城下时，伊格纳季耶夫再次向清廷提出由他居间调停。此时咸丰已经逃到承德去"狩猎"了，北京城已经没有主事之人，只剩下皇帝的弟弟恭亲王奕䜣留在北京收拾残局。英法联军摧毁了北京城外的皇家园林圆明园，清廷非常害怕英法联军摧毁京城中央的皇城，因为皇城一旦被摧毁，大清将失去继续统治中国的根基，于是奕䜣感激涕零地接受了伊格纳季耶夫的建议。

中国北方的严寒已经来临，英法联军也急于跟清廷达成协议并撤军，但伊格纳季耶夫向清廷封锁了这个信息，他成功地让清廷认为英法联军有长期驻扎在北京的打算，这种可怕的前景让清廷不寒而栗。

第二次鸦片战争

英军指挥官额尔金勋爵（1811—1863年）确实动过这样的念头，他在给外交大臣罗素勋爵（1792—1878年）的信中写道："说句玩笑话，如果我们还需要第二个印度的话，也许我们可以兼并中华帝国。"英法最后决定满足于签订条约而不是占领中国，而伊格纳季耶夫成功地让清廷相信英法联军可能常驻中国，只有他不仅可以让英法提前撤军，还可以降低索赔的金额，他的条件则是要求清政府正式承认俄罗斯对新近得到的中国东北领土享有主权。

清政府对此犹豫不决，伊格纳季耶夫便马上利用联军在撤军过程中一个短暂的、程序上的延迟恐吓清廷，谎称是他让英法联军停止撤军的。英法联军最后一支部队在1860年11月6日离开北京，八天后，伊格纳季耶夫代表俄罗斯跟中国签订了《北京条约》，而英法联军对此毫不知情，等他们知道俄罗斯已攫取战争最大一部分的利益时，为时已晚。

中俄《北京条约》使清政府承认了《瑷珲条约》的合法性，并割让了乌苏里江以东（包括库页岛）约40万平方公里的领土，从此中国失去了东北地区的日本海的出海口，并开放张家口、库伦、喀什噶尔为商埠。

1860年11月22日，伊格纳季耶夫心满意足地离开北京，返回圣彼得堡，随即被沙皇亚历山大二世授予圣弗拉基米尔大公勋章。有一位英国历史学家这样说："自1815年以来，俄罗斯没有缔结过如此有利的条约，也从来没有一个外交家取得像这位年轻人取得的恢弘伟业。俄罗斯在远东的胜利，抹平了他们在克里米亚战争中的惨痛记忆，也在东方补足了他们在西方的损失，而且这个胜利还是在完全蒙蔽他们的对手英国人的前提下获得的。"

第5节
普鲁士化身帝国（下）

　　19世纪中晚期的欧洲舞台上，形势变幻，错综复杂。各大国一方面进行着赤裸裸的军备竞赛，另一方面又在谈判桌上纵横捭阖，政治、军事、外交领域的斗争逐渐白热化。在这种局势下，欧洲这艘大船再次缓慢地驶入惊涛骇浪之中。

　　俄罗斯在西方严重受挫，奥斯曼土耳其暂时安全了；法国努力接近俄罗斯并成功破坏了俄奥同盟；普鲁士冷眼旁观，随时准备给法国致命一击；英国则利用海上绝对优势在全球贸易体系中占据了最有利的位置；至于西班牙，早就没有人关心西班牙了。

　　在社会层面，人民的呼声和力量也越来越大，法国的启蒙运动让平等、自由等思想越来越深入人心。社会的发展也使得各种思潮激烈碰撞，法国的激进主义，奥地利、俄罗斯顽固坚持的王权思想，英国的保守主义，普鲁士的开明专制主义以及社会主义、共产主义思潮相互争鸣。人民获得的权利比一百年前大得多，同时有人民主权色彩的政权在外交上的回旋余地也比王权时代的政府

拿破仑三世

小得多。

法国皇帝拿破仑三世（1852—1870年在位）就是这样一位"人民皇帝"，他是个职业政客和军事冒险家。1848年法国革命失败后，他通过选举当上法兰西第二共和国的总统，后又于1851年12月发动政变，恢复帝制，建立了法兰西第二帝国。他一直希望通过战争解除维也纳体系对法国的束缚，他的皇后欧仁妮曾不加掩饰地说："不发动战争，我们的儿子怎么当皇帝？"

拿破仑三世本寄希望于普奥陷入长期对峙而坐收渔翁之利，夺取比利时境内的几个公国，却发现自己上了普鲁士的当，在普奥战争中一无所获。他当然不会坐视普鲁士的崛起，他曾表示："德意志不该统一，应分成三个部分，南北德应该对立起来。这样法国才可以从中渔利。"他必须向法国人民证明，自己有能力也有魄力，重新带领法国成为欧洲大陆霸主。

对于普鲁士而言，法国是挡在其建立帝国路上的最大拦路石，一个统一的德意志帝国一定会成为法国的敌人，普鲁士的经济发展也需要夺取还在法国手里的阿尔萨斯和洛林地区，它们都是原属于神圣罗马帝国但在三十年战争后被法国夺走的领土。从经济上、政治上和争取德语地区人民民心上说，普鲁士都要与法国一战。

实际上，要建立一个统一的德意志国家，不仅法国不会同意，英、俄也有疑虑，因为每新崛起一个大国，都意味着旧有的欧洲格局要被打破。因此，俾斯麦又开始了他令人眼花缭乱的外交行动。

他将法国对卢森堡、莱茵河西岸地区和比利时的野心暴露在全欧洲面前，并巧妙地使这些国家或地区的议会拒绝法国的统治，从而在道义上站住了脚。法国人没吃到羊肉反而惹了一身膻。

说服英国则相对容易，英国的策略永远是压制欧陆霸主，一直以来法国就扮演了被压制的角色。普鲁士在七年战争中就与英国结下了深厚友谊，在海外利益上也从未与英国有任何冲突，两国贸易往来频繁，普鲁士王室与英国王室还是亲戚。因此，英国能够容忍普鲁士再次壮大，以对抗法国。

最关键的还是俄罗斯的态度。普法一旦开战，法国很可能会与奥地利结盟，如果俄罗斯再在背后来一刀，普鲁士将三面受敌。幸运的是，奥地利此前已经深深伤害了俄国人的感情，又在巴尔干地区与俄罗斯龃龉不断，法国也在东方问题上与俄罗斯矛盾极深，这就给了普鲁士极大的外交空间。

普鲁士反复宣称支持修改《巴黎和约》，支持俄罗斯要求去除黑海非军事化条文的努力，俄罗斯多次表达了感激之情。俾斯麦知道，俄罗斯是绝不会支持奥地利和法国了。

一切准备就绪，就等法国主动挑起战争，普鲁士作为被攻击的一方就能获得道义上的支持。1868年，西班牙发生内乱，女王逃到法国，西班牙人邀请普鲁士霍亨索伦王室的成员担任西班牙国王，普鲁士接受了邀请。此举刺激了法国，拿破仑三世马上要求普鲁士撤回决定。普鲁士国王威廉一世（1861—1888年在位）退缩了，撤回了决定。普鲁士本已错失了刺激法国开战的良机，没想到拿破仑三世不依不饶，让法国驻普鲁士大使前往普鲁士国王的疗养地埃姆斯温泉求见威廉一世，要求威廉一世承诺无意伤害法国的尊严，霍亨索伦王室永远不会染指西班牙王位。对此无理要求，威廉一世也基本同意进行磋商。随后，威廉一世便把相关的情况通过急电发给在柏林的俾斯麦。俾斯麦看到这样会使法国平息愤怒，在得到军队已经做好战争准备的保证后，俾斯麦把电文中"还可在柏林从长计议"一句删去，在里面加上了一句这样的话："国王陛下拒绝以后再接见法国大使。"并命令侍从副官转告法国大使："陛下再没有什么好说的了。"

俾斯麦选择在1870年7月14日法国国庆日在报纸上公布这份电文，正处于节日欢乐氛围中的法国人被激怒了。在这几百年里，法国虽然也吃过败仗，但对普鲁士一直存有心理优势，英国、奥地利、俄罗斯才是法国的敌人，小小的普鲁士居然敢这样对皇帝陛下说话，一时间，巴黎响彻"打到柏林去"的呼声。拿破仑三世也没法忍受这样的侮辱，当即宣布开战。

早有准备的普鲁士军队，在色当一役中击败了拿破仑三世亲率的大军，并俘虏了拿破仑三世本人，法兰西第二帝国就此灭亡。普鲁士军队进入法国，并最终占领巴黎。

普鲁士专门选择了法国凡尔赛宫的镜厅作为德意志帝国皇帝加冕的地点，除奥地利以外的德意志地区，尽归帝国所有。近代史上重要的欧洲国家——德国，重获新生。

新生的德国从法国手中获得了煤铁资源丰富、工业基础完善的阿尔萨斯和洛林地区，还获得了法国150亿法郎的赔款，统一的德国本身就具有极好的工业基础和普及教育下的人才储备，这让德国在未来几十年始终压制法国。

拿破仑三世被俘后去见威廉一世

失败的耻辱连同普军的入侵，激发了巴黎人民救亡图存之心，他们举行起义，建立了巴黎公社。然而，巴黎公社遭到普法军队的联合绞杀，巴黎再次血流满地。内外战争的损失，连同割地赔款的负担，让法国逐渐落后于德国，德国也取代法国成为欧洲大陆新一代霸主。现实的仇恨，加上内心的巨大失落感，让法国一心想要找德国复仇。之后法国的外交策略，就是紧盯德国，联合一切能够联合的力量对抗德国。对于德国而言，他们最大的敌人也成了法国，防止法国拉拢其他国家对付自己是首要任务。

德国的崛起，让地缘政治格局发生了重大变化，欧洲的均势又一次被打破了。民族主义、工业发展和贸易利益，都促使各国拼命向前，德国人更提出了"阳光下的地盘"的概念，开始要求海外殖民利益了。

英、法、俄、德、奥五强局面形成，而老牌国家意大利在哪里？它又是何时统一的？必须要做个交代。

第 6 节
意大利的统一

　　意大利在欧洲是个奇特的存在，如果说到文化、艺术，意大利都能在欧洲傲视群雄，但要说到他们的政治影响力、军事战斗力和经济水平，大多数人只能遗憾地摇摇头。为什么会出现这样的情况呢？

　　在欧洲大国中，意大利实现统一的时间相对较晚。罗马帝国崩溃后，意大利就被各种势力割据。亚平宁半岛的地形本身就利于割据而不利于统一，半岛被划分为几个彼此间差异很大的地区，同时代的入侵者会在不同的地区产生不同的影响。希腊文明繁荣时，曾在意大利沿海地区建立了不少以商业贸易为主导的殖民城市。内陆山区，则由不同的蛮族建立了"山上"城市。因此，意大利从来不是一个有着统一文化的国家，如果一定要说有，那就只能说是基督教信仰了。

　　中世纪的意大利不断被各强国分割统治，亚平宁半岛始终没能实现统一，其中的五个重要势力分别为那不勒斯、教皇国、威尼斯、佛罗伦萨和米兰。这些地方强国的性质大相径庭，彼此为敌却奈何不了对方，五大势力共同左右着意大利的命运。

文艺复兴时期的意大利历史就是这五个主权领地的历史，这些领地都在竭力扩大自己的势力范围，同时尽可能地争取外部支持。意大利本土的战争基本都是一些小规模战争，对社会的伤害性远小于同时期的中欧各国。在大体和平的岁月里，文艺复兴的光芒照耀了整个欧洲，过早成熟的政治也诞生了马基雅维利那样的现实主义政治哲学家。

文艺复兴后的几百年里，意大利要么被法国君主控制，要么被西班牙王室控制。1815年建立的维也纳体系在当时要解决两个问题：一是消除法国对欧洲各地的控制；二是意大利北部应该由另外一个能够抵挡法国人侵袭的强国控制，这个强国只能是奥地利。原先已有统一希望的意大利，又被迫回到地区分割的状态。但民族主义情绪一旦萌发，不是几个老谋深算的政客能够压制的。奥地利首相梅特涅虽然尽他的努力，让意大利继续处于分崩离析的状态，以便于奥地利能够控制它最富饶的省份，然而随着维也纳体系的崩塌，特别是普鲁士的崛起，意大利的统一又出现了新的希望。

1848年革命席卷欧洲，意大利的西西里岛也爆发了革命，战火甚至蔓延到了法国，导致法王路易·菲利普倒台。撒丁王国国王认为时机成熟，于是向奥地利开战，意图统一意大利，但他的军队战斗力实在太差，即使面对奥地利这种老迈国家的军队也打不赢，两次战争失利让意大利统一的步伐不得不延迟数年。

到了1859年，意大利向出身意大利烧炭党人的拿破仑三世求援，并诱使奥地利率先开战。在1859年的马真塔会战中，法国和撒丁王国为一方，奥地利为另一方，爆发了战争。奥军行动迟缓，居然没有抢在法国援军到来前打败撒丁王国军队。5月中旬，世界历史上第一次大规模地利用铁路调动军队，12万法国军队和撒丁军队顺利会师。在一系列混乱的遭遇战中，联军最终取得胜利，拿破仑三世和撒丁王国国王伊曼纽尔二世（1820—1878年）以胜利者的姿态进入米兰，意大利获得局部统一。

1866年普奥战争爆发，意大利与普鲁士结盟，以牵制奥地利南部的兵力。拿破仑三世不愿再介入意大利与奥地利的战争，只想坐观普鲁士与奥地利鏖战，法国如果介入意大利战争只会间接帮助普鲁士，于是拿破仑三世建议奥地利把威尼西亚割让给法国，再由法国转交给意大利。但这个建议对于意大利来说是屈辱的，自己的国土被奥地利占据，居然要通过第三方转交？于是意大利果断拒绝，并与奥地利开战。

刚被普鲁士打得满地找牙的奥地利打起意大利来却毫不含

统一意大利的撒丁王国国王
伊曼纽尔二世

糊，无论在陆地还是海上，哪怕占据战略和兵力优势，意大利都毫无还手之力。而且随着普鲁士与奥地利的战争快速结束，意大利发现它将面对整个奥地利的压力，意大利的统一大业似乎就要止步于此了，然而普军的胜利让奥地利不得不将威尼西亚割让给法国。最终，奥地利先将威尼西亚割给法皇拿破仑三世，拿破仑三世再将它让予意大利。就这样，意大利完成了统一大业。

在统一过程中，意大利几乎没有打胜过一场像样的战役：第一阶段是战败告终，第二阶段靠法国赢了一仗，第三阶段输掉全部战争，最后通过大国博弈"掉落的残渣"完成了统一。

为什么意大利军队的战斗力如此之差？也许与他们过早成熟的政治体系有关。意大利作为罗马旧地、教廷所在，文明的发展程度始终高于日耳曼、高卢和不列颠地区。成熟的政治带来文明的早熟，文艺复兴在意大利兴起并非无因。热那亚、佛罗伦萨、威尼斯都是文艺复兴的引领者。然而文明之花的开放也需服从自然规律，早熟者易早衰。出现了马基雅维利式的政治哲学家，一方面显示文明成熟度极高，一方面又是文明衰落之相，若非衰落，何必用那些马基雅维利式的手段玩些阴谋诡计？普鲁士文明后发，论宫廷斗争艺术远逊于意大利，但是如果他们在军事上交锋，意大利却不堪普鲁士之一击。文明高度成熟，市民文化就昌盛，市民文化浸染下的人民性情油滑，油滑之士如何能当战士？威尼斯在1571年勒班陀大战后逐渐没落，贸易线路更迭固然是主因，公民精神的没落也是不能忽视的因素。

意大利实现了统一，欧洲列强的疆界还没彻底落定，奥地利被普鲁士轻松打败失去了德语世界的主导权，那么奥地利帝国是怎么变成奥匈帝国的呢？

348

第 7 节
奥匈帝国的建立

被迫解散神圣罗马帝国的
弗朗茨二世

中世纪的奥地利哈布斯堡王朝十分强盛，神圣罗马帝国1806年被拿破仑勒令解散后组建的奥地利帝国也算强国，能与英国、法国、俄罗斯并列为欧洲四强，比普鲁士和意大利还要强大。然而1859年与意大利和法国的战争以及1866年的普奥战争，让奥地利帝国这个纸老虎现了原形。从此，这个国家成了欧洲的笑柄，除了在意大利面前还能抖抖威风，面对普鲁士、法国、俄罗斯、英国等大国，奥地利毫无底气。

维也纳当局也反省过自己的统治。1860年，奥地利皇帝同意成立帝国议会，但对国体之本到底如何选择一直摇摆不定。一种是集权主义，通过行政官僚严密控制所有行省；二是联邦体系，帝国内各民族实行自治，然后组成议会协调行动。集权容易引发非德语民族的愤怒，奥地利帝国内爆发了多次民族起义，规模虽然不大，但足以让王室惊恐，生怕这些民族起义导致1848年革命那种严重的后果。而走联邦道路，让地方势力自行其是又必然导致分裂。

奥地利王室要守住他们现有的领土，就必须对抗在欧洲越来越盛行的民族主义。所有分离帝国的倾向让帝国的裂缝越来越大，普奥战争的失利更让哈布斯堡王室将原先拥有的意大利地盘丢失了，德语民族也被普鲁士夺走了，奥地利更加依赖那些中欧小民族，斯拉夫人、匈牙利人、罗马尼亚人为居民主体的诸州。这些地区的民族自觉和自醒运动将是奥地利帝国的噩梦。

匈牙利人是奥地利帝国的第二大民族，源自东方草原迁移而来的马札尔人。看到奥地利居然输给了后起之秀普鲁士，匈牙利政客来到维也纳，要求皇帝承认匈牙利王国，而匈牙利王国会在奥匈帝国的框架下为帝国效命。帝国皇帝弗朗茨·约瑟夫（1830—1916年）与匈牙利贵族进行了谈判，最终解决的方案是：匈牙利人同意在帝国框架下行事，但要求更多特权，比如在布达佩斯有自己的议会，制定自己的法律，且在帝国大议会里也要获得比相应的人口比例更高的代表席位。帝国最终同意了这个要求，一个面子大于实质的奥匈帝国就此成立。奥地利为了让匈牙利留在帝国内，付出很大代价，比如匈牙利人享有比奥地利人更多的政治权利和经济权益，是实际上的上等人。

弗朗茨·约瑟夫是奥地利帝国末代皇帝，他掌权时间之长几乎追平路易十四，从1848年登基为帝一直统治到1916年，在位长达六十八年。但此人心智不足以承担统治大国的重任，总是被短期

弗朗茨·约瑟夫

利益所诱惑，得罪原本的"朋友"，开启无谓的战争。奥匈帝国的建立维护了他的颜面，却损失了不少帝国的实际利益。除此之外，他的昏聩行为还有许多，比如在克里米亚战争中因为眼前利益放弃神圣同盟，得罪对奥地利帮助极大的俄罗斯；1859年他失去了意大利北部的统治权；1866年误判普奥战争，失去德意志地区的主导权。1914年直接导致了奥匈帝国解体，哈布斯堡王室丧失其统治权。

此时，左右欧洲未来的大国格局基本成型，英、法、德、奥、俄、意，其中除了奥地利和俄罗斯外，其他几个大国都更接近民族主义国家，民族主义国家的使命就是为本民族争取更多利益。与此同时，大众参与政治的热情被点燃了。启蒙运动中产生的自由、民主、平等的思想以及法国大革命精神，随着拿破仑征服的脚步扩散到了全欧洲。俄罗斯入驻巴黎的军官们，在接触到西欧的启蒙思想后，更觉得自己祖国的愚昧和落后，他们回国后也掀起了革命的浪潮。庞然大物俄罗斯，这个欧洲最保守的国度，在历次革命中都坚决保皇的欧洲宪兵，也终于迎来了国内的革命浪潮。

第8节
俄罗斯1861年的改革与进展

　　见识过欧洲文明的军官们回到祖国后，对俄罗斯的现状感到十分不满。这个古老帝国的上层早已欧洲贵族化，底层则由掺杂了鞑靼气息的虔诚东正教农民组成。彼得大帝之后的历任沙皇充分改革了上层，使得上层非常西化，保守的宗教和愚昧的下层民众，则让这个帝国在19世纪之前显得颠顶又蹒跚。农民没有人身自由，被当作奴隶固定在土地上，这不利于俄罗斯的工业发展。1856年的克里米亚战争，让自我感觉良好的俄罗斯遭到当头一棒——在家门口作战，坐拥庞大人力资源，却被英法打得满地找牙。俄罗斯的改革迫在眉睫。

　　关于农奴制，常常误解的是地主和贵族会坚决捍卫这样的落后制度，事实上并非如此。随着欧洲自由贸易的兴起和工业化浪潮的推动，农奴制度因其效率极度低下，很多贵族为此负上了高额债务，中小地主濒临破产，甚至养不活自己的农奴，而农奴起义则此起彼伏。当代俄罗斯学者谢梅夫斯基利用官方的记录统计出，在废除农奴制之前曾发生了550次农奴起义。一位苏联历史学家伊格纳托维奇则认为农奴起义的次数达到了1467次，1801年到1825年间农奴起义有281次，占总数的19%；1826年到1854年间农奴起义有712次，占总数的49%；在亚历山大二世废除农奴制前的六年零两个月里发生了474次，占总数的32%。伊格纳托维奇强调，这些起义无论在时间长度、激烈程度还是人员和经济的损失方面，以及为恢复秩序、军队所必须作的努力方面都在不断地增加。

废除农奴制是俄罗斯顺应历史潮流向前迈出的一大步，然而沙皇和法国大革命前的路易十六犯了一样的错误，没有循序渐进地推行改革，而失之于操切。

俄罗斯解放农奴

政府向社会公开了解放农奴的计划并欢迎人民的讨论和建议，贵族议会也时不时向普通人开放，限制报刊的一些禁令也取消了。沙皇亚历山大二世还要求警察部门向他通报公众情绪，政府中有自由主义倾向的官员也希望能够"唤醒民众"。俄罗斯社会压抑已久的政治热情被点燃了，浪漫的想象和乐观情绪在整个俄罗斯蔓延，民粹主义作家赫尔岑（1812—1870年）向亚历山大二世呼喊："你已经征服他们啦！我的陛下！"

没有政治实践经验的知识分子骤然获得政治权力，往往会走向激进。法国发生过的一切，将在俄罗斯重演，当然由于俄国距离欧洲的中心还有段距离，1848年的革命浪潮的影响还要稍晚点才能到达这里。

最终废除农奴制的法令被签署了，这是俄罗斯政府和贵族中有自由思想的人们的杰作。然而改革并非是一蹴而就的，获得人身解放的农奴没有摆脱高赋税的枷锁，在解放过程中为了给予地主利益上的平衡，农奴承担了大多数税赋负担，他们获得的土地也没有达到他们原先耕作的数量。据统计，有13%的农奴获得了足够的自由土地；45%的农奴获得的土地可以维持自己家庭的生计；仍有42%的农奴没有获得足够的土地。莫斯科国立师范大学俄罗斯史系教授利亚申科概述："在改革后，3000名贵族保留了9500万俄亩（1俄亩约1.09公顷）的上好土地，而2000万被解放的农奴只获得了1.16亿俄亩土地。"

也就是说，农奴改革本身是可取的，但改革后的农奴并没有过上期待已久的好日子，相反，他们中的大多数背上的债务和获得的土地不成正比，而且他们还将直面自然经济的种种风险。这种不成熟的改革恰好是俄罗斯这种贫困人口占绝大多数的国家应该极力避免的事。因为俄罗斯的社会形态比西欧落后太多，上层的思想意识

沙皇亚历山大二世

与西欧相似甚至更加激进。

除了解放农奴，俄罗斯还打算进行其他方面的改革，比如地方自治制度。这方面的改革更加激进，从鞑靼统治下独立的俄罗斯从骨子里崇拜强者，也对自身的处境极度没有安全感，因此从俄罗斯帝国建立以来，就对强权和扩张有一种病态的迷恋。

对于俄罗斯来说，既然改革已经启动，就必须一路走到底。但上层统治者显然没有这样的觉悟，当初改革的目的只是为了解决一些迫切的问题，达到一些如富国强兵之类的可见目标，当这个目标部分达成后，改革的步伐就停滞了。因此，在社会改革已经启动的情况下，沙皇政府和贵族阶层又反过来成了改革的阻力。保守而右翼的政府和民间的左翼激进革命家们的缠斗，是19世纪60年代之后俄罗斯社会的主基调。

1873年，俄罗斯政府命令在瑞士学习的学生放弃学业回国，而这些留学生中的一部分回国后决定"到人民中去"，成为农村的教师、医生、兽医等，又把未经实践的新思想带到了民间；另外一群人则留在城市准备发动革命，尤其是激进的革命家巴枯宁的支持者们相信，人民拥有巨大的力量，只要发动人民就能够实现自己的政治理想。

虽然此时的俄罗斯风云激荡，但普通百姓尤其是农民还是在按照原有的习惯生活，长期受压迫和剥削的他们只要能勉强度日，就不会响应激进学生们的号召，因此19世纪的俄罗斯只是在酝酿革命，还没到天翻地覆的时候。

第十三章

非大战不能消块垒

第 1 节
德国的先天战略困境

19世纪下半叶，欧洲主要大国齐头并进，其中真正有实力的是英、法、德、俄，自以为有实力的是奥、意。克里米亚战争之后，俄罗斯一直在欧洲找盟友，德国恰好需要在欧洲建立一个同盟来制约法国。1873年，德、奥、俄三国君主建立了三皇同盟，俄罗斯虽然憎恶奥地利，但此时奥地利已被极大地削弱，俄罗斯也就接受了奥地利加入同盟。三皇同盟约定，如果有一国遭受进攻，另外两国将提供兵力援助。

德国统一后，俾斯麦面临的欧洲局势极其复杂，他必须小心翼翼地处理所有问题。

俾斯麦主导建立三皇同盟

德国的死敌是法国，这一点毋庸置疑。奥地利同为德意志民族国家，已经丧失德语世界的主导权，可以把它当作盟友对待。俄罗斯是东方大国，如果它跟奥地利的关系太过紧密，会让德国的压力过大，因此德国有必要同时与俄、奥结盟，防止这两国结盟针对自己。

德国还要处理好与英国的关系，除了海外贸易要依赖英国的海上力量，德国的经济也极大地依赖英国的金融体系。如果跟俄罗斯走得太近，也会引发英国的警惕，此时英俄竞争在中亚和近东都进行得如火如荼。

对于俾斯麦来说，摆在他面前的任务有三个：维持欧洲现状、孤立法国和保障德国安全。这三个任务其实是一回事，不能孤立法国，德国就会陷入危险；不能保持欧洲现状，德国也会陷入危险。处于欧洲四战之地的德国必须小心翼翼地在钢丝上找平衡。

除了法国这个唯一的敌人，让德国在欧洲其他国家面前扮演一个仲裁者的角色，是俾斯麦殚精竭虑所要完成的政治设计。在这个设计中，德国与其他国家都没有领土纠纷，也不会与其他国家争夺殖民地，只有这样，作为一个仲裁者的德国在中欧腹地才能真正获得安全保障。

然而，一个对自身处境和地位不清楚的队友，有时比敌人还要可怕。对于德国来说，奥地利就是这样一个队友。遭受一系列挫败的奥地利并没有意识到自己已经沦落为欧洲二流国家，更加悲剧的是，它跟西班牙、瑞典不一样。西班牙和瑞典都地处欧洲边陲，一旦沦落为二流国家，对欧洲局势几乎没有什么大的影响。而奥地利则不同，由于地处中欧，它的一举一动都会对欧洲未来局势造成重大影响。三皇同盟的破裂，就是明证。

引发矛盾的还是奥斯曼帝国，其在巅峰时期控制了从小亚细亚到多瑙河流域的广阔土地，这片土地上生活着许多民族。以1875年巴尔干半岛上的波斯尼亚和黑塞哥维那爆发起义反抗土耳其的统治为开端，欧洲火药桶开始了异常活跃的阶段。次年，保加利亚也爆发了反抗奥斯曼土耳其的起义。两个月后，已经半独立的塞尔维亚和黑山向奥斯曼土耳其宣战。奥斯曼土耳其残酷镇压了保加利亚的起义，在泛斯拉夫主义觉醒的俄罗斯引发了激烈反应。

泛斯拉夫主义产生于19世纪初，最早出现于西斯拉夫人和南斯拉夫人的知识分子当中。当时西斯拉夫人和南方斯拉夫人的民族意识正在形成之中，他们中的学者和诗人热心研究斯拉夫各民族的民歌、民间传说和乡村方言，以此证明斯拉夫各民族在种族上的亲缘关系，试图塑造一种共同的斯拉夫意识。

斯拉夫各民族现代民族意识的觉醒除了自身民族意识的发育外，也与西欧国家成熟的民族意识的不断刺激分不开。在与西欧国家的交流中，他们看到，与生机勃勃的西欧国家相比，自己处于政治上、经济上，甚至道德上的弱势地位，因而感到斯拉夫各民族有必要成为一个整体，以弥补自身不足之处，并使斯拉夫人有一个新的力量源泉，激发自身的民族精神。

1876年，俄罗斯派遣了一支数千人的志愿军援助塞尔维亚。然而由于实力悬殊，塞尔维亚军队被奥斯曼土耳其军队打败。情况危急，塞尔维亚不得不向俄罗斯求助。俄罗斯立即介入，然而在英国（英国背后支持奥斯曼土耳其，使其免于被俄罗斯控制）的干预下，俄罗斯的外交努力失败了。这引起了俄罗斯国内泛斯拉夫主义民族情绪的高涨，要求与奥斯曼土耳其一战，俄罗斯也不甘于外交的失败，于是1877年，第十次俄土战争爆发。

经过一年的苦战后，俄罗斯打败了奥斯曼土耳其，两国签订了《圣斯特法诺和约》。条约规定罗马尼亚、塞尔维亚、黑山完全独立，领土也得到扩大；保加利亚成为自治王国，然而仍需向奥斯曼土耳其苏丹纳贡；黑塞哥维那和波斯尼亚获得自治；俄罗斯取得南比萨拉比亚、巴统、卡尔斯、阿尔达罕、巴雅扎特等地；奥斯曼土耳其赔款14亿卢布。

条约对俄罗斯极为有利，然而最后却成了一张废纸，原因是奥匈帝国和大英帝国都不同意这份条约。大英帝国不想看到奥斯曼土耳其被过分削弱，让俄罗斯能够顺利进入地中海并打通与中亚通道，奥匈帝国则把这里看作自己的势力范围，德国则陷入两难境地。

俾斯麦不得不在柏林召开多方会议商讨巴尔干问题，硬生生地从俄罗斯嘴里夺下了几块地方还给奥斯曼土耳其，让英国得到了塞浦路斯，奥匈帝国得到了波斯尼亚、黑塞哥维那。俄罗斯非常

柏林会议

愤怒，对德国仲裁的公正性不再信任。实际上在俾斯麦下台前，他拉拢俄罗斯，孤立法国的政策就已经动摇。为此，他努力与俄罗斯修复关系。在1879年德奥协议签订后，德国也努力与俄罗斯达成这样的协议，目的是两国在其中一国与别国发生战争时（法奥除外），另外一国保持善意中立并使战争局部化。德国承认俄罗斯在保加利亚的优势，并且赞同俄罗斯为了保卫黑海出海口而进行的军事行动，此举实际上同意了俄罗斯进攻伊斯坦布尔。

1886年，法国陆军将领布朗热（1837—1891年）担任法国陆军部长。他是一位极端的法兰西民族主义者和大国沙文主义者，他无法容忍法国败给德国的耻辱，上台后就狂热鼓吹向德国复仇，德国的地缘形势因此恶化。

对于德国来说，得罪俄罗斯，会使法国获得一个强大的盟友；但也不能不帮奥地利，奥地利如果跟德国翻脸，一样会给法国一个盟友，且奥地利距离德国更近；德国甚至不能坐视奥匈帝国解体，因为那样意味着中欧局势大变，欧洲的现状将无法保持；而且奥地利和德国同为德语民族，奥地利对德国内部的影响也极大。

保加利亚危机

这种地缘困境是德国自统一的那天就要面对的，俾斯麦已经使出了浑身解数。柏林会议让德国处于奥匈、俄罗斯、意大利以及巴尔干诸国矛盾的中心，1885—1887年发生的保加利亚危机，最终让俾斯麦努力争取的成果化为乌有。

保加利亚的民族主义者并非全部亲俄，大公亚历山大一世就反对俄罗斯控制保加利亚。奥斯曼土耳其控制的以保加利亚人为主体的东鲁米利亚发动起义，要求与保加利亚合并，然而主导合并的都是反俄派，俄罗斯当然不愿意看到这种情况发生，坚持柏林会议的原则：保持保加利亚的分裂。英国人的干预让土、保达成协议，保加利亚与东鲁米利亚不合并，但由保加利亚大公在东鲁米利亚担任奥斯曼士耳其政府的行政长官。

这一政治安排实际上已经完成了保加利亚与东鲁米利亚的合并，只是在名义上给了俄罗斯一个面子。俄罗斯虽然愤恨，但也无可奈何。1887年，亲俄派驱逐了保加利亚大公，俄罗斯表示欢迎。结果没几天，反俄派又占了上风，要迎回原大公，俄罗斯以战争威胁保加利亚，最终大公不再复位，由议会选举新大公。议会选出了亲德、奥的萨克森家族斐迪南一世，这意味着德国和奥地利最终获得了保加利亚的控制权，俄罗斯经过多年苦战，一无所获，愤怒到达了顶点。

俄罗斯内部早有了反对沙皇政府外交政策的呼声，指责沙皇政府的外交重视原则大过实际利益。比如俄法之间为什么不能结盟？只是因为法国革命后一直没有一个让俄国人认可的合法君主，后来还成了共和国？但这又有什么关系，欧洲其他国家遵从原则了吗？并没有。如果大家都遵守原则，克里米亚战争中同为君主制国家的奥地利就不会去支持一个君主立宪的英国和一个共和政府体的法国。实际上，在《威斯特伐利亚和约》签订后，实际利益就是各国外交的核心原则，维也纳体系是梅特涅尽力撮合的结果，用君主神圣原则来代替实际利益的考虑，也正是因为如此，俄罗斯才在1848年无条件地帮助了奥地利。

俄罗斯的外交政策终于转向了。俄罗斯开始跟法国接触，探索同盟的可能性。俾斯麦的现实主义外交政策，一旦被其同盟国家学到，就会导致一拍两散的后果。俾斯麦用自己高超的平衡艺术抵消了他政策本身的自相矛盾，而他一下台，德国不再有人具备这样的技巧和耐心，当然这种外交的重负也非常人能够承担。

导致这种自相矛盾困境的原因是什么？就在于普鲁士王国统一成为德意志帝国。如果仅仅是普鲁士王国，那么他们的野心就仅限于陆地，他们如何要求陆上的权益都不会跟大英帝国发生矛盾和冲突。而德意志帝国的建立，本身包含着破坏欧洲均势的因子。德国人为什么要一个统一的国家，就是为了强大后能过上跟英国人一样的好日子，要求阳光下的主权。要求阳光下的主权，就必然要在海上挑战英国，这一点在之后得到了证明。

同时，德国还必须在陆上保持强大，因为他们的世仇法国正用无比仇视的目光注视着它。要防范法国就必须有一支强大的陆军，而海陆双线发展，对于德意志帝国而言，无疑是一个沉重的负担，更加需要海外殖民地作为发展工业的廉价原料来源地，这也必然要在海上挑战英国。

要挑战英国就要先行统一欧洲大陆，这样才有力量跟号称"日不落帝国"的英国相抗衡，所以先发制人打败甚至吞并法国就成了必然。德国进攻法国，最便捷的路线就是从比利时进入法国，但侵略低地国家比利时，马上就会触及英国的底线。因为比利时的中立地位是英国保证的，比利时的位置也是看守英吉利海峡最重要的位置，是大英帝国的核心利益所在。事实也正是如此，当后来德国进攻比利时时，立刻促使英国对其开战。

由此可见，德国统一后，侵略比利时成为它崛起战略中必需的一环，只是行动时间早晚而已。侵略比利时就要准备好与大英帝国正面冲突，而跟大英帝国冲突就意味着要站在美国的对立面。

德意志帝国的先天缺陷就在于，它从建立的那一天开始，就必然成为周边所有大国的敌人，除英、法、俄，或许还要加上大西洋另一端的美国。这是俾斯麦等德意志卓越外交家，再怎么努力也无法改变的现实。战争，是国家硬实力，也就是人力资源和物质资源硬碰硬的较量。相比之下，德国的实力则明显不足。

而且，德意志帝国是由多个政治实体比如巴伐利亚、萨克森等组成的，这些邦国之间的矛盾以及各自诉求，也是促使帝国通过发动外部战争来缓和内部矛盾的重要因素。

第 2 节
大战即将到来

1888年3月，德意志帝国开国皇帝威廉一世去世，他的继承人腓特烈三世（1831—1888年）由于罹患喉癌，登基三个月后就去世了。腓特烈三世的儿子威廉二世（1859—1941年）继任强大的德意志帝国皇帝。

威廉二世上台不久，就与帝国首相俾斯麦的关系闹僵了，最后他用一个公爵头衔打发了这位铁血宰相。俾斯麦虽然下野，但一直关注德国的内外形势，对威廉二世从不买账。1898年俾斯麦去世，威廉二世去扫墓时看到墓碑上写的是："冯·俾斯麦侯爵，威廉一世皇帝忠实的德意志仆人。"连威廉二世给他的公爵头衔都没加上。

老首相生前最担心自己死后德国对英、对俄政策会发生重大变化，尤其是德国可能被欧洲各国围攻。事实证明，他的担心不是多余的。威廉二世之后选任的首相和内阁成员都不是那种深谋远虑、精明强干的政治家，而是一群高级公务员。政治家和公务员

的区别在于，政治家需要在极端复杂的
政治博弈中找到最佳的解决路径，而公
务员只要听从上级的命令并完成任务即
可。对于俾斯麦来说，战争永远不是解
决问题的最佳手段，适当并节制地使用
武力，不战而屈人之兵，才是国家长久
的福气。

威廉二世与俾斯麦

　　但自信心爆棚的威廉二世却不这样
想，他并不满足于做欧洲大陆的霸主，
他要效仿和挑战的对象都是大英帝国，
战舰四海巡航，殖民地广布天下。德国为什么不能成为这样一个国
家呢?

　　1890年，德国与俄罗斯的《再保险条约》①到期，两国都没
有表示出强烈的续约意愿，俄罗斯开始向法国靠拢。1891年8月27
日，俄罗斯驻法大使与法国外交部长达成一项政治协定，为法俄
结盟奠定了基础。1893年，法俄缔结了军事协定，法俄同盟由此
形成。

　　对于英国来说，德国本来是它欧洲大陆上最好的盟友，可以帮
助英国在欧陆制衡任何一个敢于挑战英国的国家。如果说德国居于
欧洲的中心，那么英国就是居于世界的中心，英国可以容忍欧洲中

_____

① 《再保险条约》（Reinsurance Treaty），俾斯麦为了孤立法国，拉拢俄罗斯，
于1887年与俄罗斯签订的一份密约。由于1879年德奥同盟建立时已经保证奥匈帝
国在德法战争中保持中立，而1887年的条约又保证了俄罗斯的中立，德国因而获
得了双重保险，故而1887年签订的条约又被称为《再保险条约》。

心崛起一个大国，但绝不会容忍这个大国挑战自己的世界霸主地位。那么英国的命门在哪里呢？答案无疑是海军。

陆地的通道往往是固定的，而整个大洋则全部都是通路，要控制大洋就需要一支强大的海军。七年战争后，英国坐定世界霸主地位，从北美、印度、中东到非洲，米字旗在世界各地迎风飘扬。英国的海军有多强大呢？一组数字可以说明问题。1815年，英国海军坐拥99艘风帆战列舰，总吨位达到了62.2万吨，超过法、俄、西三国海军舰船吨位总和。英国的海军政策是要让大英帝国皇家海军的力量超过排在其后的六个海军大国力量之和，确保英国能同时应对几个海军大国的挑战，同时能够应对多场大规模海战。

19世纪中期之后，欧洲各国都开启了工业化进程，各国政府也都制定了本国的造舰计划，要维持"六强原则"已不可行。1889年，英国海军大臣汉密尔顿提出了著名的"两强标准"。"两强标准"是指英国海军实力不应低于任何两个海军强国力量的总和，英国人认定的海上劲敌一个是宿敌法国，一个是大国俄罗斯。克里米亚战争就是英国为了防止俄罗斯黑海舰队驶入地中海，进而与波罗的海舰队会合，从而给大英帝国造成潜在威胁而爆发的。陆上强国的德国从来不在大英帝国海军的防范范围内。

德国没有重视海军的传统，工业革命后德国也只建造了少量战舰。1872年后，德国虽然需要一支能够保护海外利益的远洋舰队，但俾斯麦明白自己的敌人始终是身边的法国，因此德国在发展海军的政策上非常谨慎。

德国从1872年开始的营造海军计划，其假想敌不是任何一个欧洲大国，而是针对殖民地，因此在造舰规模上显得很有节制。到

1883年造舰计划完成时，德国拥有四艘"萨克森级"铁甲舰和大约几十艘小型护航舰只。它们当时的任务除了保护航线外，最多以法、俄为对手。俾斯麦下台后，因为威廉二世狂热崇拜美国海军战略家马汉，深受其海权理论的影响，同时极受皇帝信任的提尔皮兹海军上将（1849—1930年）于1897年担任了帝国海军大臣，德意志帝国的疯狂造舰计划便开始了。

造舰计划不仅是帝国高层的想法，同时也是人民的呼声。马克斯·韦伯（1864—1920年），这位令人尊敬的社会学家在1895年发表了一段引发群众热烈回应的演讲，他说："英国没有社会问题，是因为它非常富有。它非常富有，是因为它拥有一个帝国。它能够把那些不良分子——爱尔兰人、无产者等——运走，是因为它已对殖民地进行了归类，把澳洲划为安置他们的地方，而且英国能够从澳洲获得廉价的原材料和一个消费市场。因此，英国拥有便宜的食品，不存在失业。而英国能够拥有它的帝国，是因为它有一支远比其他国家强大的海军。德国也有一些不良分子——波兰人、无产者等，因此，德国也必须把这些人渣倾倒到殖民地。这样，拥有一支海军就是一个很好的想法了。如果在一次战斗中，德国海军的规模大到在全军覆没之前还能对英国海军造成严重损害，那么英国就会承认德国的帝国身份。"这种说法恰好代表了德国人的心声。

海军大臣提尔皮兹的目标是建立一支在一个战场上能够挑战大英帝国舰队的远洋舰队，计划在十七年（1900—1917年）之内使德国海军成为一支拥有2艘旗舰、36艘战列舰、11艘大型巡洋舰和34艘小型巡洋舰的强大海军，为德意志帝国争取阳光下的地盘。此举深深刺激了英国，导致英国也开启了他们的"无畏舰计划"。

德国"阿尔贝特国王号"战列舰

　　德国做的第二件刺激英、法、俄的事情是，德国开始加强与土耳其的合作，打算修建一条从博斯普鲁斯海峡经巴格达至波斯湾的铁路，使之与欧陆铁路相连接。修建铁路是列强有效控制殖民地的方式，也是把势力延伸出去的最有力举措。此举刺激了法国和俄罗斯，因为德国有可能通过这条铁路把势力伸到高加索地区。这条铁路也严重威胁到英属印度，而印度一向是大英帝国的禁脔，这也深深地刺激了英国人。

　　英国感受到了来自德国咄咄逼人的压力，虽然两国在政府层面依然保持良好的关系，两国王室还是很近的亲戚，但国家战略岂容私情。英国在各个方向上都做出了回应，首先要解决和俄罗斯在中亚的矛盾。英、俄在中亚矛盾的焦点是阿富汗，俄罗斯如果控制了阿富汗，就可以直接将势力渗入英属印度，如果英国完全控制这里，也会对俄罗斯的腹地产生威胁。于是双方达成协议，阿富汗作为缓冲地带，隔开英俄双方的势力范围。英国政府接受了俄罗斯外交官提出的建议，同意在关于阿富汗的条约中包括不吞并阿富汗，不侵占阿富汗领土，不干涉阿富汗内部事务，不从事任何威胁俄罗斯的行动，也不鼓动阿富汗政府从事这样的行动，承认俄罗斯在阿富汗平等的贸易权利等条款。

英法矛盾由来已久。法国一直与德国不共戴天，当英国感受到德国的威胁时，英、法间一系列谈判就开始了。两国最终在1904年签署了一系列协定，分别解决埃及、摩洛哥、马达加斯加、中西非洲、暹罗（泰国）等地殖民冲突问题，在这些问题上英国都做出了一定的让步。1892年法俄军事盟约、1904年英法系列协定和1907年英俄关于中亚问题的协定，实际上标志着三国已结成了同盟。

当时，各国对大战的想象还停留在普法战争的印象，克里米亚战争已经是他们能想象的最残酷战争，即便如此，不照样解决了吗？实在不行就再打一仗。

政治家们依旧按照过去的节奏漫不经心地处理敏感和棘手问题，军事领域的突飞猛进和军备竞赛与外交和政治领域的轻率简慢形成鲜明对比。20世纪初，本来是一个欧洲享受和平的时代，因为过去五十年技术的突飞猛进，出生时只有马车和煤油灯的人们，有些已经享受到了汽车、火车、电灯和电报带来的便利，世界其他地区与欧洲的差距越来越悬殊。西欧人掌控了世界大部分地区，他们有一种错觉，好日子将永远继续下去。英属印度总督寇松勋爵（1859—1925年）认为英国人会像"永远"生活在那里一样，去统治印度。然而，好日子真的能永远继续下去吗？

第十四章

大战开始了

第1节
各国心态都很好

1912年，大英帝国的战舰有些已经开始用石油作为燃料了，这些石油来自中东。把石油从中东运往西欧，需要经过土耳其和巴尔干地区。因为领土和利益纠纷，巴尔干地区越来越成为大国关注的焦点，尤其是奥匈帝国，一心想要统治巴尔干半岛，而巴尔干半岛上的各民族则想脱离奥匈帝国独立。

奥匈帝国已经老迈得不成样子，却还觉得自己身处中世纪的欧洲，觉得哈布斯堡王室发言时，所有人都应该倾听。即使奥匈帝国有心解决巴尔干问题，给巴尔干诸民族自治地位，但匈牙利人不允许帝国内部出现第二个王国来分享他们在帝国内的特权。

俄罗斯则由于英、法的支持而变得野心勃勃，其工业水平也在快速增长，而且它对德国势力渗入土耳其也感到忧心忡忡。

德国人则认为他们的陆军世界第一；法国是手下败将；俄罗斯未来会很强，所以要收拾它得尽快；英国人海战还行；美国，不过是一群童子军。即使双线作战也不怕，庞大的铁路网让德国人认为

全副武装的德国士兵

在击败法国后还有足够的时间回身打败俄罗斯。

英国人不认为欧洲会爆发大战，小战役英国人又怕过谁呢？

法国人还是那么骄傲，丢失阿尔萨斯和洛林的耻辱，随着每次阅读法国著名作家都德的《最后一课》都加深一次。

意大利照旧打着酱油，认为自己跟着德、奥混还是能得到些好处的。

也不是没有和平的希望，英、德相互是对方最大的贸易伙伴，如果两国真的翻脸，无数人将会失业。而且两国并无领土争端，王室又是亲戚，为什么要打仗呢？许多有识之士根本不相信战争会爆发。

欧洲在一种梦幻般的氛围中，跌跌撞撞地来到1914年。

第2节
令人心胆欲裂的大战

1914年，奥匈帝国王储斐迪南大公（1863—1914年）在波斯尼亚首府萨拉热窝被塞尔维亚激进青年刺杀，奥匈帝国立刻做出对塞尔维亚开战的架势。塞尔维亚当然不想跟奥匈帝国开战，于是一面基本同意奥匈帝国的要求，一面向它的"大哥"俄罗斯求救。

德国则是兴高采烈。德军早已为战争做好一切准备，各种规划和训练都是为了这一天的到来。在德国的督促下，奥匈帝国对塞尔维亚宣战。俄罗斯为了吓阻德国，宣布进行战争动员，这恰好给了德国开战的借口。一个月不到，德国就向俄罗斯宣战了。德国的计划并非先行攻击俄罗斯，原本是想把法国打败后，再回头对付俄罗斯。因此德国在对俄罗斯宣战后，立刻要求法国保持中立并做出保证，遭到法国拒绝，德法也宣战了。

法国在德法边境布满了各种要塞和地雷，德国想要从正面进攻法国基本不可能实现，于是德国人准备绕道比利时。在德国进入比利时后，英国也参加了战争。就这样，第一次世界大战爆发了。

奥匈帝国王储斐迪南大公在萨拉热窝街头被刺杀

各国政要都把这场战争当成了普法战争、普奥战争那种烈度不高、持续时间不长但能解决问题的战争。他们向本国士兵保证，最多两三个月，战争就会结束，他们还来得及回家过圣诞。1914年8月3日，在德国向法国宣战的当天，英国外交大臣格雷在议院发表了一次演讲，他说："在这次战争中，无论我们参与其中，还是置身事外，英国都将遭受可怕的灾难。"对于他的警告，许多人都感到莫名其妙，为什么一旦开战英国会遭受可怕的灾难？他们都懵懂无觉。

在各国相继宣战的1914年8月，战争仿佛还未超出政治家的预期，虽然法国在一个月内就遭受了20万人被俘、7500人战死的损失。战场上军人的感受却完全不同，机关枪、重型火炮、迫击炮、速射枪都能在战场上瞬间消灭规模庞大的敌人，杀人效率远远超过以往所有的战争，就连骑兵都很难进行突袭了。

东线战况更加惨烈，迟钝庞大的俄军克服了铁路调度的混乱，一团糟地进入了东普鲁士，结果俄罗斯的第二集团军立刻遭遇毁灭性打击，伤亡多达数万人，超过10万人被俘，司令官自杀。但俄罗斯巨大的人力资源，很快又填上了这个缺口。

东西线都陷入血腥而无望的阵地绞杀战。在这个时代，军队的突袭是个幻想。因为任何军事调动都离不开铁路，而铁路运输快速便捷的特点又让军队及物资的调动非常迅速，一旦知道对方的意图，就能做好充分的准备。比利时的海拔很低，战壕挖不了多深水就汩汩流出，战场一片泥泞，两国数百万军人就在这样的环境中彼此厮杀。奥斯曼土耳其行将崩溃，土耳其的西化青年精英们决心利用好这次机会打造一个真正属于土耳其人的民族国家。在克里米亚战争中极力阻止俄罗斯获得君士坦丁堡的英国，这次却大度地把土耳其许给了俄国人，并派遣澳新（西兰）军队与英法联军远征土耳其，希望从南方给德奥集团以致命打击。结果土耳其出人意料的坚韧，在他们卓越将领凯末尔的率领下与英澳新军队血战加利波里，这一战以英法黯然败退而告终，土耳其人有希望保住自己的国家了。

在这一年里，西线陷入胶着状态，而东线的德军却取得了很大的战果，他们俘虏了上百万俄军并征服了塞尔维亚。混乱、低效的俄罗斯军队一再失败，他们在吸取多次失败的教训后，终于采用了正确的战略，收缩防线并坚壁清野。

1916年，德国人决心在西线取得战术性突破，他们准备进攻位于法国巴黎东北的要塞凡尔登。这激发了法国人的民族情绪，民众不允许政府放弃这块土地，哪怕流尽最后一滴血。进攻开始时，德军出动了27个师和1000门大炮，而法军只有11万人和270门大炮。法军挡住第一波进攻后，双方不断投入兵力开始拉锯战。此役德法双方投入了近200万兵力，伤亡达100多万。德军在这一战里耗尽了元气，但法国更惨，凡尔登战役之后，法军再也没能重振雄风。

俄国人也很惨，他们基本没有取得过一次重大战役的胜利，除了开战时打败过土耳其人，在面对德国军队时节节败退。1916年3月，俄军在反攻纳罗奇湖战役中又一次惨败而归，俄国人不再敬畏他们的军队了。

凡尔登战役

德、法、俄都伤亡惨重之际，英国人上场了。1916年，英国将军黑格打算在索姆河一线突破德军防线，索姆河战役爆发。黑格的大规模炮击没有收到效果，德军的混凝土工事基本没有受到炮击的破坏，大炮和机关枪在工事里严阵以待，而英军的进攻方式还跟1914年的法军一样，军官在前，部队排成横队在后。泥泞的战场让他们举步维艰，而德军大炮和机关枪的火舌则不间断地收割英军的生命。仅仅7月1日这一天，英军就有两万人阵亡。索姆河战役是第一次世界大战中规模最大的一次战役，双方伤亡约134万人，其中英军45万余人，法军34万余人，德军53.8万人。

到了这个阶段，各国政要早已悔青了肠子，死亡的人数和损失大大超过战前预期，同时各国经济都濒临崩溃，被封锁的德国开始出现食物短缺，英国靠着庞大的海外贸易勉强支撑，俄罗斯摇摇欲坠，法国也被战争弄得焦头烂额。这时候已经无人记得1914年为什么要开战，数百万人的伤亡和无数金钱的浪费，已经让参战国家都无法停下来。谁求和谁就要承担战争的一切后果，光是赔偿对方军费这一条，就足以让各参战国不敢首先停止战争，毫无意义的杀戮仍在继续，谁能打破僵局呢？

德国人费尽财力物力打造的大洋舰队，大多数时候都待在港口内，英国舰队也一样，因为德国的水雷和潜艇很难防范。1916年，双方在日兰德大海战中损失惨重，英国的舰艇和人员损失虽然多于德国，但英国的海军却成功地将德国海军封锁在港口内，使其在后来的战争中难以发挥太大的作用。英国的海外贸易依然频繁，这让德国人心生绝望，如果不打垮英国的战争潜力，德国永远无法获胜，于是德军决定开启"无限制潜艇战"。

当时的潜艇如果遇到民用船只，应当遵循"巡洋舰规则"，也就是潜艇浮上水面，询问船只上装载是什么的东西并进行检查，还允许人们登上救生艇。无限制潜艇战则是潜艇在水下见船就击沉，甚至连载有妇女和儿童的民用船只也不例外，无限制潜艇战被认为是野蛮和不人道的。丘吉尔（1874—1965年）在1914年时曾说，他甚至无法想象会有人使用这种方法。1915年德国曾短暂试行过无限制潜艇战，还击沉了一艘大多数乘客为美国人的民用船只。因为害怕美国参战，德国随即停止了这种做法，但到1917年，德国别无选择，于是又开始了无限制潜艇战。

德国潜艇

无限制潜艇战的战果是辉煌的，仅仅1917年2月，德国潜艇就击沉了54万吨商船，3月已接近60万吨（其中有41.8万吨属于英国），4月更是达到了88.1万吨（其中有54.5万吨属于英国）。然而结果却适得其反，很多美国公民因袭击而死，英国没有崩溃，而美国却参战了。

美国参战并不全是因为无限制潜艇战，远隔大洋的美国，开始并不想参与欧洲的血腥战争，国内的反战势力极其强大。美国开国总统华盛顿早有明示：我们可以与欧洲做生意，但绝不要介入欧洲的政治和战争。结果德国人的一个举动，让美国别无选择。德国发了一封电报给墨西哥，表示愿意支持他们对美国开战，夺回被美国侵占的领土。英国人巧妙地获取了这份电报，并披露给了美国。美国人被激怒了，1917年4月，美国对德宣战。

美国的介入拯救了英国，不仅是物资支援和直接的人力投入，华尔街对英国的支持，也让他们不至于立刻破产。然而纵横世界两百年的大英帝国所依仗的伦敦金融市场掌控世界金融的局面被一战彻底打破，英镑现在需要依靠美元的支撑才能继续存在。英国不但要负担自己的战争开支，还要承担一部分俄、法的军费。一战期间，英国向俄罗斯提供了800亿英镑的贷款，这笔钱直到1985年，两国才达成协议解决。

各国士兵大批死亡，人民困苦不堪，各国政局动荡不安。工业化程度最低的俄罗斯情况最糟，低效的政府和落后的生产水平根本无力支撑这种规模的大战，城市里物资匮乏，物价飞涨，活不下去的人民只能上街抗议。1917年3月8日，圣彼得堡的妇女们由于面包断供走上街头抗议，沙皇命令士兵镇压，但缺衣少食的士兵也不愿意向自己的母亲、妻子、妹妹或女儿开枪。结果，军队与发起抗议的工人一起发动了反抗沙皇统治的起义。3月12日，统治俄罗斯数百年的罗曼诺夫王朝倒台，这便是俄罗斯的"二月革命"。二月革命后，俄罗斯国内的危机仍未解除，通货膨胀依然严重。只要人民没有饭吃，革命就不会停止。

1917年11月，列宁（1870—1924年）领导的布尔什维克控制了政府，建立了世界上第一个苏维埃政权，随即着手退出战争的事宜。1918年3月，苏、德在布列斯特签订了条约，苏俄在付出了极大的代价后，得以退出战争，获得喘息的机会。

苏俄政权的建立是一件国际性的大事，然而当时却无人反应过来，他们还陷在一战的泥潭中难以自拔。英、法、美与德、奥仍在进行一场又一场令人绝望的战斗，最终德、奥支撑不住，行将崩溃。德军总指挥鲁登道夫（1865—1937年）对每个人咆哮，最后甚至对德皇发火——必须停止战争。他告诉他的参谋人员："军人已无信心，无法再相信他们。"

德军的最后崩溃是海军的一次行动引发的。海军部为了有所突破，计划对英国舰队发动大胆的进攻，若失败就"光荣地沉没"。这一自杀性的计划引发了基尔港水兵的暴动。德国陷入跟1917年俄罗斯一样的境况，这里很可能会变成第二个苏联，德国的将军们绝对不允许这样的事情发生，他们要求立刻停战解决国内危机。

一战中的希特勒下士（右）

1918年11月，德皇威廉二世流亡荷兰，德意志帝国政府倒台，第一次世界大战结束。威廉二世用短短二十年，把霍亨索伦家族数百年的努力化为乌有。第二天，有一位刚从战场下来养伤的德国青年听说了德意志帝国灭亡的消息，他的反应是："从我站在我母亲坟前的那一天起，再不曾流泪悲叹……一切都已是徒劳……难道所发生的一切竟能使一群卑劣的罪犯攫取我的祖国？我越想清晰地理解此时发生的可怕事件，我越是羞愤交集，怒火中烧，与这场可悲的灾难相比，我双目所受的痛苦，又算得了什么？"这位青年的名字叫希特勒（1889—1945年）。

第 3 节
战争没结束，现在是中场休息

　　普法战争后，德意志帝国宣告成立的地点是法国的凡尔赛宫，目的是羞辱法国人。因此，第一次世界大战后的条约谈判和签订也被法国人安排在这个地方，以报复德国曾经加在法国身上的耻辱。

　　1919年6月，战争双方签订了《凡尔赛和约》，这份和约却是一份失败的条约，协约国之间的争吵超过了他们跟战败国的讨价还价。英、法要求彻底瓦解德国的战争潜力，为此要求了巨额的战争赔款，然而他们又不想驻军德国，据说是害怕遭到德国人民的反对。他们寄希望于德国新政府能够履行条约，希望德国人自觉自愿地拿《凡尔赛和约》把自己绞死。

　　理想主义的美国总统威尔逊（1856—1924年）希望在巴黎和会确立一种新的价值观和安全观，即在尊重各民族独立权利的基础上，以消弭战争、维护世界和平为宗旨，建立一个调解国际纠纷的机构——国际联盟。但他的努力失败了，虽然国联建立了，但该提议的提出者美国自己的议会未能通过这个提案，因此没有加入国联。

1919 年 6 月 28 日在凡尔赛宫举行的对德和约签字仪式

德国人不认为他们的战争失败了，他们坚定地认为，德国被国内的"叛徒"出卖了，这些"叛徒"包括犹太人、左翼学者、知识分子等，他们想要阻止德国一统欧洲而建立一个比美国还要好的欧洲。有一位英国记者偶然得到机会询问德国战争机器的总代表鲁登道夫，问他是否感到德国遭受了背叛，鲁登道夫回答："是的，德国遭到了背叛。"

第一次世界大战造成了四大帝国的瓦解，俄罗斯帝国、德意志帝国、奥匈帝国和奥斯曼帝国都烟消云散。奥匈与奥斯曼本来就濒临瓦解，德意志和俄罗斯则完全是因为战争导致的王朝覆灭。

英、法要求严惩德国，索赔金额高达1320亿金马克，这对于德国来说，是一个长期而沉重的负担。如果英、法派出占领军控制德国，可以强制德国支付赔款，他们却指望德国魏玛政府帮助他们完成这个愿望。魏玛政府并非一个极权政府，他们无法像当年莫斯科大公那样极力搜刮领地去满足蒙古人的要求，脆弱至极的德国政府陷入了无休止的政治斗争之中。

最初，来自华尔街的贷款帮助德国人重建经济，偿还赔款，可随着经济危机的到来，美国停止继续借款给德国，德国相当于被变相踢出了世界金融体系，因而无法获得资金来重建国内经济。另外一个被踢出世界金融体系的是苏联，革命政府对沙皇政府的一切外债都不予承认，当然无法获得新的贷款，苏、德在这种情况下走到了一起。

德国需要苏联的原料，苏联则需要德国的机器、技术和军事组织能力。1922年4月，苏德双方签订了《德国和俄罗斯苏维埃联邦社会主义共和国协定》，这就是开启苏德合作时代（1922—1932年）的《拉巴洛条约》。《拉巴洛条约》的缔结，在西方反苏阵营中打开了一个缺口，这是列宁外交政策的一个重大胜利，打破了欧美企图孤立苏俄的局面。同时，它也改变了德国在《凡尔赛和约》签订后的国际地位。

1929年席卷世界的经济危机给各国都带来了极大的痛苦，即使全球最富有的美国，失业的人也是成群结队。德国在这次经济危机中受损严重，失业的年轻人的不满、《凡尔赛和约》的屈辱都让这个骄傲的国度动荡不安。而这样的社会环境，给了希特勒及其领导的纳粹组织一个乘势而起的机会。

在希特勒崛起之前，同样遭受经济危机打击的意大利早就有了自己的强人——墨索里尼（1883—1945年）。墨索里尼早年当过新闻记者，曾是社会党党员。第一次世界大战爆发后，他因鼓动意大利参战被社会党开除，于1915年入伍参战。1919年，墨索里尼建立了半军事性组织——法西斯战斗团。1921年，他将法西斯战斗团改称"意大利国家法西斯党"，成为该党领袖。1922年10月，墨

大萧条中排队领取免费食物的人群

索里尼指挥该党军事组织"黑衫军"进军罗马，发动暴乱并夺取了政权，任内阁总理。1928年墨索里尼强行终止议会制度，建立了法西斯独裁统治。他的口号是要恢复"古罗马"的荣光，而"法西斯"这个词就来源于古罗马，原指中间插着一把斧头的一束棍棒，为古罗马执法官吏的权力标志。

希特勒早年是墨索里尼的拥趸。1919年9月，希特勒加入德国工人党并担任党主席团委员。1921年7月，他成为纳粹党元首，掌握了法西斯组织。1923年11月8日，希特勒发动啤酒馆暴动失败，但夺取政权的机会十年后再次到来。

1929年的经济危机使得德国人处境极度悲惨，德国马克丧失了购买力，贸易量萎缩了三分之二，德国失业人口多达600万。1932年的联邦选举中，纳粹党获得了37%的选票，社民党和共产党分别获得了22%和14%的选票，纳粹党和共产党都反对现行的议会民主制。到1933年时，纳粹党和共产党成为议会中的第一和第二大党，两党的反对力量让议会无法再维持下去，决定权落入总统兴登堡

希特勒正在发表讲演

（1847—1934年）手中。1933年1月底，通过与德国保守势力的交易，兴登堡任命希特勒为德国总理。不久后，兴登堡去世，希特勒便集总理和总统大权于一身，成为德国元首。

希特勒的思想虽然极端，但在当时的德国具有相当的代表性。他在自述《我的奋斗》中写道："德国应该会赢得胜利，只要它不受背叛、不受不合时宜的人道主义的胡说八道和左派叛徒姑息养奸政策的祸害，它就能够获胜。"

希特勒上台后大力发展军事工业和国民经济，数年后，德国貌似走出了经济萧条的泥潭，曾经食不果腹的工人甚至有钱出国旅游。德国国力蒸蒸日上，1936年甚至成功举办了柏林奥运会。然而德国经济发展的主要模式是负债发展，德国的产品除了民用产品以外，还负债生产了巨量的军工产品，到了还债时能还什么？难道还一堆飞机大炮给债主？1936年，英国政治家丘吉尔就曾发出警告，世界大战可能会再次爆发。

第 4 节
再战

　　"夺取阳光下的土地，争取日耳曼人的生存空间。"这样的口号又冒出来了，德国又一次掀起了集体狂热。1938年初，德国吞并了德意志人占大多数的奥地利。欧美诸国除了表示抗议外，并没有对德国采取实质性的行动。此后，德国又把侵略的矛头指向了捷克斯洛伐克境内德语居民占多数的苏台德地区。1938年9月，在意大利的建议下，英国老首相张伯伦（1869—1940年）撑着雨伞飞赴巴伐利亚首府慕尼黑与希特勒举行会谈。在没有征得捷克斯洛伐克政府同意的情况下，张伯伦和法国总理达拉第（1884—1970年）将居住着日耳曼民族，实际上也居住着不少捷克人和犹太人的苏台德地区割让给了德国。从此，"慕尼黑"成了懦弱和无耻行为的代名词。然而当时的人们并不这样想，就连法国总理达拉第都无法理解，为何抛弃盟友的张伯伦能在英国受到如此大的欢迎。

　　在欧洲，尤其是在第一次世界大战中青壮年损失惨重的法国，到处都能看到因战致残的人在村镇里索要补偿，然而由于德国

慕尼黑会方式
左起，英国首相张伯伦、法国总理达拉第、德国元首
希特勒、意大利总理墨索里尼以及意大利外长齐亚诺。

支付不起赔偿，他们自然也得不到赔偿。经受残酷大战的英、法人民，确实不想再来一次战争了。

很快，张伯伦和达拉第就发现自己被希特勒欺骗了。获得苏台德区的希特勒并没有停下对外扩张的脚步。在慕尼黑会议上，希特勒曾承诺占领苏台德区是他对西方最后一次领土要求了，并将此作为德国进攻苏联的条件。然而半年之后，希特勒便违背诺言占领了捷克。1939年，德国与苏联签订了《苏德互不侵犯条约》。至此，德国为发动大战做了充足的准备。

第一次世界大战德国的失败，让原属德国的但泽（格但斯克）被划归波兰，被辟为自由市，通向波罗的海的"波兰走廊"将原来的德国领土一分为二，曾经普鲁士王国的核心地区东普鲁士成了远离德国本土的一块飞地。这让德国人深感耻辱，满心愤恨，一心想要收复故土。希特勒上台伊始，便计划进攻波兰。1939年9月1日凌

德军入侵波兰
标志第二次世界大战爆发。

晨，德军正式对波兰发起大规模进攻，第二次世界大战正式爆发。

波兰作为同盟国，让英、法被迫卷入了战争；但即便如此，英、法两国军队还是在静悄悄的西线战壕后蹲着，不愿意主动发起进攻，血腥的一战记忆让二战开始时的西线一片宁静，不闻枪炮之声。然而形势发展之迅速，大大出乎英、法的意料。随着希特勒调头西向再次通过比利时攻打法国，英、法已经没有选择，只能与德军展开大战。第一次世界大战，德皇威廉二世并未征服巴黎，而这一次，希特勒干净利索地攻占了巴黎，德军趾高气扬地穿过了凯旋门，这是拿破仑为了纪念1805年法军在奥斯特里茨大败俄奥联军而修建的，代表着法国巅峰时期的荣光。德军穿过凯旋门是对法国民族自尊心和自信心的践踏。

1940年，不列颠上空的激烈空战遏制了希特勒迅速打败英国的企图，英国新首相丘吉尔比他的前任更具领导人民进行大规模战争的素质。用他自己宣布的政策说，就是用热血、辛劳、汗水和眼泪去赢得胜利。希特勒没有打败英国，也没能与英国签订和约，但他已经迫不及待地调转坦克的炮口，将其指向苏联。

苏联和德国的合作已经持续了近二十年，斯大林（1878—1953年）无论如何都不会相信德国会在西线战争尚未解决的情况下掉头进攻苏联。即使有出色的间谍早就发来情报，如克格勃特工"剑桥五杰"获取的德国即将发动进攻的情报，在日本的佐尔格发回的情报，斯大林一律视而不见。1941年6月22日，德国启动"巴巴罗萨计划"，对苏联发动全面进攻。

1941年12月7日，日本偷袭美国的珍珠港，彻底把美国拖进战争，希特勒闻之大骂日本人愚蠢。12月8日，美国正式对日本宣战。同一天，德国和意大利对美国宣战，随后美国对德国和意大利宣战。实际上，美国的参战已经让战争的结局毫无悬念，悬念只在战争于何时何地，以何种方式结束。

日军偷袭美国珍珠港

意大利曾是轴心国集团的主要成员，与盟友德国和日本相比，意大利在战场上的表现可谓一塌糊涂，说它是"猪一样的队友"，也不算侮辱它。意大利军队打仗不行，却喜欢出风头，结果被北非的英军打得落花流水，还把盟友德国拖进了北非战场。北非本来与德国没有直接的利害关系，但为了保住意大利的法西斯政权，希特勒不得不投入精兵。这在某种程度上削弱了德国在欧洲主战场的力量，也算意大利对反法西斯战争做出的"贡献"吧。

美国早在20世纪初就已是世界第一经济强国。1940年时，美国GDP高达2000多亿美元，德国是500多亿美元，而日本只有100多亿美元。比工业数据，差距则更大。以钢铁生产为例，第二次世界大战爆发前，美国钢铁的年产量为3000万吨左右；到了1941年，已经暴涨2倍多，达到7500万吨；到1944年，达到最高峰8132万吨。而1944年，苏联、德国、英国、法国、日本这五个主要参战大国的钢铁生产总量才5600多万吨，相当于美国钢铁年产量的70%。再以石油为例，美国著名学者丹尼尔·耶金在他的《奖赏：石油、金钱、权力全球大博弈》中指出："第二次世界大战从始至终是一场石油战。"日本就是因为石油匮乏，才铤而走险偷袭美国珍珠港，从而引发了太平洋战争。二战期间，美国开足了马力生产石油。1940年，美国石油年产量2亿吨，到1945年则为2.3亿吨，而全球石油总产量不过3.6亿吨，这就是说，美国石油产量占全球的60%有余。有了钢铁和石油，美国才能源源不断地生产出飞机、坦克、军舰，提供给盟军。到1942年，美国已成为盟军军火的主要供应者。

现代战争打的就是资源。在巨大战争潜力的支持下，1945年苏军与英美联军从东西两个方向迫近柏林。即使兵临城下，希特勒还抱有"勃兰登堡奇迹"的希望。美国总统罗斯福（1882—1945年）的去世让希特勒燃起了希望。然而历史不会简单重复，继任的杜鲁门（1884—1972年）总统不是彼得三世，美国也不是俄罗斯那种沙皇一言可决天下事的传统国家，攻击柏林的步伐一刻也没有停止。

　　1945年4月30日，苏军攻占了象征着德国最高权力的国会大厦，同日希特勒自杀。5月2日下午3时，德军停止抵抗，柏林战役宣告结束。5月8日午夜，德军最高统帅部的代表凯特尔元帅（1882—1946年）在柏林正式签署德国无条件投降书。投降书从5月9日零时开始生效。欧洲战场的大战至此落下帷幕。

德国投降签字仪式

中坐者为陆军元帅凯特尔，右为海军上将弗里
德堡，左为空军上将施通夫。

第十五章

战后世界

第二次世界大战是一场旷世大战，这场大战的真正发起时间可以追溯至第一次世界大战，中间二十年的和平只是中场休息。战后，欧洲痛定思痛，想起了当初美国总统威尔逊的建议，建立一个超国界的组织来平衡国与国之间的关系和矛盾。1945年10月24日，联合国在美、苏主导下成立。虽然美国和苏联意识形态及价值观不同，但各国都不想再进行一次世界大战，于是都同意在大国主导下建立一个维持世界和平的机构。

但只有联合国这种政治组织还不够，战后很多国家穷得叮当响，因此还需要一个经济组织，于是国际货币基金组织（IMF）诞生，目的就是稳定各国货币。那么有了国际货币基金组织就够了么？当然不够，有些国家真是穷到连货币的发行、流通都维持不下

战胜国决定成立联合国

去，于是世界银行应运而生。这是一个以提供无息货款和援助为主要职能的开发机构。不管是国际货币基金组织还是世界银行，都是美国主导。联合国、国际货币基金组织、世界银行构成了所谓的战后国际金融体系。

第二次世界大战后，西方殖民体系彻底终结，民族独立浪潮兴起，很多亚非拉国家，都是在二战后建立的。

对两次世界大战的功过是非，笔者认为：最大的输家就是欧洲。两次大战前，欧洲是当之无愧的世界霸主；第二次世界大战后，世界中心一分为二，一个由欧洲转到了美国，另一个则转向曾经的欧洲边陲苏联。苏联控制了东欧，美国援助并驻军西欧，自此两大阵营成型。丘吉尔心心念念的大英日不落帝国，在战胜希特勒之后也消失得无影无踪。他的祖辈马尔博罗公爵为之奋斗的成果，在他这一代几乎丧失殆尽，只留下一个英联邦松散俱乐部。法国也失去了世界性大国的地位，战后，英、法虽然是联合国五大常任理事国，但所有人都明白，主导这个世界的已不再是英、法，而是美、苏。

联合国发挥的作用比一战后的国联强了许多，至少这么多年来大国之间尚未发生大规模的世界性战争。现在的军事技术比起一战、二战，可以说是一日千里。1945年8月6日和9日美国在日本广岛、长崎分别投下原子弹，让人类对武器的毁灭能力有了一个新的认识。

虽然美、苏在之后的几十年里疯狂进行军备竞赛，然而毁灭性的大战并未发生，不由让人感慨人类暂时获得了安全，但只要这种可怕的武器存在一天，人类就随时面临着彻底毁灭的危机。

　　欧洲痛定思痛，自感不能再进行国家主义的绞杀游戏，于是1950年5月，法国外长罗贝尔·舒曼建议把法国和联邦德国（西德）的煤钢生产置于一个"超国家机构"的领导之下。1951年4月18日，法国、联邦德国、意大利、荷兰、比利时和卢森堡六国根据"舒曼计划"在巴黎签订《欧洲煤钢共同体条约》，决定建立煤钢的共同市场，1952年7月25日该条约生效。1957年3月25日，六国又在罗马签订了建立欧洲共同体的《欧洲经济共同体条约》和《欧洲原子能共同体条约》，这两份条约被统称为《罗马条约》，于1958年1月1日生效。在欧共体中，德、法是核心力量，德国人以他们强大的工业生产能力很快占据了欧共体的中心位置。

　　第二次世界大战结束后，欧洲失去了昔日的支配地位，美国和苏联取而代之，互相争霸。因在国家战略、国家利益、社会制度和意识形态上的分歧和冲突，战争中的盟友逐渐对立，成为相互竞争的对手。1946年，英国前首相丘吉尔发表了"铁幕演说"，拉开了冷战的序幕。1947年，美国推出了杜鲁门主义，冷战正式开始。1949年，以美国为首的西方成立了北大西洋公约组织；1955年，以苏联为首的社会主义阵营成立了华沙条约组织，全面冷战、两极对峙的格局正式形成。在冷战期间，双方虽然发生过严重冲突和各种危机，但都极力避免卷入大规模的直接战争，而主要通过局部代理战争、科技和军备竞赛、太空竞赛、外交竞争等方式进行对抗。然而到了20世纪80年代末，东欧发生剧变；1991年，苏联又解体。至此，两极格局不复存在，冷战也结束了，世界进入了新时代。

　　1991年12月9日，第46届欧共体首脑会议在荷兰的马斯特里赫特举行。经过两天辩论，代表们通过并草签了《欧洲经济与货币联盟条约》和《政治联盟条约》，统称《欧洲联盟条约》，即《马斯特里赫特条约》。这一条约是对《罗马条约》的修订，它为欧洲共同体建立政治联盟和经济与货币联盟确立了目标与步骤，是欧洲联盟成立的基础。1999年1月1日，欧盟正式启动欧元，这昭示欧洲获得货币上的统一。在欧洲经济发展的推动下，欧元已成为世界第二大货币。

签订《欧洲煤钢共同体条约》

欧盟建立后，表面上经济更加繁荣，社会更加和谐，在世界舞台上的影响力不断增强，似乎有着童话般光明的前景，但现实不是童话故事，永远不会像王子娶了公主之后就能幸福生活一样。由于欧洲出现的新问题，英国在2017年提出脱欧公投并成功。2018年女王伊丽莎白二世批准英国脱欧法案，2020年1月30日，欧盟正式批准英国脱欧。

历史或许就是这样，在循环往复中前进，并没有一劳永逸的方案供人类选择。最后我想用大仲马《基督山伯爵》中的语句来结束本书：

"等待和希望，人类的一切智慧皆包含其中。"

参考书目

［1］亨利·基辛格. 世界秩序 [M]. 北京：中信出版社，2015.

［2］斯塔夫里阿诺斯. 全球通史 [M]. 北京：北京大学出版社，2006.

［3］托克维尔. 旧制度与大革命 [M]. 北京：中国画报出版社，2013.

［4］茨威格. 异端的权利 [M]. 太原：希望出版社，2000.

［5］菊池良生. 图说神圣罗马帝国简史 [M]. 天津：天津人民出版社，2018.

［6］威尔·杜兰特. 世界文明史·宗教改革 [M]. 北京：天地出版社，2017.

［7］屈勒味林. 英国史 [M]. 北京：红旗出版社，2017.

［8］费尔格里夫. 地理与世界霸权 [M]. 杭州：浙江人民出版社，2016.

［9］诺曼·斯通. 第一次世界大战：繁荣的幻灭 [M]. 北京：中信出版社，2020.

［10］梁赞诺夫斯基. 俄罗斯史 [M]. 上海：上海人民出版社，2013.

［11］霍普柯克. 大博弈：英俄帝国中亚争霸战 [M]. 北京：中国

青年出版社，2015.

［12］肯尼斯·摩根. 牛津英国史 [M]. 北京：人民日报出版社，2020.

［13］威尔·杜兰特. 文明的故事·路易十四时代 [M]. 北京：天地出版社，2018.

［14］加勒特·马丁利. 西班牙无敌舰队 [M]. 北京：华文出版社，2019.

［15］瓦尔特·伯尔奈克. 西班牙史：从十五世纪至今 [M]. 上海：上海文化出版社，2019.

［16］罗杰·克劳利. 1453：君士坦丁堡之战 [M]. 北京：社会科学文献出版社，2014.

［17］约翰·阿伯特. 哥伦布、大航海时代与地理大发现 [M]. 北京：华文出版社，2019.

［18］赫德、韦利等. 意大利简史 [M]. 上海：上海人民出版社，2016.

［19］菲利普·帕克. 维京人的世界 [M]. 北京：民主与建设出版社，2020.

［20］陈志强. 拜占庭帝国通史 [M]. 上海：上海社会科学院出版社，2013.

［21］张雪、常县宾. 铁血王国普鲁士 [M]. 北京：北京大学出版社，2017.

后 记

在接到约稿时，我就知道欧洲史会很难写，难就难在线索太多太复杂。曾经给自己的孩子讲过欧洲史，这跟写书完全不同。讲课可以随心所欲，但要写出来则需要无数的考证和查询，不能信口开河。但我没想到会这么难写，各国同步变线发展，开始写的时候，我感觉头发快要被自己拔光了。

写着写着，我感觉到历史仿佛有了生命，事件之间的联系也慢慢自然呈现，在笔下越发鲜活。它们自然而然地自我发展，我只是一个被推着写出来的人，这就轻松了许多。

从希腊开始，到当代结束，中间哪一段最艰难呢？19世纪！这是欧洲列强的大争之世，民族主义首先在欧洲成型，先成型的国家就能爆发出无与伦比的力量。想到法国青年高唱《马赛曲》走上前线与各种反法势力殊死搏斗，就不由自主地被其爱国精神所感动。但同时也发现，民族主义的力量虽强，衰竭也快，法国自从拿破仑崛起后，他们的民心、民气仿佛已经用完，后面的法国在欧洲实际上已经失去了主导权。可以说拿破仑战争是法兰西民族崛起的号角，也是衰落的笛声。在最强爆发的短暂窗口期没有拿下欧洲，法国就永远失去了机会。下一个是德国，一个被欺压千年的民族，在德意志帝国建立后也爆发出了惊天的伟力，接连在欧洲掀起两次大战，几乎以一己之力彻底毁灭欧洲。

战后便是欧洲对民族主义和国家主义的反思，民族主义和国家主义发展到极致，就是以本民族、本国利益作为中心与他民族、他国进行较量，较量最激烈的时刻就是殊死一搏、有你无我的战争。两次世界大战的苦痛让欧洲人选择了远离国家主义与民族主义的道路，走上了全人类普世价值的另一条道路。

然而事情并没有那么简单，万物皆会产生反对自身的力量。就如同热爱本民族、本国家反而给民族国家带来巨大的伤害一样，欧洲当前的价值观也带来了另一种问题，那就是不分彼此的价值是否能被所有人接受？难民潮已经让欧洲吃到了苦头，英国脱欧的原因之一就是反对欧洲不切实际的普世主义。

我非常理解欧洲人目前对民族主义和国家主义的反感，两次世界大战的伤痕不要说一百年，或许一千年都未必会磨灭，除非选择的另外一条道路带来同样无尽的伤痛。

没有一劳永逸的制度，历史对人类的考验无始无终，或许就如中国的哲人孔子所说："中庸之为德也，其至矣乎！民鲜久矣。"意思是中庸大概是最高的德行了吧，大家缺乏它已经很久了。中庸并非平庸，而是要求大家不要走极端，任何事都不要走极端，走到极端就会出现违背初衷的结局。

最后感谢我的编辑张坤，他忍受了我多次拖拉的行为，并经常陪我聊欧洲的历史，他的学识让我极为敬佩，如果不做编辑，他也是一位很好的作者。

谢谢大家，我们下本书见。